KÖLN I, 1

EINFÜHRENDE AUFSÄTZE

Führer zu vor- und frühgeschichtlichen Denkmälern

herausgegeben vom

Römisch-Germanischen Zentralmuseum Mainz

in Verbindung mit dem
Nordwestdeutschen und dem West- und Süddeutschen Verband
für Altertumsforschung

VERLAG PHILIPP VON ZABERN · MAINZ AM RHEIN

# Führer zu vor- und frühgeschichtlichen Denkmälern

BAND 37/1

## Köln I, 1
Einführende Aufsätze

mit Beiträgen von:
G. Biegel · H. Hellenkemper · P. La Baume (†)
W. Meier-Arendt · F. Mühlberg · P. Noelke
G. Ristow · Elisabeth M. Spiegel · H. Steuer

VERLAG PHILIPP VON ZABERN · MAINZ AM RHEIN

## FOTONACHWEIS

G. Biegel, Freiburg, S. 105 Nr. 7, 112 Nr. 11. 13.
Rheinisches Landesmuseum, Bonn, S. 78, 118, 140 Abb. 11, 141 Abb. 12, 143.
Römisch-Germanisches Museum, Köln, S. 4, 215.
Alle übrigen Fotos einschließlich Titelbild stammen vom Rheinischen Bildarchiv, Köln.

*Titelbild:*
Der Römerturm. Aquarell von G. Osterwald, 1836 (Ausschnitt), Kölnisches Stadtmuseum (s. S. 62 und Band 38).


ISBN 3-8053-0306-8


Gesamtherstellung: Philipp von Zabern, Mainz
Printed in Western Germany · Imprimé en Allemagne

*Dem Andenken an*

FERDINAND FRANZ WALLRAF
(1748 – 1824)

*und*

CARL RADEMACHER
(1859–1935)

*gewidmet*
*von den Deutschen Verbänden*
*für Altertumsforschung*

K Ö L N im: Führer zu vor- und frühgeschichtlichen Denkmälern

| | | |
|---|---|---|
| Band 37/1 | Köln I,1: | Einführende Aufsätze |
| Band 37/2 | Köln I,2: | Museen in Köln<br>Beilagen: Pläne zum vor- und frühgeschichtlichen Köln |
| Band 38 | Köln II: | Exkursionen:<br>Nördliche Innenstadt |
| Band 39 | Köln III: | Exkursionen:<br>Südliche Innenstadt und Vororte |

Verweise auf die jeweils anderen Bände sind innerhalb des Textes nur an den wichtigsten Stellen eingefügt. Darüber hinaus empfiehlt es sich, im Einzelfall das Register in Band 39 heranzuziehen.

# INHALTSVERZEICHNIS


Vorwort *(K. Böhner)* ........ IX
Ortsregister I: Verzeichnis der Bauten, Denkmäler und archäologischen Fundstätten in Köln ........ XIV
Ortsregister II: Verzeichnis der Orte (außer Köln) ........ XIX
Zeittafel ........ XX
Wichtige Daten zur Geschichte Kölns ........ XXI

ZUR GESCHICHTE DER SAMMLUNGEN DES RÖMISCH-GERMANISCHEN MUSEUMS KÖLN

Die prähistorische Sammlung *(W. Meier-Arendt)* ........ 1
Die Sammlung römischer und fränkischer Altertümer *(P. La Baume · G. Ristow)* ........ 9

VORGESCHICHTLICHE BESIEDLUNG IM STADTGEBIET VON KÖLN *(W. Meier-Arendt)* ........ 17

COLONIA CLAUDIA ARA AGRIPPINENSIUM (CCAA)

Das römische Köln: Geschichtlicher Überblick *(P. La Baume)* ........ 38
Lage – Bodengestalt – Landvermessung *(H. Hellenkemper)* ........ 52
Zur Lage von Oppidum Ubiorum und Zweilegionenlager *(P. La Baume)* ........ 53
Die römische Stadtmauer *(P. La Baume)* ........ 61
Wohnviertel und öffentliche Bauzonen *(H. Hellenkemper)* ........ 67
Theater und Amphitheater *(H. Hellenkemper)* ........ 76
Das Kanalnetz der CCAA *(H. Hellenkemper)* ........ 77
Die Glasmanufakturen *(P. La Baume)* ........ 79
Die Töpfereibezirke und ihre Erzeugnisse *(P. La Baume)* ........ 89
Münzstätte Köln *(G. Biegel)* ........ 102
Die Vorgebirgswasserleitung *(P. La Baume)* ........ 116
Römische Straßen in der Umgebung der Stadt *(Elisabeth M. Spiegel)* ........ 120
Kölner Gräberfelder *(H. Hellenkemper)* ........ 122

Zur Grabplastik im römischen Köln *(P. Noelke)* .................... 124
Heidnische Kulte und Christentum im römischen und
fränkischen Köln *(G. Ristow)* .................................. 150
Die römische Besiedlung im Stadtkreis Köln
*(Elisabeth M. Spiegel)* ........................................ 173

COLONIA AGRIPPINA

Von der spätantiken zur mittelalterlichen Stadt
*(H. Hellenkemper)* ............................................ 183
Fränkische Altertümer im Kölner Raum
*(Elisabeth M. Spiegel · H. Steuer)* ............................ 195

KÖLN IN MITTELALTER UND NEUZEIT

Geschichte und Stadtbild *(H. Steuer)* .......................... 219
Die Kölner Stadtbefestigungen in Mittelalter
und Neuzeit *(F. Mühlberg)* ..................................... 232

# *Vorwort*

*„Der Senat der Ubier oder der freien Stadt Köln an die National-Versammlung der Franken" lautet der Titel einer Denkschrift, die der Kölner Stadtrat am 26. Januar 1795 an den Konvent in Paris richtete. Ihr Verfasser war Ferdinand Franz Wallraf (1748–1824), Kölner Kanonikus und Professor der Universität, dessen umfangreiche Sammlungen später den Grundstock des Wallraf-Richartz-Museums bilden sollten. Hauptzweck der gleichzeitig in französischer und deutscher Sprache veröffentlichten Denkschrift war die Bitte, die Stadt, welche ihre Tore am 6. 10. 1794 den französischen Revolutionstruppen geöffnet hatte, nicht der neu geschaffenen Bezirksverwaltung in Bonn zu unterstellen und ihr außerdem eine hohe Geldzahlung zu erlassen. Diese Bitte wurde nicht nur mit dem augenblicklich herrschenden Mangel begründet, sondern auch historisch untermauert: Die Kölner seien immer noch „das Volk der Ubier", welches „im Bürgerbunde mit den Römern ... selbst unter der Folgeherrschaft der Cäsaren frei und unabhängig gelassen wurde". Köln hätte „... auch im 5. Jahrhundert, als diese Uferseite in die Gewalt der Franken kam, noch diese Freiheit und Unabhängigkeit seines Regiments behauptet", welche dann kontinuierlich in die Freiheit der Reichsstadt übergegangen sei. Diese in das Altertum zurückreichende Freiheit der Kölner stimme mit der von der französischen Revolution proklamierten Freiheit im Grunde so sehr überein, daß sie nicht durch die genannten Maßnahmen gestört werden dürfe. „Frei unter den Römern, frei unter den Franken, deren Sprößlinge ihr hegt; frei bisher unter der angenommenen Obhut des deutschen Reiches, überlebte Köln und seine Freiheit die Perioden der Welt und ihrer Schicksale."*

*Die „Freiheit der Ubier", die als ein „von der Hand der grauen Vorzeit uns erblich anvertrautes Kleinod unsere Existenz und Glückseligkeit ausmachte", mag dem heutigen Leser zunächst als eine Schmeichelei erscheinen, mit der man das Wohlwollen der neuen Herren gewinnen wollte. Im Grund aber ist diese „Freiheit der Ubier" eine Sonderform der Freiheitsidee, von der das ganze Zeitalter bewegt wurde. Montesquieus Meinung, daß die*

*Freiheit in Wäldern Germaniens zu Hause sei und Rousseaus Überzeugung, daß der „edle Wilde" der Vorzeit in einer immer mehr verlorengegangenen Freiheit gelebt habe, klingen in ihr fort. So ist auch die Denkschrift des „Senates der Ubier" ein Beispiel dafür, wie stark um die Wende des 18./19. Jahrhunderts ein idealisiertes Bild der Vorzeit Wunschvorstellungen der Gegenwart mit bestimmte. Nach den Befreiungskriegen sollten die aus der Vorzeit der einzelnen Völker hergeleiteten nationalen Freiheiten in ganz Europa eine außerordentliche Rolle spielen.*

*Das stolze Bewußtsein, beschwingt vom Römergeist, „der noch jetzt jeden rechtschaffenen Kölner so leicht erwärmt" (Wallraf), in einer von den Römern gegründeten Stadt zu leben, hat die Kölner seit dem Altertum bis heute begleitet. Zunächst äußerte sich dieses Wissen in sagenhaften Überlieferungen: so sollten etwa die fünfzehn vornehmsten Geschlechter Kölns von fünfzehn römischen Adelsgeschlechtern abstammen, welche Kaiser Traian nach Köln verpflanzt habe. Die römische Eifelwasserleitung sollte dazu gedient haben, im Altertum Wein von Trier nach dem befreundeten Köln fließen zu lassen. Seit dem Humanismus bemühte man sich auch in Köln, die antiken Denkmäler als Zeugen seiner ruhmreichen Vergangenheit zu sammeln und zu deuten. In der Tradition der humanistischen Sammler und Gelehrten, von denen nur der Domprobst Graf Herman von Neuenar (1492–1530), Stephan Broelman (1551–1622), Herman Crombach (1598–1680), die Brüder Johannes (1585–1631) und Aegidius Gelenius (1595–1656) sowie die Brüder Gottfried Balthasar und Joseph von Hartzheim (1694–1763) genannt seien, steht auch Ferdinand Franz Wallraf. Er hat „seine ganze Begeisterung einzig und allein seiner Vaterstadt gewidmet. Der Ruhm, die Ehre, der Glanz, der Reichthum, der Vorrang der Stadt Köln galt ihm alles" (L. Ennen). Wie phantasievoll noch Wallrafs Vorstellungen vom römischen Köln waren, mag allein die Tatsache andeuten, daß nach seiner Meinung der Rhein vor den Toren der römischen Stadt in zwei Arme geteilt war, die eine Insel bildeten, auf welcher der Altar der Ubier, die berühmte „Ara Ubiorum", stand. Noch die Bezeichnung von Toren und Straßen der mittelalterlichen Stadt versuchte er auf römischen Ursprung zurückzuführen, z. B. Marktpforte = Porta Martis; Hochpforte = Porta Jovis; Pfaffenpforte = Pforte beim Tempel der Venus Paphia; Hahnenpforte = Porta Jani; Ehrenpforte = Porta Herae. Wenn auch diese Versuche, die Kölner Stadtgeschichte zu „romanisieren", schon zu Wallrafs Lebzeiten Widerspruch fanden, so sind doch auch sie ein Zeugnis für Wallrafs tiefe Liebe zur Geschichte seiner Vaterstadt, die ihn befähigte, unter großen Opfern und Anstrengungen im Umbruch der Zeit seine bedeutenden Sammlungen zustande zu bringen und viele Kölner Altertümer und Kunstwerke vor der Vernichtung zu bewahren. Diese sollten ein Fundament für die wissenschaftliche Erforschung des antiken Köln werden, die um die Mitte des vergangenen Jahrhunderts einsetzte. Sie hat in Joseph Klinkenbergs Werk „Das römische Köln" (1906) eine erste Zusammenfassung gefunden, auf deren Ergebnissen die Forschung weiter bauen konnte.*

*Nach Wallrafs Meinung waren die echten Kölner aber nicht nur vom Römergeist leicht erwärmt, sondern er bezeichnete sie in einer Denkschrift von 1815 über die unter französischer Herrschaft erlittenen Verluste der Stadt auch als „altes Ubierblut", von deren „deutscher Standhaftigkeit und edeln Uneigennützigkeit für die Sache des Vaterlandes und der Menschheit" er überzeugt war. Wo und wie sollten sich aber unmittelbare Spuren der Ubier noch finden lassen? Da die römischen Denkmäler und Ausgrabungsbefunde jede Aussage zu dieser historischen Überlieferung versagten, versuchte Carl Rademacher (1859–1935) mit Hilfe von Grab- und Siedlungsfunden ihrer archäologischen Hinterlassenschaft auf die Spur zu kommen. Rademacher gehörte noch zu jener Generation von Lehrern, die die heimatliche Altertumskunde aus Liebhaberei betrieben und sich dadurch große Verdienste um die Entwicklung der Archäologie erwarben. Nachdem er seit seiner Jugend mit seinem Vater bereits zahlreiche Grabhügel in der heimatlichen Wahner Heide untersucht hatte, gründete er als Rektor einer Kölner Volksschule 1903 die Anthropologische Gesellschaft Köln, mit deren Hilfe er vor- und frühgeschichtliche Ausgrabungen und Forschungen im Rheinland durchführte und entsprechende Sammlungen aufbaute. Diese Sammlungen bildeten den Grundstock des 1907 gegründeten „Prähistorischen Museums" – später Museum für Vor- und Frühgeschichte –, das bis zum Zweiten Weltkrieg in bedrückender Enge magazinmäßig im Bayenturm untergebracht war. Erst im Alter von 58 Jahren wurde Rademacher zum Direktor des „Museums für Vor- und Frühgeschichte" ernannt, und er hatte dieses Amt bis zu seiner Pensionierung im Jahre 1931 inne.*

*„Die Chronologie der Germanengrabfelder in der Umgebung von Köln" war der Titel eines Aufsatzes von C. Rademacher (Mannus 14, 1922) und gleichzeitig das zentrale Thema seiner Lebensarbeit. Mochten die von ihm gesammelten und bearbeiteten vor- und frühgeschichtlichen Funde gegenüber der Fülle und Pracht der römischen Altertümer bescheiden wirken, so ist es doch sein Verdienst, daß die große römische Vergangenheit in den langen Zeitablauf der vorgeschichtlichen und der frühmittelalterlichen Entwicklung eingegliedert wurde und dadurch die Einzigartigkeit der römischen Epoche erst klar zur Geltung kam. Rademachers Nachfolger, Fritz Fremersdorf und Otto Doppelfeld, sind diesen Weg weiter gegangen; durch ihre glücklichen Ausgrabungen haben wir besonders für das frühe Mittelalter ein neues Bild der Stadt erhalten.*

*Die reichen Denkmäler Kölns von der Vorzeit bis in das Mittelalter dem Leser und Besucher der Stadt durch zusammenfassende Übersichten und anschauliche Beschreibungen nach dem heutigen Stand unseres Wissens zu erschließen, ist das Ziel von Band 37–39 der „Führer zu vor- und frühgeschichtlichen Denkmälern".*

*Die Herausgeber der Reihe sind dem Direktor des Römisch-Germanischen Museums in Köln, Herrn Professor Dr. Hugo Borger, zu herzlichem Dank dafür verpflichtet, daß er trotz der außerordentlichen Arbeitsbelastung des Museums den Plan dieser Führer stets nach Kräften gefördert hat. Größte Verdienste um das Zustandekommen der Bände hat auch Herr Professor Dr. Walter Meier-Arendt. Er hat nicht nur selbst wichtige Beiträge geliefert, sondern die Kollegen zur Mitarbeit ermuntert und für den glücklichen Abschluß der Manuskripte Sorge getragen. Großer Dank gebührt auch allen Autoren, die trotz starker Arbeitsbelastung bereit waren, Beiträge für die Kölner „Führer" zu liefern und damit die Ergebnisse der Forschung dem großen Kreis der Freunde und Besucher Kölns zugänglich zu machen. Die Redaktion lag in den Händen von Herrn Dr. Waurick, der von Frau Nix unterstützt wurde. Für die Anfertigung zahlreicher Pläne und Zeichnungen sei Frau Helga Stöcker in Köln und Frau Heidrun Ribbeck in Mainz herzlich gedankt. Dank gebührt nicht zuletzt dem Inhaber des Verlages Philipp von Zabern, Herrn Franz Rutzen, der mit seinen Mitarbeitern dafür Sorge getragen hat, daß die Führer in dieser Ausstattung erscheinen konnten.*

*Der vorliegende Band sei dem Andenken an Ferdinand Franz Wallraf und Carl Rademacher gewidmet, die sich beide um die Erforschung des antiken Köln größte Verdienste erworben haben. Wie die von ihnen erstellten archäologischen Sammlungen heute im Römisch-Germanischen Museum vereinigt sind, so sind auch die Ergebnisse ihrer wissenschaftlichen Arbeiten in den großen Strom der Kölner Forschungen eingegangen. Die in Köln tätigen Archäologen und die beiden Deutschen Verbände für Altertumsforschung halten es für ihre Pflicht, das Andenken jener Männer, die die Grundlagen zu ihren Forschungen gelegt haben, zu ehren, und widmen ihnen in diesem Sinn den vorliegenden Band.*

*Mainz, im März 1980*

*Kurt Böhner*
*Generaldirektor*
*des Römisch-Germanischen*
*Zentralmuseums zu Mainz*

# ORTSREGISTER I
## VERZEICHNIS DER BAUTEN, DENKMÄLER UND ARCHÄOLOGISCHEN FUNDSTÄTTEN IN KÖLN

Die kursiven Ziffern bezeichnen die wichtigsten Erwähnungen. Die Kölner Stadtteile sind jeweils unter ihrem eigenen Namen zu finden.


Aachener Straße 120, 122, 165, siehe auch Gräberfelder (röm.)
Abteien siehe Kirchen u. Klöster
Alteburg siehe Militärlager
Amphitheater *76*, 77
Am Sassenhof 39
An der Burgmauer siehe Burgmauer
An der Malzmühle 36, 59
An der Rechtschule siehe Töpfereien
Apostelnkloster siehe villae surburbanae
Apellhofplatz 161
Ara Ubiorum siehe Tempel u. Kultstätten

Bahnhofsvorplatz siehe Töpfereien
Bayenturm *1*, 2, 5, 6, 8, siehe auch Stadtbefestigungen
Benesisstraße 86, 87, 233
Berrenrather Straße 119
Blaubach 59, 64, 117, 138, 139, siehe auch Töpfereien
Blumenberg 177
Blumenbergweg siehe Ziegeleien
Bonner Straße 120, 122, 177, siehe auch Gräberfelder (fränk. u. röm.)
Bonntor, Güterbahnhof siehe Gräberfelder (bronze- u. eisenzeitl.)
Braunsfeld 86, 87, 88, 164, 166, 175, siehe auch villae rusticae
Breite Straße 161
Brücke, römische 181, 196
Budengasse *78*
Bürgerstraße 64
Burgmauer 62, 96, 170 f.

Cäcilienstraße 183
Cäsarstraße siehe Töpfereien
Chlodwigplatz 58, *138*
Chorbusch siehe Gräberfelder (eisenzeitl.)
Civitas Ubiorum *174*

Dellbrück 18 f., 31, 32, 33, 34, siehe auch Gräberfelder (eisenzeitl.)
Deutz 27, 49, 50, 92, 121, 181, 215, 240, siehe auch Kirchen (St. Heribert), Militärlager und Siedlungen (germanische)
Dionysos-Mosaik (Haus mit dem Dionysos-Mosaik) 13, 14, *75*, 76, 183
Divitia siehe Deutz
Domhof 216
Dünnwald siehe Gräberfelder (eisenzeitl.)
Dürener Straße 120, 176
Duffesbach 52, 70

Eigelstein siehe Glasmanufakturen und Stadtbefestigungen
Eil siehe Porz
Eintrachtstraße 233
Elstergasse 170 f.

Feldkassel 177, siehe auch Ziegeleien
Forum 68, 151, 161
Fühlingen 20, 21, 24, 30, 34, 177, siehe auch Gräberfelder (eisenzeitl.) und Ziegeleien

Georgstraße siehe Töpfereien
Gereonsdriesch 92, 94, 96, 122
Gereonskloster 49, 214, siehe auch Gräberfelder (röm.)

Glasmanufakturen *81 ff.*
Eigelstein 82
Godorf 213
Gräberfelder vgl. auch jeweils unter dem Orts- oder Straßennamen:
– bronzezeitl.
Bonntor 29
– eisenzeitl.
Bonntor 30
Chorbusch 30
Dellbrück 3, 18, 29
Dünnwald 3, 18, 29
Fühlingen 30
Porz-Eil 29
Porz-Heumar 18, 29
Porz-Wahn 18, 29
Rath 3, 18, 29
Roggendorf-Thenhoven 30
Severinstraße 29, 30
Worringen 30
– fränk.
Junkersdorf 208, 211
Müngersdorf 11, 208, 211
Poll 208
Porz-Grengel 208
St. Gereon 203, 205, 206, 214
St. Pantaleon 211
St. Severin 199 f., *205 ff.*, 208, 211
– röm.
Aachener Straße 56 f., 122, 123
Luxemburger Straße 122, 123
Neußer Straße 122, 123
St. Gereon/Gereonskloster 54, 55, 56, 123
Severinstraße/Bonner Straße 58, 122, 123, 177
Grengel siehe Porz
Griechenmarkt 170
Griechenpforte 64, 65
Gülichplatz 216
Gürzenich 76

Hämergasse 60
Hafen *52*, 77
Helenenstraße 62, 215
Heumar siehe Porz
Hofergasse 198
Hohenzollernbrücke 61
Hohe Pforte 64, 122
Hohe Straße 60, 92, 187, 189
Horrea
Haus mit dem Dionysos-Mosaik 186
Rheininsel, bei Groß St. Martin 186

Iddelsfelder Hardt 18, 27

Jahnwiese 175
Johannisstraße siehe Töpfereien
Judengasse 64
Judenviertel 192
Junkersdorf 176, 214, 217, siehe auch Gräberfelder (fränk.) und Siedlungen (jungsteinzeitl.)

Kartäuserhof 84, 87
Katharinengraben 233
Kattenbug 76, 163, 170, 233
Kaygasse 64, 121
Kirchen und Klöster
Abtei Deutz 14
Bischofskirchen 164, *165, 167,* 170, 201
Dom 151, 165, 167, 170, 191, 192, 201, 217, 228
Domgrabung 13, *165 ff.*, 191
fränk. Fürstengräber *191, 201 ff.*, 204, 206, 208, 211, 217
Domprobstei 9
Gertrudenkloster 64
Nikolauskapelle 168
St. Alban 191, 228
St. Andreas 228
St. Aposteln 64, 65, 183, 228
St. Brigiden 228
St. Cäcilien 189, 192, 216, 228
St. Christopherus 228
St. Georg 122, 170, 172, 228
St. Gereon 161, *167*, 183, *184*, 191, 196, 203, 205, 206, 228, 234, siehe auch Gräberfelder (röm.)
St. Heribert 216
St. Jakob 228
St. Johannis in curia 228
St. Johann Baptist 228
St. Klara 192
St. Kolumba 191, 192,

214, 215, 224, 225, 228
St. Kunibert 170, *172*, 228
St. Laurenz 191, 228
St. Lupus 228
St. Margarethen 228
St. Maria Ablaß 228
St. Maria ad gradus 228
St. Maria im Kapitol 76, 77, 151, 170, 172, 191, *211 f.*, 228
St. Maria Lyskirchen 228, 235
St. Maria Magdalena 228
Gr. St. Martin 228
Kl. St. Martin 228
St. Mauritius 228, 234
St. Pantaleon 183, 228, 234, siehe auch Gräberfelder (fränk.) und villae suburbanae
St. Paul 228
St. Peter 50, 170, 172, 228
St. Peter und Paul 228
St. Severin 164, *167*, 169, 170, 198, 199, 206, 207, 208, 211, 212, 228, 234, siehe auch Gräberfelder (fränk. u. röm.)
St. Ursula 161, 164, *167*, 170, 228
Königspalast bzw. -pfalz 190, 191, 192, 217
Komödienstraße 62, 96, 163
Lichhof 64
Lindenthal 22, 23, 24, 176, siehe auch Siedlungen (jungsteinzeitl.)
Lövenich 176
Lungengasse 92, siehe auch Töpfereien
Luxemburger Straße 85, 98, 120, 122, 211, siehe auch Gräberfelder (röm.)

Maria-Ablaß-Platz 170
Marienburg 177, siehe auch Militärlager
Marienplatz 59
Marsilstein 233, siehe auch Töpfereien
Martinstraße 64, 76
Mauritiussteinweg 64, siehe auch Töpfereien
Mauspfad 18
Merheim 21
Merkenich siehe villae rusticae
Meschenich 182
Militärlager
augusteisches Lager 41, 42
tiberisches Zweilegionenlager 41, *53 ff.*, 93
Deutz, konstantinisches Lager 181, 182, 196, 198 f., 215
Marienburg, Flottenkastell Alteburg 11, 43, 120, 121, 174, 177
Worringen (?) 180
Militärring 177
Mühlenbach 59, 64, 117
Müngersdorf 24, 170, 176, 210, siehe auch Gräberfelder (fränk.), Siedlungen (jungsteinzeitl.) und villae rusticae
Museum für Vor- und Frühgeschichte *3 ff.*

Neumarkt 152, 183, 192, siehe auch Töpfereien
Neußer Straße 120, 122, siehe auch Gräberfelder (röm.)
Niederich 194, 233
Niederzündorf 180
Niehl 23, 121, 174, siehe auch villae rusticae
Nippes 27
Norbertstraße 56, 57
Nothausen 233

Obenmarspforten 64, 65
Olivengasse siehe Töpfereien
Oppidum Ubiorum 37, *38*, 41, 43, *53 ff.*, 67, 73, 93, 151
Oversburg 194, 233

Pantaleonshügel 70
Perlengraben 233
Pfaffentor 122
Pipinstraße 64, 215
Plectrudengasse 64
Poll 240, siehe auch Gräberfelder (fränk.) und Siedlungen (germanische)

Porz-Eil siehe Gräberfelder (eisenzeitl.)
Porz-Grengel 216, siehe auch Gräberfelder (fränk.)
Porz-Heumar siehe Gräberfelder (eisenzeitl.)
Porz-Wahn siehe Gräberfelder (eisenzeitl.)
Prähistorisches Museum *1 ff.*
Praetorium 43, 60, 68, 77, 151, 164, *183 ff.*, 217, siehe auch Königspalast, Königspfalz, Regia

Rath siehe Gräberfelder (eisenzeitl.)
Rathausplatz 64
Regia 50
Rheininsel 32, 68, 192, 215, siehe auch Horrea
Richmodstraße 60, 161, 170, 183, siehe auch Töpfereien
Riehl 174, siehe auch villae rusticae
Römergasse 93
Römisch-Germanisches Museum *6 ff., 13 ff.*
Roggendorf siehe Gräberfelder (eisenzeitl.)
Roncalliplatz 35
Rothgerberbach 59, 64, 117
Rudolfplatz 58, siehe auch Töpfereien

Sachsenring 236
Severinstraße 122, 123, siehe auch Gräberfelder (eisenzeitl. u. röm.) sowie Töpfereien
Siedlungen
– germanisch
Deutz 180
Poll 180
– jungsteinzeitl.
Lindenthal 3, 17, 21, 22, 23, 24
Müngersdorf 21
Stadtbefestigungen
– römisch
*61 ff.*, 188, 193, 232
Nordtor 46, *62*, 65, 72, 103
Römerturm *62*
– mittelalterlich und neuzeitlich
194, 222, *232 ff.*
– – Bastionen und Forts
Bachtor 237
Bastei 240, 243
Bayenturm 237, 238
Ehrentor 238
Eigelsteintor 237, 238
Erbgroßherzog Paul von Mecklenburg 239, 241
Fort I-XII 240, 243
Friesentor 238
Großfürst Nikolaus 239
Hahnentor 238
Hasengassentor 237
Kahlenhausen 237, 238
Kunibertsturm 237
Leopold 238
Malakoffturm 240, 243
Nachtigall 238
Neues Bollwerk 237
Pantaleonstor 237
Prinz Friedrich der Niederlande 239
Prinz Heinrich von Preußen 239
Prinz Wilhelm von Preußen 239, 243
Rauch 240
Rheinbastion 237
Rheinschanze 239, 241
Rhielerschanze 239
Schafentor 238
Scharfenstein 238
Severinstor 237
St. Balthasar 238
St. Bruno 238
St. Georg 239, 240
St. Gereon 238
St. Joseph 238
St. Kaspar 238
St. Kunibert 239
St. Maria 238
St. Martin 239
St. Mauritius 238
St. Melchior 238
St. Michael 238
St. Pantaleon 238
St. Ursula 238
Ulrepforte 237
Weyertor 237, 238
– – Tore und Pforten
Bachpforte 233
Bachtor 236, 237
Ehrenpforte 233
Ehrentor 236, 238
Eifelpforte 233
Eigelsteintor 233, 236, 237, 238, 241

Filzgrabentor 235, 236
Friesentor 236, 238
Gereonspforte 236
Hahnenpforte 233
Hahnentor 236, 237, 238, 239, 241
Hasengassentor 237
Hasenportz 233
Judenpforte 233
Kahlenhausen 237, 238
Kahlenhausener Pforte 236
Katharinenpforte 233
Kornpforte 233
Löwenpforte 233
Pantaleonspforte 233
Pantaleonstor 236, 237, 238
Pforte am Thurnmarkt 241
Rheingassentor 233, 235
Rheinpforte 233
Schafenpforte 233
Schafentor 236, 238
Severinstor 236, 237, 241
St. Johannispforte 233
Tor mit der Afrakapelle 233
Trankgassentor 236
Ulrepforte 236, 237, 241
Weyertor 236, 237, 238
Witschgassentor 235
Würfelpforte 233
– – Türme
Bayenturm 234, 236, 237, 238, 239, 241, siehe auch unter Bayenturm
Bonner Str. 239
Bottmühle 241
Frankenturm 233, 236
Gereonsmühle 241
Kunibertsturm 234, 236, 237
Malakoffturm 240
Neckelskaulturm 234
Saphirsturm 233, 235
Scharfenstein 234, 238
Weckschnapp 241
Stephanstraße 184
Stolberger Straße 87, 166, siehe auch villae rusticae
St. Apernstraße 62
St. Aposteln 194

Tempel und Kultstätten
Ara Ubiorum *40 f.*, *150 f.*
Capitol *151*, 170
Conventiculum ritus christiani 50, *164*
Isis-Kultstätten *161*, 170
Jupiter Dolichenus-Tempel *161*, 170
Marstempel 43, *151*
Matronen-Kultstätten 170
Mercurius Augustus-Tempel *151*
Mithräen *161 ff.*, 170
Tempel des Radgotts *156*, 170
Theater *76*
Thenhoven siehe Roggendorf
Thermen 183
Thieboldsgasse siehe Töpfereien
Töpfereien *89 ff.*
An der Rechtschule 58, *93*
Bahnhofsvorplatz *95*, *97*, 100
Bayenthal, Cäsarstraße *95*, 100
Georgstraße 59
Johannisstraße/Trankgasse *97*, 100
Lungengasse/Ecke Thieboldsgasse 58, *91 ff.*
Marsilstein/Mauritiussteinweg *97*, 100
Richmodstraße/Ecke Neumarkt/Olivengasse 59, *89 ff.*
Rudolfplatz *97 ff.*, 100
Waidmarkt/Ecke Blaubach 59, *95*
Severinstraße 59
Trankgasse siehe Töpfereien
Tunisstraße 62

Ubiermonument 15, 59

Unter Fettenhennen 159
Unter Krahnenbäumen 233
Unter Taschenmacher 64
villae rusticae
Bonner Straße/Militärring 177
Braunsfeld, Stolbergerstraße 175, 176
Merkenich 182
Müngersdorf 11, 175, 176
Niehl 182
Riehl 182
Worringer Bruch 175
villae suburbanae
Apostelnkloster 177
Pantaleonshügel 177

Wahn siehe Porz
Waidmarkt 122, 138, *139*, siehe auch Töpfereien
Wallraf-Richartz-Museum *9 ff.*
Weiden 122, 147
Westrich 233
Wolfstraße 157, 170
Worringen 177, 180, 219, siehe auch Gräberfelder (eisenzeitl.) und Militärlager

Zeughaus 62
Zeughausstraße 62
Ziegeleien, röm.
Blumenbergweg 179
Feldkassel 179
Fühlingen 177 f., 179

## ORTSREGISTER II
## VERZEICHNIS DER ORTE
## (AUSSER KÖLN)

Bensberg 6, 196, 219
Bergheim 53
Bonn 41, 60, 130, 148
Bronnbach 5, 13
Burbach 118
Buschbell 82

Dormagen 174, 177, *179*
Drachenfels 180
Dyk 13

Eiserfey siehe Kartstein-Höhle

Flittard 219
Frechen 82, 116
Friedrichsthal 13

Gaibach 3
Gering 7
Gleuel 116
Großkönigsdorf 82

Harkotten 13
Hermühlheim 118
Hürth 116, 118, 219
Hürth-Efferen 2, 118

Jülich 121

Kartstein-Höhle 7
Koblenz-Ehrenbreitstein 5, 13
Kochendorf 5
Königsforst b. Bensberg 196
Königswinter 149

Mainz 44
Menden 180
Moers-Asberg 182

Neuss 41, 60, 130

Oberaudorf 13

Rösrath 210

Stommeln 219
Stotzheim 116

Tongern 120
Trier 45, 47, 51, 113, 114, 120, 148

Vetera (Kastell) 178

Walcheren 158

Zülpich 120

# ZEITTAFEL ZUR VOR- UND FRÜHGESCHICHTE AN MITTELRHEIN UND SÜDLICHEM NIEDERRHEIN

| | | Mittelrhein | Südlicher Niederrhein |
|---|---|---|---|
| mindestens 600 000 v. Chr. | Steinzeit | Altsteinzeit | Ende der Eiszeit |
| 8 000 | | Mittelsteinzeit | |
| 4 000 | | Jungsteinzeit | |
| | | Bandkeramik | Bandkeramik |
| | | | Großgartacher Gruppe |
| | | Rössener Kultur | Rössener Kultur |
| | | Michelsberger Kultur | Michelsberger Kultur |
| | | Schnurkeramik – Glockenbecherkultur | Rheinische Becherkultur – Glockenbecherkultur |
| 1 800 | Bronzezeit | Frühe Bronzezeit | Frühe Bronzezeit |
| 1 500 | | Hügelgräberbronzezeit | Mittlere Bronzezeit |
| 1 200 | | Urnenfelderkultur | Jüngere Bronzezeit |
| 700 | Eisenzeit: Hallstattzeit | Laufelder Gruppe | Kerbschnittkeramik |
| | | Ältere Hunsrück-Eifel-Kultur | Frühe Eisenzeit |
| 450 | Eisenzeit: Latènezeit | Jüngere Hunsrück-Eifel-Kultur | Späte Eisenzeit |
| | | Jüngeres Latène | Spätlatène |
| um Chr. Geb. | | Römische Kaiserzeit | s. S. XXI ff. |
| 400 | | Völkerwanderungszeit | |
| 500 | | Merowingerzeit | |
| 750 | | Karolingerzeit | |

| | |
|---|---|
| 58–50 v. Chr. | Eroberung Galliens durch Caesar bis an den Rhein. |
| 53 v. Chr. | Vernichtung der im linksrheinischen Gebiet siedelnden Eburonen durch Caesar. Anschließend Einsickern der Ubier, u. a. in die Kölner Bucht. |
| ca. 38 v. Chr. | Offizielle Übernahme der Ubier in die linksrheinische Kölner Bucht durch Marcus Vipsanius Agrippa. Gründung des Oppidum Ubiorum als Vorort des Stammes. |
| bis 9 n. Chr. | Das Oppidum Ubiorum evtl. Standort eines augusteischen Legionslagers. |
| 9 n. Chr. | Schlacht im Teutoburger Wald. |
| 6. Nov. 15 | Agrippina die Jüngere wird im Oppidum Ubiorum geboren. |
| 2.–4. Jahrzehnt des 1. Jhs. | Zweilegionenlager neben dem Oppidum Ubiorum für die I. und XX. Legion. |
| 1. Hälfte des 1. Jhs. | Erste Glas- und Töpfereimanufakturen im Oppidum Ubiorum. |
| 50 | Erhebung der Siedlung zur Kolonie mit dem Namen Colonia Claudia Ara Agrippinensium. |
| nach 50 | Errichtung der steinernen Stadtmauer. Einteilung des Stadtareals in insulae teils in Fortführung eines vorkoloniezeitlichen Straßenrasters. Bau der zweiten Periode des Praetoriums auf einem Vorgängerbau. |
| 69 | Erhebung des Vitellius zum Kaiser durch das Heer in Köln. |
| 69/70 | Aufstand des Civilis. |
| um 85 | Die rheinischen Militärgrenzbezirke werden in Provinzen umgewandelt. Köln wird Hauptstadt der Germania Inferior. |
| 98 | Traian erfährt durch den jungen Hadrian in Köln von seiner Erhebung zum Kaiser. |
| 2. Jh. | Wirtschaftliche Blüte des römischen Köln durch Handwerk und Handel. Ausgedehnte Töpfereibezirke v. a. westlich der Colonia um den heutigen Rudolfplatz. |
| ca. Mitte des 2. Jhs. | Errichtung steinerner Speicherhallen auf der römischen Rheininsel bei Groß St. Martin. |
| um 180 | Grundlegender Umbau des Praetoriums. |
| ca. 254–258/60 | Kaiser Gallienus residiert in Köln. |
| 258/60 | Usurpation des Postumus. |
| 260–274 | Gallisches Sonderreich. Hauptstadt bis 271 Köln, anschließend Trier. |
| 310 | Unter Konstantin d. Großen Bau der ersten, ständigen |

| | |
|---|---|
| | Brücke über den Rhein zum neu errichteten, rechtsrheinischen Brückenkopf, dem Kastell Divitia/Deutz. |
| 313/314 | Erster literarischer Nachweis des Christentums in Köln: Der Kölner Bischof Maternus nimmt an den Synoden in Rom und Arles teil. |
| 343 | Reise des Kölner Bischofs Euphrates nach Syrien im Rahmen der Auseinandersetzungen um den Arianismus. |
| 346 | Synode gallischer Bischöfe in Köln (umstritten). |
| 355 | Erfolglose Usurpation des Silvanus in Köln. Frankeneinfall in das Rheinland und nach Gallien; Eroberung und Zerstörung Kölns. |
| 356 | Der Caesar Julianus drängt die Franken über den Rhein zurück. |
| ca. 360–390 | Errichtung des römischen Kernbaus von St. Gereon. |
| 388 | Erneuter Frankeneinfall im Rheinland. |
| 392/393 | Der fränkische Heerführer des Weströmischen Reiches, der Comes Arbogast, führt einen Vergeltungsschlag gegen die Franken in das rechtsrheinische Gebiet. |
| 392–394 | Wohl auf Betreiben des Arbogast wird zum letzten Mal ein Neubau des Praetoriums vollendet. |
| 401/402 | Weitgehende militärische Entblößung des niedergermanischen Limes durch Abzug der Truppen nach Oberitalien. |
| 446 | Der Heerführer Aëtius drängt die Franken zum letzten Mal über den Rhein zurück und stellt die Rheingrenze wieder her. |
| vor 450 | Köln „... ist voll von Feinden; ..." (Salvian, De gub. Dei 6,39). |
| 451 | Aëtius besiegt die Hunnen auf den Katalaunischen Feldern. |
| 456 | Aegidius unternimmt als letzter Vertreter Roms den erfolglosen Versuch, Köln gegen die Franken zu verteidigen. |
| um 470 | König Sigibert gründet ein fränkisches Königreich um Köln. |
| 507 | König Chlodwig annektiert das Kölner Königreich. |
| um 540/50 | Fürstengräber unter dem Kölner Dom. |
| um 655 | Bischof Kunibert stirbt. |
| 725 | Plektrudis, Witwe Pippins des Mittleren, stirbt in Köln. Sie hatte das Stift St. Maria im Kapitol gegründet. |
| vor 787 | Karl der Große setzt Hildebold zum Bischof von Köln ein. Unter ihm wird Köln zum Erzbistum erhoben. |
| 818 | Tod des Hildebold. In seiner Regierungszeit wird mit dem Bau des karolingischen Doms begonnen. |
| 870 | Vollendung des karolingischen Doms. |

| | |
|---|---|
| 881 | Normannen zerstören Köln. |
| um 950 | Das Gebiet zwischen Römerstadt und Rhein wird in das Stadtgebiet einbezogen. Erste Stadterweiterung. |
| 953–965 | Bruno, Bruder Kaiser Ottos des Großen, ist Erzbischof von Köln. Er gründet St. Pantaleon. |
| 991 | Kaiserin Theophanu, Gemahlin Kaiser Ottos II., gestorben. Grabstätte Brunos und Theophanus ist St. Pantaleon. |
| 999–1021 | Erzbischof Heribert. |
| 1021–1036 | Erzbischof Pilgrim. |
| 1036–1056 | Erzbischof Hermann II. |
| 1056–1075 | Erzbischof Anno II., 1074 Rebellion Kölner Kaufleute gegen die Willkür des Erzbischofs. |
| 1096 | Erster Kreuzzug, Judenverfolgung in Köln, Zerstörung der Synagoge. |
| 1106 | Kaiser Heinrich IV. überträgt den Kölner Bürgern das Recht der Wehrhoheit. Zweite Stadterweiterung. |
| 1149 | Erwähnung eines Bürgerhauses, Vorläufer des Rathauses. Die Urkunde trägt das erste erhaltene Siegel der Stadt Köln. |
| 1150–1230 | Entstehung der Kirchen mit den mächtigen Dreikonchenchören: (St. Aposteln, Gr. St. Martin mit Vierungsturm) sowie des einzigen erhaltenen romanischen Hauses (Overstolzenhaus). |
| 1164 | Erzbischof Rainald von Dassel bringt die Reliquien der Heiligen Drei Könige aus Mailand nach Köln. |
| 1180 | Beginn des Baus der großen Stadtmauer. Dritte Stadterweiterung. |
| 1248 | Erzbischof Konrad von Hochstaden legt den Grundstein zum Bau des gotischen Doms. |
| 1258 | Albertus Magnus und der „Große Schied“: Vermittlungsvertrag zwischen Konrad von Hochstaden und der Stadt. |
| 1259 | Konrad von Hochstaden bestätigt der Stadt das Stapelrecht. |
| 1268/69 | Gotisches Stadtsiegel. |
| 1288 | Schlacht bei Worringen. Sieg der Bürger über den Erzbischof Siegfried von Westerburg. Köln wird quasi freie Reichsstadt. |
| 1349 | Pest in Köln. Vernichtung der jüdischen Gemeinde. |
| 1359 | Neues Rathaus. |
| 1367 | Kölner Konföderation der Hansestädte gegen die Könige von Dänemark und Norwegen. |
| 1370/71 | Weberaufstand. |
| 1388 | Gründung der ersten städtischen Universität in Deutschland. |

| | |
|---|---|
| 1396 | Sturz der Patriziergeschlechter, Sieg der Zünfte. Verbundbrief als erste „demokratische" Verfassung der Stadt. |
| 1406 | Beschluß des Rates zum Bau des Rathausturmes. |
| 1424 | Die Juden müssen Köln erneut und endgültig verlassen. |
| 1441 | Bau des Gürzenichs als Tanzhaus. |
| 1475 | Kaiser Friedrich III. erhebt Köln zur freien Reichsstadt. |
| 1512/13 | Aufstand gegen den Rat. Transfixbrief als Erweiterung der im Verbundbrief festgehaltenen Stadtverfassung. |
| 1558/61 | Bau des Stapelhauses als Fischkaufhaus. |
| 1567/71 | Bau der Rathauslaube. |
| 1596/1602 | Bau des Zeughauses. |
| 1680/86 | Erhebung des Nikolaus Gülich gegen den Rat; Hinrichtung des Revolutionärs. |
| 1794 | Französische Revolutionstruppen ziehen in Köln ein. |
| 1815 | Köln und die Rheinlande kommen an Preußen. |
| 1823 | Erster Rosenmontagszug. |
| 1825/1843 | Errichtung eines Rings von Forts im Abstand von 500 m rund um die Stadt. |
| 1842 | Weiterbau des Kölner Doms. |
| 1859 | Einweihung der ersten festen Brücke über den Rhein. |
| 1880 | Vollendung des Doms. |
| 1881 | Abbruch der Stadtmauer von 1180/1220. Die Ringstraßen und die Kölner Neustadt entstehen. |
| 1888 | Große Stadterweiterung mit Eingemeindung zahlreicher Vororte. Anlage des äußeren Rings preußischer Befestigungswerke im Zuge der heutigen Militärringstraße. |

# ZUR GESCHICHTE DER SAMMLUNGEN DES RÖMISCH-GERMANISCHEN MUSEUMS KÖLN

## *Die prähistorische Sammlung*

Die Erforschung der Kölner Vorgeschichte setzte vergleichsweise spät ein. Im Jahre 1903 wurde mit der Gründung des „Cölner Anthropologischen Vereins" auch ein Prähistorisches Museum ins Leben gerufen. Vorsitzender des Vereins, der 1904 der „Deutschen Anthropologischen Gesellschaft" angegliedert wurde, und Leiter der Sammlungen war C. Rademacher (1859–1935). Bereits im Jahre 1906 hatten sich die Bestände dieses privaten Museums durch Ankäufe und eigene Ausgrabungen derart vermehrt, daß die Gesellschaft sie der Stadt Köln zum Geschenk machte. Diese bestimmte den Bayenturm, mit dem der Halbkreis der mittelalterlichen Befestigungswerke der Stadt im Süden an den Rhein anschließt, als Sitz des nun städtischen „Prähistorischen Museums" (Abb. 1). Am 29. 7. 1907 wurde es anläßlich einer Tagung der Deutschen Anthropologischen Gesellschaft der Öffentlichkeit übergeben. In den viel zu engen Räumen des Bayenturms blieb das Museum, das im Jahre 1926 in „Museum für Vor- und Frühgeschichte" umbenannt worden war, bis es im Jahre 1945 aufgelöst und mit der Römisch-Germanischen Abteilung des Wallraf-Richartz-Museums dem neu gegründeten Römisch-Germanischen Museum der Stadt Köln angegliedert wurde.

Die frühe Vorgeschichtsforschung im Kölner Raum ist eng mit dem Namen Rademachers verknüpft (Abb. 2), der – geboren in Altenrath (Rhein-Sieg-Kreis) – seit dem Jahre 1891 als Lehrer in Köln arbeitete. Es war wohl das große früheisenzeitliche Grabhügelfeld seines Geburtsortes, das sein Interesse für die Vor- und Frühgeschichte des Rheinlandes weckte; die nicht minder bedeu-

Abb. 1 Der Bayenturm; Sitz des Museums für Vor- und Frühgeschichte der Stadt Köln von 1907 bis 1943.

tenden Nekropolen gleicher Zeitstellung in Köln-Rath, Köln-Dellbrück und Köln-Dünnwald, die er während seiner Tätigkeit als Lehrer kennenlernte, mögen dieses Interesse weiter gefördert haben. Seit 1893 jedenfalls sind aus seiner Feder stammende Grabungsberichte bekannt. Seine ersten Untersuchungen freilich führte er im Auftrage des Berliner Staatsmuseums durch; daher verblieben auch die Funde, die er in dieser Frühzeit seiner wissenschaftlichen Betätigung in Köln barg, nicht im Rheinland, sondern wurden nach Berlin abgegeben. Endgültig änderte sich das erst im Jahre 1903, als man den „Cölner Anthropologischen Verein“ ins Leben rief, eine Gesellschaft, die sich u. a. die Gründung eines prähistorischen Museums zum erklärten Ziel gesetzt hatte. Waren die frühen Grabungen Rademachers selbst bei Berücksichtigung der unvollkommenen Untersuchungsmethoden seiner Zeit noch nicht durchweg gelungen, so änderte sich das doch sehr schnell. Rademachers Leistung als Wissenschaftler und Ausgräber war enorm, wenn sich auch manche seiner Pläne nicht verwirklichen und viele seiner wissenschaftlichen Thesen auf lange Sicht hin nicht halten ließen. Unter den Fachwissenschaftlern seiner Zeit jedenfalls hatte er einen guten Namen. So wurde er, der im Jahre 1900 Schulrektor geworden war, 1903 Gründer und Vorsitzender des „Cölner Anthropologischen Vereins“ (ab 1904: „Anthropologische Gesellschaft“) und 1907 auch erster Direktor des Kölner Prähistorischen Museums, später Museum für Vor- und Frühgeschichte. Diese Funktion übte er ab 1918 bis zu seinem Ausscheiden aus den Diensten der Stadt Köln im Jahre 1931 hauptamtlich aus. Im Jahre 1927 wurde ihm in Anerkennung seiner Verdienste die Ehrendoktorwürde der Universität Köln verliehen.

1934, drei Jahre nachdem Rademacher in Ruhestand getreten war, wurde mit W. Buttler, der in Marburg bei G. von Merhart promoviert hatte, ein Fachgelehrter zum Leiter des Museums ernannt. Buttler hatte sich als Ausgräber einer Siedlung der jungsteinzeitlichen linienbandkeramischen Kultur in Köln-Lindenthal sehr schnell einen Namen gemacht. Bereits im Jahre 1936 wurde er als

Abb. 2 Carl Rademacher.

Referent für Bodendenkmalpflege in das Reichsministerium für Wissenschaft, Erziehung und Volksbildung nach Berlin berufen. Seine Tätigkeit als Direktor des Kölner Museums für Vor- und Frühgeschichte blieb daher nur wenig mehr als ein kurzes Zwischenspiel. Andernfalls wäre es Buttler sicher gelungen, diesem Museum die Geltung in der rheinischen Vorgeschichtsforschung zu verschaffen, um die sich schon Rademacher ständig bemüht hatte.

Die Stelle des Museumsleiters blieb nun mehrere Jahre unbesetzt. Erst 1939 wurde W. von Stokar als neuer Direktor berufen. Die Betreuung des Museums lag jedoch weitgehend in den Händen von Clara Redlich, da von Stokar auch auf den Lehrstuhl für Vor- und Frühgeschichte der Kölner Universität berufen worden war und während des Krieges noch zusätzlich andere Aufgaben wahrzunehmen hatte. So betreute dann im Kriege zeitweise auch M. Heydrich, der Direktor des Rautenstrauch-Joest-Museums, die vorgeschichtlichen Sammlungen. Immer noch war das Museum für Vor- und Frühgeschichte im Bayenturm untergebracht. Die Räumlichkeiten dieses mittelalterlichen Bauwerks reichten bei weitem nicht mehr aus, um die ständig gewachsenen Bestände sachgemäß zu magazinieren bzw. auszustellen. Daher hatte man bereits 1938 mit den Ausschachtungsarbeiten für einen Neubau in unmittelbarer Nähe der Universität begonnen. Es begann jedoch der Krieg, die Bauarbeiten wurden eingestellt, und 1943 wurde der Bayenturm durch einen Bombentreffer zerstört.

Das Schicksal der vorgeschichtlichen Sammlungen kurz vor und nach dem Ende des Zweiten Weltkrieges war ebenso wechselvoll wie die Geschichte anderer deutscher Museen. Erst 1942, also viel zu spät, begann man mit dem Einpacken und dem Abtransport des Museumsgutes. Zudem wurden damals nur 96 Kisten mit Fundmaterial ausgelagert: zuerst in Koblenz-Ehrenbreitstein, dann in Franken (Gaibach, Kr. Kitzingen, und Bronnbach bei Tauberbischofsheim), schließlich in Kochendorf, Kr. Heilbronn, und dann erst wieder in Köln, wo wiederum noch verschiedene Male umgezogen werden mußte. – Was von den im Bayenturm verbliebenen Teilen der Sammlung nach der Bombennacht vom 28. zum 29. Juni 1943 aus den Ruinen des Gebäudes noch gerettet werden konnte, gelangte ins Bensberger Schloß, war aber nach dem Kriege dort nicht mehr aufzufinden.

Bis ein Teil der geretteten Bestände des ehemaligen Kölner Museums für Vor- und Frühgeschichte der Öffentlichkeit wieder zugänglich gemacht werden konnte, sollten über 30 Jahre vergehen: seit seiner Eröffnung gibt das Römisch-Germanische Museum der Stadt Köln in seinem Hause erstmals wieder einen Überblick über die Vorgeschichte Kölns und seines Umlandes.

Der Aufbau der vorgeschichtlichen Sammlung, wie sie sich heute in Ausstellungs- und Magazinräumen befindet, war jeweils so unterschiedlich motiviert wie die Geschichte ihrer Unterbringung wechselvoll war. Als Rademacher die Gründung des Museums betrieb, bemühte er sich vor allem darum, weite Kreise der Bevölkerung für die älteste Geschichte der engeren Heimat zu interessieren. Eine rege Ausgrabungstätigkeit brachte daher bald eine beachtliche Sammlung von Altertümern zusammen. So hat Rademacher z. B. bis zum Jahre 1928 in 23 früheisenzeitlichen Grabhügelfeldern des Niederrheingebietes Ausgrabungen unternommen und die Funde in Köln magaziniert. Daher verfügt die vorgeschichtliche Abteilung des Römisch-Germanischen Museums noch heute über eine der größten Spezialsammlungen der früheisenzeitlichen Kultur des Niederrheingebietes. Diese intensive Grabungstätigkeit konnte Rademacher, der das Prähistorische Museum meist als „Einmannbetrieb" leitete, nicht allein durchführen. Die Vermehrung der Funde der heimischen Vorzeit durch Grabungen und Ankauf war nur möglich, weil er im Gebiet zwischen Mayen im Süden und Wesel im Norden überall auf Gewährsleute und ehrenamtliche Mitarbeiter zurückgreifen und der Unterstützung durch lokale Altertumsvereine sicher sein konnte. So untersuchte er z. B. in den Jahren 1911–1913 zusammen mit dem Mayener Altertumsverein das große spätestbronze-/früheisenzeitliche

Brandgräberfeld von Gering, Kr. Mayen-Koblenz; ein Teil der Funde ist heute im Römisch-Germanischen Museum wieder ausgestellt. Freilich beschränkte sich Rademachers Grabungstätigkeit nicht auf die Untersuchung der metallzeitlichen Gräberfelder des Rheinlandes. Eines seiner bedeutendsten Unternehmen war u. a. eine große Grabung in den Höhlen des Kartsteins bei Eiserfey, Kr. Euskirchen (s. Bd. 26, S. 114 ff.). Seiner Initiative ist es zu verdanken, daß damals der durch Steinbrucharbeiten gefährdete Kartsteinfelsen vor der Zerstörung bewahrt wurde und 1914 als Naturdenkmal unter die Obhut des damaligen Kreises Schleiden kam. Auch ein Teil der altsteinzeitlichen Funde aus den Kartsteinhöhlen ist heute im Römisch-Germanischen Museum wieder ausgestellt.
Ein weiteres Anliegen Rademachers war aber, das Kölner Museum für Vor- und Frühgeschichte zu einer Art Zentralmuseum von internationalem Rang auszubauen. Schon die Einweihungsfeierlichkeiten im Jahre 1907 brachten diese dem Museum zugedachte überörtliche Bedeutung zum Ausdruck, denn die gleichzeitig nach Köln einberufene Prähistorikertagung war von hervorragenden Fachgelehrten des In- und Auslandes besucht. Weitere Tagungen sollten in der Folgezeit den Ruf des Kölner Prähistorischen Museums als Forschungsstätte überregionalen Zuschnittes festigen helfen: 1910 und 1927 tagte die Deutsche Anthropologische Gesellschaft zusammen mit der Berufsvereinigung deutscher Prähistoriker in Köln, 1913 die Gesellschaft für Deutsche Vorgeschichte. Die Tagung des Jahres 1927 war verbunden mit einer Sonderausstellung des Museums „Die mittlere Steinzeit in Deutschland", an deren Konzeption G. Schwantes maßgeblich beteiligt war. Bekannte Namen finden sich daher im Gästebuch des Museums für Vor- und Fruhgeschichte, das bis heute erhalten geblieben ist: Menghin, Šimek, Schwantes, van Giffen, Absolon, Childe, Stocký, Šránil, v. Tompa, Movius, um nur einige zu nennen.
Auch der Ankauf großer Sammlungen westeuropäischen Paläolithikums, teils aus dem Besitz von Hauser und Rutot, daneben auch neolithische Funde z. B. aus Ägypten und Rußland, sollten die

Bedeutung des Kölner Museums als internationale Forschungsstätte unterstreichen und fördern.
Dennoch ließ sich Rademachers Ziel, das Kölner Museum in den Rang eines Zentralmuseums zu heben, nicht verwirklichen. Zum einen fehlte hierzu der geschulte Mitarbeiterstab, zum anderen reichten weder die Räumlichkeiten des Bayenturms, noch die finanziellen Mittel zur Verwirklichung solcher Pläne. Nach Rademachers Ausscheiden aus den Diensten der Stadt Köln wahrte das Museum neben seiner Ausstellungstätigkeit vor allem denkmalpflegerische Belange, und auch diese in wesentlich engerem Rahmen als es dem Gründer vorgeschwebt hatte. Unter Buttler wurde in Zusammenarbeit mit dem Rheinischen Landesmuseum Bonn die Denkmalpflege des Rheinisch-Bergischen Kreises übernommen, unter von Stokar kam noch der Landkreis Köln hinzu. Gegenwärtig ist das Römisch-Germanische Museum denkmalpflegerisch auf das Stadtgebiet von Köln beschränkt.
Dennoch, nicht zuletzt durch die Tätigkeit Rademachers, hat die prähistorische Sammlung des Römisch-Germanischen Museums einen beträchtlichen Umfang: 1910 waren es 3500 Inventarnummern, im Jahre 1930 wurden im Magazin über 14 000 Funde und Fundkomplexe verwahrt, und gegenwärtig ist der Bestand auf ca. 20 000 Inventarnummern angewachsen.

*Literatur:*

S. Gollub, Vorgeschichtsforschung in Köln. In: Mouseion, Studien aus Kunst und Geschichte für O. H. Förster (1960) 42 ff. – W. Lung, Das Museum für Vor- und Frühgeschichte im Bayenturm Köln. Kölner Jahrb. 3, 1958, 86 ff. – C. Rademacher, Bericht der Cölner Anthropologischen Gesellschaft über die 10 Jahre ihres Bestehens und die Entstehung und Entwicklung des Städtischen Prähistorischen Museums 1903–1913 (1913). – Ders., Führer durch das städtische Museum für Vor- und Frühgeschichte im Bayenturm zu Köln (4. Aufl. 1930). – Ders., Prähistorisches Museum zu Köln. Mannus 1, 1909, 298 ff. – H. Schwabedissen, Die Ur- und Frühgeschichte an der Universität zu Köln. Kölner Jahrb. 9, 1967/68, 181 ff. – R. Stampfuß, Nachruf auf Carl Rademacher. Mannus 27, 1935, 245 ff.

*W. Meier-Arendt*

## *Die Sammlung römischer und fränkischer Altertümer*

Am Anfang der Sammlung römischer und frühmittelalterlicher Altertümer Kölns steht der Name von Franz Ferdinand Wallraf, Theologe, Doktor der Medizin, Professor der Naturgeschichte und Ästhetik, letzter Rektor der alten Kölner Universität und Kanonikus. Als er sein Lebenswerk, seine Privatsammlung, seiner Vaterstadt Köln übertrug, war der Grundstock für das Römisch-Germanische Museum begründet. Das geschah offiziell im Jahre 1824, nachdem Wallraf aber bereits Jahre zuvor seine Absicht bekannt gegeben hatte, die Sammlung der Stadt Köln und ihren Bürgern zu stiften.

Eine beachtliche Zahl römischer Denkmäler, „38 Marmorantiken und 104 vaterländische Altertümer, 323 geschnittene Steine, 1297 Antikaglien und 5938 Münzen" hatte Wallraf zusammengebracht und durch die unruhigen Jahre der französischen Revolution und der napoleonischen Zeit bewahrt. Von Wallrafs Wohnung in der alten Kölner Domprobstei gelangten die Bestände über Notunterkünfte aber erst 37 Jahre später in einen Museumsbau: als nämlich der von Josef Felten errichtete neugotische Bau des Wallraf-Richartz-Museums, den der Kaufmann Johann Heinrich Richartz gestiftet hatte, im Jahre 1861 eröffnet wurde, war hier auch Wallrafs Sammlung erstmals der Öffentlichkeit zugänglich und damit die Antikenabteilung des Wallraf-Richartz-Museums entstanden.

Bis in die achtziger Jahre des 19. Jhs. blieben die Antiken dort jedoch wenig beachtet oder in den Magazinräumen deponiert. Erst mit den sog. Gründerjahren, der Stadterweiterung, mit den Funden, die beim Bau der Wasserleitung und der Kanalisation zutage traten, begann das öffentliche Interesse an der Kölner Vergangenheit. Eine planmäßige Beobachtung und Erfassung der Funde setzte ein und erste Ausgrabungen wurden durchgeführt. Noch heute geläufige Namen sind mit dieser Zeit verbunden, die Stadtbauräte Rudolf Schultze und Carl Steuernagel, der Generalmajor Wolf oder Gymnasialoberlehrer Joseph Klinkenberg. Die Boden-

Abb. 1 Carl Anton Niessen.

denkmalpflege wurde von nun an neben der Erfassung der Bestände und ihrer Ergänzung durch Ankäufe wichtigste Aufgabe der Römischen Abteilung des Wallraf-Richartz-Museums. Hans

Düntzer verfaßte den ersten Katalog der Steindenkmäler, Anton Kisa, der bedeutende Spezialist für römische Gläser, katalogisierte von 1891 bis 1894 die in kurzer Zeit vervielfachten Bestände der Abteilung, die er zugleich neu aufstellte. Eine der wichtigsten Persönlichkeiten dieser Zeit wurde für die Römische Abteilung der Konsul Carl Anton Niessen (Abb. 1), der seit den achtziger Jahren die umfangreichste Privatsammlung Kölner und rheinischer Altertümer zusammenbrachte und stetig ausbaute. Sie wurde im Jahr 1912 zum ersten Mal im Wallraf-Richartz-Museum der Öffentlichkeit zugänglich gemacht.

Nach dem ersten Weltkrieg erfolgte eine umfassende Neuordnung der römischen Abteilung. Jahrgangsinventare wurden seit 1923 anstelle der alten Sachinventarbände eingeführt, regelmäßige Fundberichte der systematischen Ausgrabungen angelegt und eine Neuaufstellung vorgenommen, die zunächst nur die Kleinkunst und das Kunstgewerbe berücksichtigte. Der Name Fritz Fremersdorf war von nun an für mehr als 35 Jahre mit der Römisch-Fränkischen Abteilung, wie sie nun hieß, verbunden: er hat sie von 1923 bis 1959 geleitet.

Schon Mitte der zwanziger Jahre wurde in der Öffentlichkeit der Ruf nach ausreichendem Raum und einem eigenen Museumsgebäude für die ständig vermehrten römischen und fränkischen Altertümer unüberhörbar, zumal erste selbständige Großgrabungen der Abteilung auf den römischen Siedlungen (Gutshof Köln-Müngersdorf) und den römischen und fränkischen Gräberfeldern (Frankenfriedhof Müngersdorf) oder im Bereich des Flottenkastells Alteburg breites Interesse fanden. Der Beteiligung der Römischen Abteilung an den zukunftsweisenden „Sommerausstellungen" „Schätze aus Kölner Museen" im Jahre 1929 folgten in den Jahren 1931 und 1932 weitere Aufbauschritte. Eine grundsätzliche Orientierung der Sammlung wurde beschlossen: Die Abteilung sollte auf Köln und Umgebung beschränkt bleiben. Auch die Steindenkmäler wurden nun wieder, nach geläufigen Gesichtspunkten aufgestellt, als Schausammlung zugänglich (Abb. 2). Erste

Abb. 2 Die Ausstellung der römischen Steindenkmäler im Wallraf-Richartz-Museum nach 1929.

eigene Werkstätten wurden eingerichtet, allerdings außerhalb des Hauses.

In den dreißiger Jahren setzten Entwicklungen ein, die den Ruf der Römisch-Fränkischen Abteilung des Wallraf-Richartz-Museums als überregionale Sammlung von übernationaler Bedeutung verbreiteten. Noch 1932 begannen im Auftrag des damaligen Oberbürgermeisters Konrad Adenauer die Verhandlungen zum Erwerb der Sammlung des Konsuls Carl Anton Niessen. Sie wurden mit der Übernahme 1934 abgeschlossen. Im gleichen Jahr gelang durch glückliche Umstände der Erwerb einer weiteren Privatsammlung von Weltbedeutung. Die Sammlung hellenistischen und völkerwanderungszeitlichen Schmucks des rheinischen Barons von Diergardt mit Funden aus dem Schwarzmeergebiet und dem Balkan, aus Oberitalien, Spanien, Frankreich und dem rheinischen Raum wurde von der Stadt Köln angekauft. Seit 1914 hatte sie den Berliner Staatlichen Museen als Leihgabe zur Verfügung gestanden. Zu Anfang des Jahres 1940 konnte eine dritte Privatsammlung für die Römische Abteilung gesichert werden: die Stadt Köln kaufte die systematisch in über 30 Jahren zusammengetragene Sammlung antiker Beleuchtungsgeräte aus dem Nachlaß des Hofrates Herbert Wollmann an, mehr als 3000 Lampen aus dem Zeitraum vom Hellenismus bis zum 5. Jh. n. Chr.

Die Forderung nach einem Museumsbau für die Römisch-Fränkische Abteilung des Wallraf-Richartz-Museums blieb bis zum Kriegsbeginn akut. Erster provisorischer Schritt zu einem Römisch-Germanischen Museum war die Übernahme eines Werkstatt- und Studiengebäudes im Jahre 1937. Aber seit Oktober 1939 wurden die Bestände systematisch eingepackt und ausgelagert. Verlagerungsorte waren Schloß Harkotten in der Eifel und die Feste Ehrenbreitstein, 1942 und 1943 Oberaudorf am Inn, Bronnbach bei Würzburg und die Gegend am Tegernsee, 1944 das Bergwerk Friedrichsthal und das Lahngebiet. 1942 brannte das Studiengebäude aus, am 29. Juni 1943 wurde das Wallraf-Richartz-Museum schwer beschädigt und mit ihm, besonders in den letzten Kriegsmonaten, auch die in Köln verbliebenen Bestände der „Römisch-Germanischen Abteilung“, wie sie seit 1936 offiziell hieß.

Dem Neuanfang im Schloß Dyk bei Paffendorf an der Erft nach 1945 folgte eine erste Notunterkunft mit anderen Kölner Museen in der alten Kölner Universität. Bergungsarbeiten und Untersuchungen während der Enttrümmerung wurden Hauptaufgaben des Museums. Die Domgrabung und die Freilegung des im Jahre 1941 entdeckten und wieder zugeschütteten Dionysos-Mosaiks waren erste Höhepunkte. Anläßlich der Eröffnung eines Lapidariums mit dem Dionysos-Mosaik im Rahmen der Kölner Kulturtage „Der Rhein und Europa“ am 20. 10. 1946 wurde die Römisch-Germanische Abteilung schließlich Teil des neuen Römisch-Germanischen Museums. In diesem ging auch das im Jahre 1906 durch Carl Rademacher gegründete Kölner Museum für Vor- und Frühgeschichte auf.

Seit der 1900-Jahrfeier der Stadt Köln im Jahre 1950, seit nämlich das Römisch-Germanische Museum seine Schätze in einer Sonderausstellung ausbreiten konnte, stand es wieder mit seinen berechtigten Sorgen im Blick der Öffentlichkeit, zumal das Museumsgut von 1951 bis 1956 erneut verpackt oder ausgeliehen wurde. Die Magazinbestände erhielten Notdepots in Lagern der Imbert-Generatorenwerke und in der während des Krieges zerstörten Abtei Deutz. Verwaltung, Werkstätten und Bibliothek bezogen die Kölner Severinstorburg. Weitere Provisorien folgten: erst der Umzug in ein Stockwerk des Kaufhauses Peters am Ort des heutigen Karstadtgebäudes, dann jener des Jahres 1961 in ein Geschoß des Dom-Kuriengebäudes und in die Ruine des alten Luftschutzbunkers am Dom, der Baustelle für den Museumsneubau. Lediglich das Lapidarium mit dem Dionysos-Mosaik am Dom blieb seit 1951 Schausammlung des Museums. 1956 wurde der Vorraum des freigelegten Prätoriums unter dem Rathaus als weitere Ausstellung eröffnet, und im Jahre 1959 konnte die „Schatzkammer des Römisch-Germanischen Museums“ in der neu ausgebauten „Alten Wache“ neben dem Zeughaus der Öffentlichkeit übergeben werden.

Bis 1951 waren die Vorstellungen für den Bau eines Römisch-Germanischen-Museums gereift und seit dem Sommer 1957 stand auch der Standort südlich des Doms über dem Dionysos-Mosaik fest. Wichtigster Förderer einer Realisierung der Pläne wurde der damalige Oberbürgermeister Th. Burauen, der das Gewicht seines Amtes voll dafür einsetzte. Im Februar 1959 übernahm Otto Doppelfeld, der durch die erfolgreichen Kölner Nachkriegsgrabungen bekannt geworden war, das Amt des Direktors des Römisch-

Germanischen Museums bereits mit festen Vorstellungen für den Neubau. Die 100-Jahrfeier des Wallraf-Richartz-Museums im Jahre 1961 rückte zudem das Problem des Römisch-Germanischen Museums erneut in den Vordergrund. 1962 wurde endlich der entscheidende neue Ideenwettbewerb ausgeschrieben, 1963 fiel die Wahl auf den mit Abänderungen später auch ausgeführten Entwurf von Heinz Röcke und Klaus Renner. 1965 erfolgten dann die ersten Bohrungen und Bodenuntersuchungen für den Baubeginn.
Ebenso wie in den fünfziger Jahren blieb das Römisch-Germanische Museum auch in den sechziger Jahren stets im Bewußtsein der Öffentlichkeit. Große Ausstellungen förderten den Gedanken an den Bau eines eigenen Hauses, so z. B. die Ausstellung „Kunst und Leben der Etrusker" 1956 in den Messehallen oder „Rom in Karthago" 1964 im Wallraf-Richartz-Museum. 1967 wurde mit der Ausstellung „Römer am Rhein" die Kunsthalle eröffnet. Es folgten dort die Sonderausstellungen 1968 „Weltkunst aus Privatbesitz", 1969 „Römer in Rumänien" und 1970 „Rom am Dom".
Aufsehenerregende Neufunde (Diatretglas) und Neuerwerbungen, der Ankauf von Privatsammlungen (1963 Sammlung Lückger, 1966/67 Sammlung Franz Joseph Marx) und Ausstellungen wechselten mit den immer wieder erneuerten Aktivitäten für den Museumsbau. Trotz Abschluß der Planungen und erster grundsätzlicher Vorbereitungen für die Neueinrichtung des Neubaus verzögerte sich der Baubeginn noch bis Ende 1967, die Grundsteinlegung für das Ausstellungsgebäude mit 4 500 m² Stellfläche bis zum 12. November 1970.
Diese Zeit brachte noch einmal äußerste Notsituationen für das Römisch-Germanische Museum. Nach einer gestrafften Deponierung im alten zerstörten Luftschutzbunker neben dem Kölner Dom erzwang im Jahre 1969 der Neubau eine vollständige Räumung dieser Notmagazine und des Lapidariums mit dem Dionysos-Mosaik. Auch die Ausstellung beim gerade eröffneten „Ubiermonument" konnte letztlich nur eine kleine Zahl von Steindenkmälern aufnehmen. Die gesamten Bestände des Museums wurden

in Notdepots untergebracht, in Kellerverschlägen, in provisorischen Räumen der Dom-Tiefgarage, in Hallen des Schlachthofes und in Schuppen des Weyerhofes.
Dieser Krisenzustand dauerte zwei Jahre, bis 1970 der Einzug von Verwaltung, Bibliothek, Glas- und kunstgewerblicher Studiensammlung in das fertiggestellte neue Studiengebäude erste Erleichterung brachte. Die Bergung der großen Steindenkmäler aus den Hallen des Kölner Schlachthofes mußte um ein weiteres Jahr zurückgestellt werden, da das Ausstellungsgebäude mit den Steinmagazinräumen wegen notwendiger Planänderungen für das inzwischen erworbene Poblicius-Grabmal (s. Bd. 39) erst ein Jahr später als geplant fertiggestellt wurde. Seit Herbst und Winter konnten bereits die gesamten Bestände des Museums aus Glas, Ton, Bronze und Bein, dazu Schmuck und Münzen sowie die vorgeschichtliche Sammlung zum ersten Mal komplett gesichtet und vor allem sachgemäß aufbewahrt werden. Die beinahe 50 Jahre lang vorgetragenen Forderungen der Römisch-Fränkischen Abteilung des Wallraf-Richartz-Museums sowie des Prähistorischen Museums und das 25-jährige Bestreben des selbständigen Römisch-Germanischen Museums waren mit dem Einzug in das großzügige Studiengebäude bereits zur Hälfte Wirklichkeit geworden. Die Fertigstellung des Ausstellungsgebäudes fiel mit dem Amtsantritt Hugo Borgers zusammen, der im Jahre 1972 nach Fritz Fremersdorf und Otto Doppelfeld der dritte Direktor des Römisch-Germanischen Museums wurde. Mit der Eröffnung des Hauses am 4. März 1974 erfüllten sich endlich die Wünsche mehrerer Generationen. 1975 wurden durch Zusammenlegung des Römisch-Germanischen Museums mit dem Kölner Stadtmuseum die „Historischen Museen der Stadt Köln“ als neue Verwaltungseinheit geschaffen.

*P. La Baume · G. Ristow*

# VORGESCHICHTLICHE BESIEDLUNG IM STADTGEBIET VON KÖLN

Das Stadtgebiet von Köln liegt innerhalb der großen Niederrheinischen Bucht und ist in drei Landschaftsteile zu gliedern. Im Osten reicht die Stadt mit ihren Vororten Dünnwald, Dellbrück, Brück, Rath-Heumar, Porz-Grengel, Porz-Eil, Porz-Wahn und Porz-Lind bis auf die Mittelterrasse des Rheins, die alsbald in die Vorberge des Bergischen Landes übergeht. Dieser Teil des Stadtgebietes ist ausnahmslos mit Sanden bedeckt, trägt also Böden minderer Qualität, die heute weitgehend mit Nadelwäldern (Königsforst) bestanden sind. Hier liegen große früheisenzeitliche Grabhügelfelder (Nr. 35, 44, 46, 47, 124–126, 134, 138, 143, 145, 150).* Auch im Westen reicht Köln mit seinen Vororten Bocklemünd-Mengenich, Müngersdorf und Lindenthal bis auf die Mittelterrasse des Rheins. Hat man es im Osten jedoch mit wenig ertragreichen Sandböden zu tun, so handelt es sich hier auf der westlichen Mittelterrasse um sehr fruchtbare, aus dem in den Eiszeiten angewehten Lößstaub entstandene Böden, die für Ackerbau hervorragend geeignet waren. Dementsprechend sind in diesem Bereich, z. B. in Köln-Lindenthal, mehrere Siedlungsstellen jungsteinzeitlicher Bauern und Viehzüchter entdeckt worden (Nr. 100, 103).

Dazwischen liegt der größte Teil des Kölner Stadtgebietes auf der Niederterrasse und in der Auenzone, also in Bereichen, die erst nach der Begradigung des Rheines hochwassersicher geworden sind. Überschwemmungen manchmal verheerenden Ausmaßes waren hier vor allem in den rechtsrheinischen Vororten noch bis in das 19. Jh. hinein nicht selten. Für die vorgeschichtliche Zeit sind Niederterrasse und Aue daher zwar nicht als siedlungsfeindlich, aber doch als weniger siedlungsfreundlich einzustufen. Zahlreiche

* Diese Nummern beziehen sich auf Beilage 1 und auf die zugehörige Liste.

Flußschlingen und meist mit stehendem Wasser gefüllte Altarme des Rheins gliederten das Gelände, wie selbst heute auf topographischen Karten noch gut zu erkennen ist: linksrheinisch z. B. das Worringer Bruch im Norden Kölns, rechtsrheinisch das Merheimer Bruch zwischen Brück und Merheim, das von Bruchbach und Flehbach durchflossen wird. Die Spuren vorgeschichtlicher Siedlungen, die es hier sicher auch gegeben hat (sie sind durch Einzelfunde bezeugt), mögen häufig durch die Überflutungen des Rheins unkenntlich gemacht worden sein. Die Kante von Nieder- zu Mittelterrasse ist sowohl im Westen, vor allem aber im Osten der Stadt, also rechtsrheinisch, gut zu erkennen: hier nämlich wird der Verlauf der Terrassenkante durch den „Mauspfad“ markiert, einen mittelalterlichen, wenn nicht gar schon vorgeschichtlichen nord-süd-gerichteten Verkehrsweg, denn auch die eisenzeitlichen Grabhügelfelder von Rath, Heumar, Dellbrück, Dünnwald und Porz liegen ihm auffällig benachbart (Nr. 35, 44, 46, 47, 124–126, 134, 138, 143, 145, 150). Es könnte freilich auch sein, daß sowohl Grabhügelfelder als auch „Mauspfad“ unabhängig voneinander auf die Mittelterrassenkante bezogen sind, daß also die eisenzeitlichen Friedhöfe sich keineswegs am Verlauf des „Mauspfades“ orientieren.

Einige Funde weisen auf eine bereits altsteinzeitliche Besiedlung unseres Raumes hin. Sie stammen aus der letzten, der Würm-Eiszeit. Die altsteinzeitlichen Menschen waren Jäger, die ihren Speisezettel zusätzlich durch das Sammeln wilder Früchte anreicherten; Bodenbau und Tierhaltung waren ihnen noch unbekannt. Zeltartige Unterkünfte und – sofern vorhanden – Höhlen dienten ihnen als Behausung. Die Werkzeuge der Menschen waren aus Holz, Knochen oder Stein gefertigt. Die Gegenstände aus vergänglichen Materialien wie Knochen und Holz haben sich nur in den seltensten Fällen und unter besonders günstigen Bedingungen bis heute erhalten. In der Regel sind nur die Steinwerkzeuge auf uns gekommen. Ein glücklicher Umstand führte vor kurzem auf dem Gelände des Ostfriedhofs in Köln-Dellbrück (Iddelsfelder Hardt)

Abb. 1 Altsteinzeitlicher Kernstein aus Köln-Dellbrück. Röm.-Germ.Mus. Köln. Br. 13,9 cm.

zur Entdeckung eines typischen altsteinzeitlichen Kernsteins, der etwa 100 000 Jahre alt sein dürfte (Nr. 47; Abb. 1). Er hat einen Durchmesser von knapp 15 cm und ist aus feinkörnigem, hellbraunem Quarzit gefertigt. Strenggenommen handelt es sich hier nicht um ein Werkzeug. Von solchen speziell zugerichteten Kernsteinen wurden vielmehr kleinere Stücke abgeschlagen und diese dann zu Werkzeugen verarbeitet. Der Kernstein von Dellbrück weist auf eine nahegelegene altsteinzeitliche Wohnstelle hin, denn solche Stücke, die keine Werkzeuge waren, trug man nicht mit sich herum, um sie irgendwo zufällig zu verlieren.
Von der Kultur der Mittelsteinzeit in den ersten Jahrtausenden

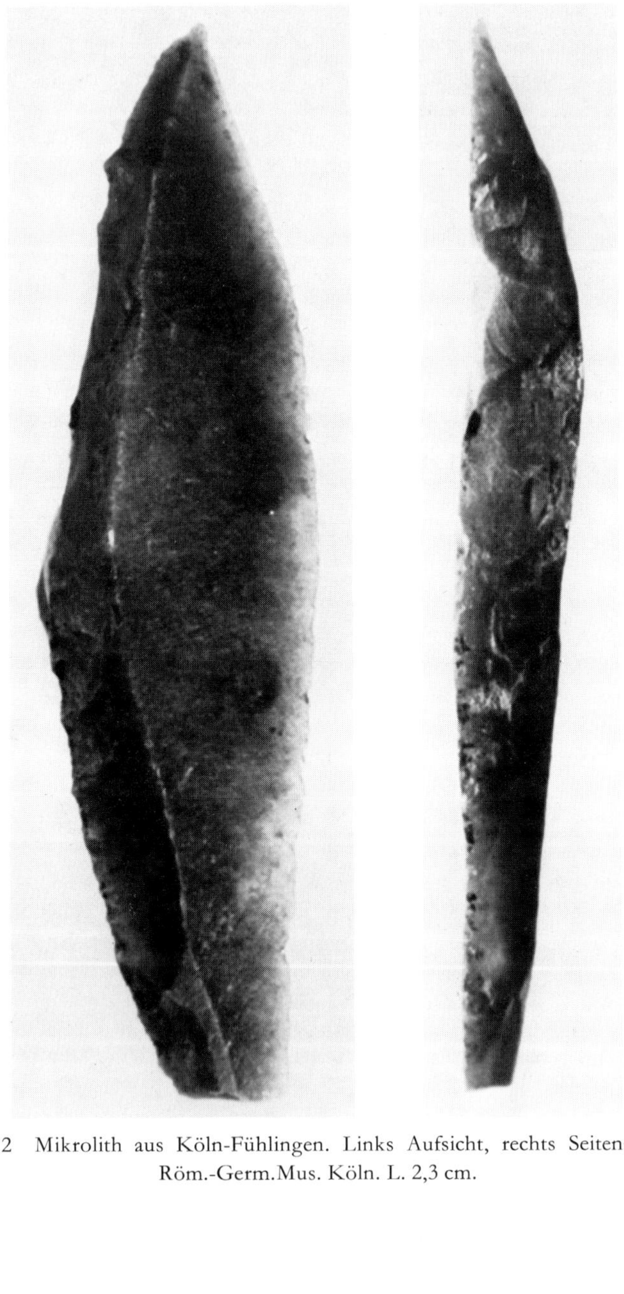

Abb. 2 Mikrolith aus Köln-Fühlingen. Links Aufsicht, rechts Seitenansicht. Röm.-Germ.Mus. Köln. L. 2,3 cm.

nach dem Ende der letzten Eiszeit (ca. 8000–4500 v. Chr.) ist aus dem Stadtgebiet von Köln bisher nur wenig bekannt. Infolge des Klimawechsels änderten sich Fauna und Flora Mitteleuropas in vergleichsweise kurzer Zeit: die Tundra wich nach Norden zurück, Wälder breiteten sich aus und neue Tierarten wanderten ein, vor allem Rehe und Hirsche. Die neuen Tierarten zwangen die Menschen zu neuen Jagdgewohnheiten, d. h. man hatte sich durch neue Jagdwaffen den veränderten Gegebenheiten anzupassen. Vogeljagd und Fischfang wurden intensiver betrieben: außer Pfeil und Bogen gewann die Harpune an Bedeutung. Als Köpfe der hölzernen Pfeilschäfte und als Zacken zur Bewehrung der Harpunenspitzen waren kleine Feuersteingeräte erforderlich, die man wegen ihrer Kleinheit Mikrolithen nennt. Solche Mikrolithen hat man in geringer Zahl in Köln-Fühlingen (Nr. 15; Abb. 2) und in Köln-Merheim (Nr. 107) gefunden.

Mit dem Beginn der Jungsteinzeit in der Mitte des 5. vorchristlichen Jahrtausends bessert sich die Quellenlage für unser Gebiet. Aus Südosteuropa war die Kenntnis von Bodenbau und Viehzucht nach Mitteleuropa gelangt. Durch Siedler der sog. linienbandkeramischen Kultur fand die vorteilhaftere produzierende Wirtschaftsweise mit ihren Neuerungen auch im Rheinland Eingang. Die Wartezeit zwischen Aussaat und Ernte des Getreides zwang zur Seßhaftigkeit; man baute daher feste Häuser, von denen jeweils mehrere zu einem Dorf gehörten. Solche Dörfer sind in Köln-Lindenthal (Nr. 100, 103; s. Bd. 39), Köln-Müngersdorf (Nr. 94) und Köln-Bocklemünd/Mengenich (Nr. 51) ausgegraben worden. Um Ackerfluren anlegen zu können, mußten die Bauern der linienbandkeramischen Kultur den Wald roden: erstmals griff also der Mensch gestaltend in seine Umwelt ein, so daß in dieser Zeit der allmähliche Wechsel von der Natur- zur heutigen Kulturlandschaft begann. Eine weitere Neuerung der Jungsteinzeit, die mit den Siedlern der linienbandkeramischen Kultur in Mitteleuropa Eingang fand, ist die Keramik. An den genannten Siedlungsplätzen wurden in zahlreichen Abfallgruben die Reste von Tongefäßen

Abb. 3 Linienbandkeramische Kümpfe aus Köln-Lindenthal. Röm.-Germ. Mus. Köln. H. des linken Gefäßes 20 cm.

Abb. 4 Schuhleistenkeile aus Köln-Lindenthal. Das linke Bild zeigt jeweils die Aufsicht, das rechte die Seitenansicht. Röm.-Germ.Mus. Köln. H. des linken Schuhleistenkeils 14 cm.

gefunden. Diese Tongefäße sind mit eingeritzten oder eingestochenen, zu Spiral- oder Winkelmotiven geordneten Bändern verziert, denen die linienbandkeramische Kultur auch ihren Namen verdankt (Abb. 3). Eine weitere Neuerung war, daß man nun Steinbeile aus Felsgestein zurechtzuschleifen verstand. Von solchen geschliffenen Felssteingeräten ist für die linienbandkeramische Kultur der sog. Schuhleistenkeil am kennzeichnendsten (Abb. 4). Seine Form ist durch eine flache Unter- und eine gewölbte Oberseite unverkennbar. Die asymmetrische Schneide zeigt, daß dieses Gerät nach Art eines Querbeiles (Dexels) gebraucht wurde; es handelt sich aber nicht um Hacken, die beim Ackerbau Verwendung fanden, wie früher angenommen wurde, sondern um Werkzeuge zur Holzbearbeitung. Andere Geräte der linienbandkeramischen Kultur sind aus Feuerstein gefertigt. Beispiele wie Kratzer, messerartige Schneidegeräte und Pfeilspitzen stammen aus Köln-Lindenthal (Abb. 5).
Die gebräuchlichste Bestattungsart der Linienbandkeramiker scheint das Hockergrab gewesen zu sein: Die Toten wurden mit zum Unterleib angezogenen Beinen und vor der Brust angewinkelten Armen auf der Seite liegend in der Grabgrube beigesetzt. Neben Fels- und Feuersteingeräten wurde ihnen Speise und Trank in Tongefäßen mitgegeben. Solche linienbandkeramischen Gräber sind freilich im Kölner Stadtgebiet bisher noch nicht entdeckt worden.
Von den auf die Linienbandkeramik folgenden Kulturen der Jungsteinzeit ist bisher aus dem Kölner Stadtgebiet nur wenig bekannt. Funde der Großgartacher Gruppe und der Rössener Kultur fehlen völlig. Auch die Michelsberger Kultur des 3. vorchristlichen Jahrtausends ist in Köln nur mit einer Fundstelle in Niehl vertreten (Nr. 59). Die dort gefundenen Tongefäßreste lassen auf weitgehend unverzierte Keramik schließen, wie sie für die Michelsberger Kultur kennzeichnend ist. Die typischen Gefäßformen dieser Kultur, tulpenförmige Becher und flache Tonscheiben (sog. „Backteller“) sind darunter jedoch nicht zu identifizieren.

Abb. 5 Feuersteinpfeilspitzen aus Köln-Lindenthal und Köln-Müngersdorf. Röm.-Germ. Mus. Köln. M = ca. 1:1.

In der Zeit um 2000 v. Chr. breitet sich in Mitteleuropa erstaunlich rasch ein Volk aus, dessen Kultur nach der kennzeichnenden Gefäßform als „Glockenbecherkultur“ bezeichnet wird. Ein solcher Glockenbecher ist bereits vor längerer Zeit bei Baggerarbeiten am Fühlinger See in Köln gefunden worden (Nr. 17; Abb. 6). Da er

Abb. 6 Glockenbecher aus Köln-Fühlingen. Röm-Germ. Mus. Köln. H. 16 cm.

völlig unversehrt ist, dürfte er aus einem unerkannt zerstörten Grabe stammen. Die Oberfläche des Gefäßes ist von heller, rötlichbrauner Farbe, geglättet und poliert. Das Ornament besteht aus fünf Zonen umlaufender Ritzlinien und Leiterbändern. Zum Boden hin ist die Zierzone durch eine Zickzacklinie abgeschlossen.
Die Angehörigen der Glockenbecherkultur lebten wohl mehr von Viehzucht und Weidewirtschaft als von Ackerbau. Daneben scheint auch die Jagd eine Rolle gespielt zu haben, denn in Männergräbern finden sich häufig Beigaben, die auf eine Ausrüstung mit Pfeil und Bogen hinweisen: Feuersteinpfeilspitzen und sog. „Arm-

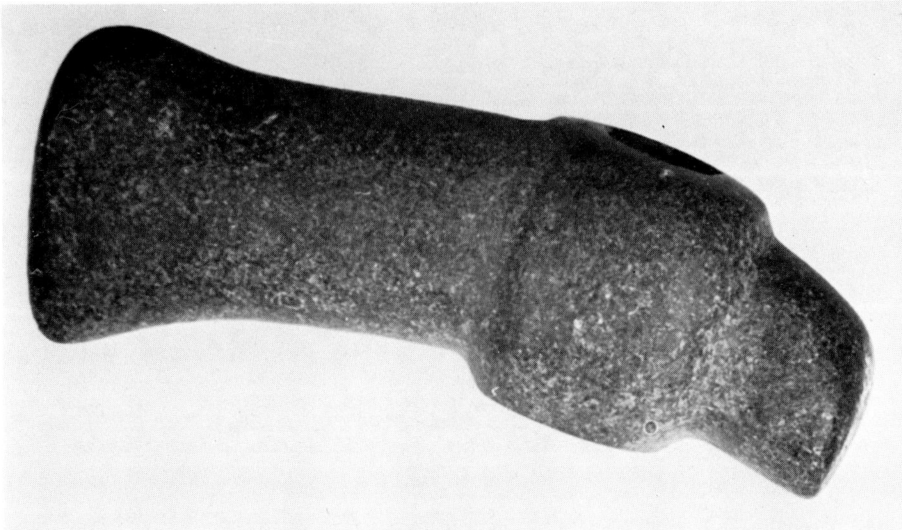

Abb. 7 Streitaxt aus Köln-Deutz; Felsgestein. Röm.-Germ.Mus. Köln. L. 13,1 cm.

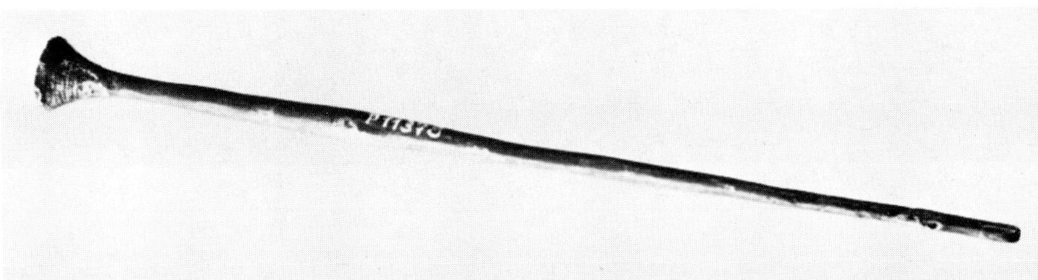

Abb. 8 Bronzene Nadel und bronzenes Absatzbeil aus einem hügelgräberbronzezeitlichen Grab von Köln-Nippes. Röm.-Germ.Mus. Köln. L. 14,2 cm (Nadel) und 16,2 cm (Beil).

schutzplatten“ aus Felsgestein, die das linke Handgelenk vor der nach dem Schuß zurückschnellenden Bogensehne zu schützen hatten. Erstmals wurden von den Angehörigen der Glockenbecherkultur in größerem Umfang aber auch Kupfergeräte verwendet. Vor allem sind es kupferne Ahlen, Dolche und Äxte gewesen, die bisher freilich in Köln noch nicht gefunden wurden.

Noch bis tief in die Bronzezeit hinein wurde ein Teil der Werkzeuge und Waffen weiterhin aus Felsgestein und Feuerstein gefertigt. So dürfte auch die Streitaxt, die man bei Köln-Deutz aus dem Rhein gebaggert hat, ihrer Form nach bereits in die Bronzezeit gehören (Nr. 106; Abb. 7). Siedlungs- und Grabfunde der frühen Bronzezeit (etwa 1800–1500 v. Chr.) fehlen in Köln bisher. Auch die mittlere sog. Hügelgräberbronzezeit (etwa 1500–1200 v. Chr.), die nach ihrer kennzeichnenden Bestattungsart benannt wurde, ist nur durch ein einzelnes Männergrab aus Köln-Nippes nachgewiesen (Nr. 64). Von dem Hügel, der das Grab ehemals überwölbt haben mag, war freilich nichts mehr zu bemerken. Das Bronzeschwert aus diesem Grab hat den Brand des Museums im Kriege nicht überdauert. Erhalten geblieben sind aber ein sog. Absatzbeil aus Bronze und eine bronzene Nadel, die wohl zum Feststecken des umhangartigen Gewandes diente (Abb. 8).

Die jüngere Bronzezeit dauerte im Niederrheingebiet etwa von 1200 bis 700 v. Chr. Die wenigen Funde, die man in Köln bisher aus diesem Zeitabschnitt kennt, lassen Vergleiche mit der Spätphase der mittelrheinischen Urnenfelderkultur zu – einer Kultur, die vor allem in Süddeutschland beheimatet war und so benannt wurde, weil sich nun erstmals die Sitte der Totenverbrennung und die Beisetzung in großen Urnenfriedhöfen in weiten Teilen Mitteleuropas durchsetzte. Der Einfluß dieser spätbronzezeitlichen Kultur äußert sich auch in Funden der sog. „Kerbschnittkeramik“. Ein Beispiel dieser Gefäßgattung, bei der Kerben derart angeordnet in den noch nicht gebrannten Ton eingeschnitten werden, daß sich dazwischen auf der glatten Oberfläche ein Negativmuster ergibt, ist in einem kleinen Gräberfeld in Köln am Güterbahnhof Bonntor

Abb. 9 Schale mit Kerbschnittverzierung aus Köln, Bonntor. Röm-Germ.Mus. Köln. M = ca. 1:3.

Abb. 10 Früheisenzeitlicher „Eierbecher“ aus Köln-Dellbrück. Röm.-Germ. Mus. Köln. H. 7,2 cm.

entdeckt worden (Nr. 105a; Abb. 9). Insgesamt gesehen liegt das Niederrheingebiet in der Randzone der süddeutschen Urnenfelderkultur, und sowohl viele ihrer prägenden Sitten wie auch ihre Werkzeug- und Gerättypen erreichen unseren Raum entweder gar nicht oder nur in abgewandelter Form, um dann freilich länger weiterzuleben als im süddeutschen Kerngebiet.

Das änderte sich auch nicht in der älteren Eisenzeit ab ca. 700 v. Chr., die zwar von der süddeutschen Hallstattkultur beeinflußt wurde, aber doch in vielem ihre eigenen Wege ging. So führte man z. B. mit der Brandbestattung die spätbronzezeitliche Urnenfeldertradition fort, wobei die früheisenzeitlichen Urnengräber jedoch unter meist recht kleinen Grabhügeln lagen. Die Grabhügelfelder, die oft mehrere Hundert solcher Grabhügel umfassen, sind das Kennzeichnendste der niederrheinischen Früheisenzeit. Daher war man früher der Meinung, hier die Zeugnisse einer eigenständigen „Niederrheinischen Grabhügelkultur“ vor sich zu haben. Heute freilich ist man von dieser Definition wieder abgerückt.

Über Beginn und Ende der niederrheinischen Früheisenzeit wie auch über ihre zeitliche Gliederung herrscht noch weitgehend Unklarheit. Einige Keramikformen legen nahe, daß man mit einer Früh- und einer Spätstufe zu rechnen hat. Die sog. „Eierbecher“ nämlich, kleine Schälchen auf Stengelfuß, die auch in Köln in großer Zahl vorkommen, sind kennzeichnende Formen der frühhallstattzeitlichen „Laufelder Gruppe“ des Mittelrheingebietes (Abb. 10), während eine andere mit Wulstbändern verzierte Keramikgruppe der späthallstattzeitlichen „Kalenderbergware“ zugerechnet werden kann, die von der Gegend um Wien bis nach Nordfrankreich verbreitet ist (Abb. 11).

Mehrere große früheisenzeitliche Gräberfelder in Köln sind bekannt (vgl. dazu auch Bd. 39): rechtsrheinisch Köln-Rath/Heumar, Köln-Porz-Eil, Köln-Porz-Wahn, Köln-Dellbrück (Iddelsfelder Hardt) und Köln-Dünnwald sowie Dellbrück Bahnhof (die Nummern der rechtsrheinischen Gräberfelder sind auf S. 18 angegeben), linksrheinisch Köln (Bonntor), Innenstadt-Severinstraße, Köln-

Abb. 11 Früheisenzeitliche Kalenderbergschale aus Köln-Fühlingen. Röm.-Germ.Mus. Köln. H. 10,5 cm.

Fühlingen und Köln-Worringen [Roggendorf] (Nr. 105 a, 90, 18, 1, 2). Die Grabhügel selbst aber sind linksrheinisch nur noch im Chorbusch bei Köln-Worringen (Nr. 1, 2) erhalten; am Bonntor und in Köln-Fühlingen waren sie durch den Ackerbau eingeebnet, und das wohl sehr kleine Gräberfeld Severinstraße scheint bereits durch römerzeitliche Grabanlagen stark gestört worden zu sein.
Unter den Grabhügeln, die sich also vor allem in den rechtsrheinischen Waldgebieten gut erhalten haben, wurde die Knochenasche der Toten in einer Urne beigesetzt, die meist noch mit einer Tonschale abgedeckt war (Abb. 12). Weitere Gefäße wurden nur in

Abb. 12 Früheisenzeitliche Urne mit Deckschale aus Köln-Dellbrück. Röm.-Germ.Mus. Köln. H. ohne Deckel 21 cm.

geringer Zahl mitgegeben, darunter die erwähnten „Eierbecher“ (Abb. 10) oder kleine Näpfchen, die vielleicht Speise oder Trank enthielten (Abb. 13). Die Keramik ist in der Regel schlicht; die Mehrzahl der Urnen hat einen einfachen Trichterrand und ist auf der Schulter – wenn überhaupt – mit einem umlaufenden Rillen-

Abb. 13 Früheisenzeitliches Näpfchen aus Köln-Dellbrück. Röm.-Germ.Mus. Köln. H. 6,5 cm.

band verziert (Abb. 14). Andere Urnen zeigen Riefen- und Dellenmuster (Abb. 15). Im Gegensatz zu der reich bemalten Keramik der süddeutschen Hallstattkultur tragen die Gefäße im Niederrheingebiet nur vergleichsweise anspruchslose, oft kaum erkennbare Graphitmuster (Abb. 16). – Die Gräber enthalten nur wenige Beigaben aus Metall, vielleicht weil die Mitgabe von Schmuck, Werkzeugen und Waffen aus Bronze oder Eisen dem hiesigen Bestattungsritus nicht entsprach. So sind wir auch im Kölner Gebiet über die früheisenzeitliche Keramik zwar recht gut, über die gleichzeitigen Metallgegenstände aber nur mangelhaft informiert. Mit einer sehr wohlhabenden und gesellschaftlich stark differenzierten Bevölkerung wie in Süddeutschland hat man hier nicht zu rechnen. Es sind wohl bäuerliche Gemeinschaften gewesen, die am Niederrhein siedelten und mit dem südlichen Kulturzentrum kaum in Kontakt standen.

Abb. 14 Früheisenzeitliche Urne aus Köln-Dellbrück. Röm.-Germ.Mus. Köln. H. 27,3 cm.

Etwa von der Wende zum 4. Jh. v. Chr. bis zur Ankunft der Römer liegt das Niederrheingebiet an der Grenze der späteisenzeitlichen keltischen Latène-Kultur. Zwar fließen die archäologischen Quellen in Köln nun weniger reichlich, aber es ist anzunehmen, daß man

Abb. 15 Früheisenzeitliche Urne aus Köln-Fühlingen. Röm.-Germ.Mus. Köln. H. 12 cm.

Abb. 16 Urne mit Graphitbemalung aus Köln-Dellbrück. Röm.-Germ.Mus. Köln. H. 22,7 cm.

Abb. 17 Frühlatènezeitliche Schale aus Köln, Roncalliplatz. Röm.-Germ.Mus. Köln. H. 6,3 cm.

für diese Zeit immer noch mit einer konservativen, sozial wenig differenzierten und agrarisch bestimmten Bevölkerung zu rechnen hat, die an alteinheimischen Traditionen zäh festhielt. So lebt z. B. die Sitte der Brandbestattung unter Grabhügeln noch bis in die frühen Abschnitte der Späteisenzeit fort und auch die weitere Belegung der früheisenzeitlichen Grabhügelfelder wurde erst allmählich aufgegeben.

In diesen frühen Abschnitt der Späteisenzeit gehören die Reste einer Siedlung (Nr. 77), die man 1969/70 unmittelbar neben dem Kölner Dom ausgraben konnte. Nur wenige der in Abfallgruben gefundenen Scherben ließen sich wieder zu vollständigen Gefäßen ergänzen. Dazu zählt eine dunkelgrau gefärbte frühlatènezeitliche Schale mit einem richtungswechselnden tannenzweigartigen Zierband auf der Schulter (Abb. 17).

Wahrscheinlich bereits in die Zeit der Ubierstadt gehört dann eine kleine Henkelattache aus Bronze, die 1966 an der Südostecke der römischen Stadtmauer Kölns gefunden wurde (Nr. 87a, Abb. 18).

Abb. 18 Bronzene Henkelattache der Spätlatènezeit aus Köln, An der Malzmühle 1. Röm.-Germ. Mus. Köln. H. 8,2 cm.

Solche Attachen waren paarweise und gegenständig am Rand größerer Metallgefäße festgenietet, um die Henkel in sie einhängen zu können. Unsere Attache ist im typischen Latènestil des letzten vorchristlichen Jahrhunderts als stilisiertes Gesicht unter drei hornartigen, in Knöpfen endenden Fortsätzen gearbeitet. Das Gesicht ist nicht mitgegossen, sondern es wurde nach dem Guß des Rohstückes eingefeilt.
Aus dem letzten vorchristlichen Jahrhundert sind durch Caesar die ersten Stammesnamen der in der Kölner Gegend siedelnden Völkerschaften überliefert: Eburonen und Ubier. Die Eburonen, die der römischen Eroberungspolitik heftigen Widerstand entgegensetzten, wurden im Jahre 53 v. Chr. von Caesar vernichtet, die römerfreundlichen Ubier aber 38 v. Chr. auf die linke Rheinseite

umgesiedelt. Das geschah nach der Überlieferung auf deren eigenen Wunsch, um so den Angriffen der germanischen Sueben zu entgehen. Das spätere Köln wurde der Hauptort ihres neuen Stammesgebietes (Oppidum Ubiorum, ad Aram Ubiorum). Hiermit beginnt die Geschichte Kölns als Stadt.

*Literatur:*
W. Lung, Die Stein- und Bronzezeit im Stadtgebiet von Köln. Kölner Jahrb. 3, 1958, 62 ff. – Ders., Die Hallstatt- und Latènezeit im Stadtgebiet Köln. Kölner Jahrb. 2, 1956, 71 ff. – Ders., Vor- und frühgeschichtliche Funde im Norden Kölns. Kölner Jahrb. 8, 1965/66, 60 ff. – A. Marschall, K. J. Narr und R. v. Uslar, Die vor- und frühgeschichtliche Besiedlung des Bergischen Landes. Bonner Jahrb. Beih. 3 (1954). – W. Meier-Arendt, Jungneolithische und frühlatènezeitliche Siedlungsfunde in der Kölner Innenstadt. Kölner Jahrb. 11, 1970, 48 ff. – Ders., Eine spätlatènezeitliche Henkelattache aus der Kölner Innenstadt. Kölner Jahrb. 12, 1971, 50 ff. – Ders., Die Alt- und Mittelsteinzeit – Die Jungsteinzeit – Die Metallzeit. In: Römer Illustrierte des Römisch-Germanischen Museums Köln 1 (1974) 18 ff. – Ders., Vor- und Frühgeschichte im Bereich der ehem. Bürgermeisterei Merheim. In: Heimatbuch Köln-Dellbrück 1974. – Ders., Die Steinzeit in Köln. Taschenbuch d. Röm.-German.-Mus. Köln (Hrsg. Stadt Köln; 1975).

*W. Meier-Arendt*

# COLONIA CLAUDIA ARA AGRIPPINENSIUM (CCAA)

## *Das römische Köln: Geschichtlicher Überblick*

Der römische Feldherr und Staatsmann Gaius Iulius Caesar hatte im Jahre 53 v. Chr. im Krieg gegen Gallien den germanischen Volksstamm der Eburonen, der auf linksrheinischem Gebiet siedelte, so vernichtend geschlagen, daß der Raum fast menschenleer geworden war. Diese Vernichtungspolitik wurde wohl im Hinblick darauf betrieben, hier benachbarte germanische Stämme anzusiedeln, die den Römern mehr gewogen waren als die Eburonen. Dazu gehörten die Ubier, deren Gebiet sich rechts des Rheins bis hin zum Taunus erstreckte und denen von den Römern linksrheinisches Land versprochen worden war. Ihre Umsiedlung mag also schon bald nach der Unterwerfung der Eburonen – etwa um 50 v. Chr. – begonnen und sich dann über einen längeren Zeitraum hingezogen haben.

Es ist anzunehmen, daß bald nachdem diese Aktion eingeleitet worden war, das Land von den Agrimensoren vermessen wurde. Dies geschah wohl auf Initiative von Marcus Vipsanius Agrippa, Feldherr und Schwiegersohn des Augustus (Abb. 1), der sich zweimal am Niederrhein aufhielt, und zwar 39–38 und 19–18 v. Chr. Das Vermessungsnetz (Limitation) mit Quadraten von 1600 römischen Fuß Seitenlänge, wie es Johannes Klinkenberg angenommen hat, ist allerdings umstritten (s. S. 53). Die Ubier erhielten nach ihrer Übersiedlung auf das linke Rheinufer als Hauptsitz das Oppidum Ubiorum, eine städtische Anlage mit rechtwinkligen Straßen nach hellenistisch-römischem Vorbild. Nach den prähistorischen Funden zu urteilen, die auf der Südseite des Kölner Domes 1969/70 zutage getreten sind, waren die Römer bei ihrer Eroberung auf uraltes Siedlungsland gestoßen, das schon in der jüngeren Steinzeit und später von ca. 500 v. Chr. bis zur Spätlatènezeit

Abb. 1 Marmorkopf des Agrippa aus Köln, Am Sassenhof. Röm.-Germ.Mus. Köln. H. 46 cm.

Abb. 2 Sesterz des Augustus mit Darstellung der Ara Lugdunensis. Röm.-Germ. Mus. Köln. Dm 3,6 cm.

besiedelt war. Wie groß die Hauptstadt der Ubier gewesen ist, wissen wir nicht genau; sie muß im Stadtkern des heutigen Köln gelegen haben.

Wie aus den Annalen des Tacitus hervorgeht, hatten die Ubier ein zentrales Heiligtum, den Ubieraltar (Ara Ubiorum). Sein genauer Platz ist nicht bekannt, er dürfte aber im Oppidum Ubiorum oder in unmittelbarer Nähe desselben gelegen haben (s. Bd. 38). Auch über sein Aussehen können wir nichts Näheres sagen. Eine ungefähre Anschauung davon vermitteln in Lyon geprägte Münzen aus der Zeit des Augustus und später, die auf der Rückseite die Ara Lugdunensis zeigen (Abb. 2). Die Ara Ubiorum ist, wie man allgemein annimmt, in Anlehnung an den Altar von Lyon entstanden und wird deswegen etwa das gleiche Aussehen gehabt haben. Beide Altäre waren der Göttin Roma und dem Augustus geweiht. Für das Jahr 9 n. Chr. ist der Cherusker Segimund als Priester an der Ara Ubiorum bezeugt.

Die Errichtung des Ubieraltars steht in unmittelbarem Zusammenhang mit der Reichspolitik des Augustus und des Tiberius am Niederrhein. Danach sollte die Grenze des Römischen Reiches bis an die Elbe vorverlegt und die eroberten Gebiete zu einer neuen Provinz „Germania“ zusammengefaßt werden. Die Ara Ubiorum war als zentraler Kultmittelpunkt für die neu zu schaffende Provinz gedacht. Diese weitreichenden Pläne scheiterten jedoch bald. Schon durch die Niederlage des Varus im Teutoburger Wald im Jahre 9 n. Chr. hatte die Expansionspolitik des Augustus einen empfindlichen Schlag erhalten, und Tiberius schließlich sah sich gezwungen, den Gedanken an die Vorverlegung der Ostgrenze des Reiches bis an die Elbe endgültig aufzugeben. Mit der Aufgabe dieses Planes und der Stabilisierung der Rheingrenze im Jahre 16 n. Chr. war auch der Plan, einen zentralen religiösen Mittelpunkt in Köln zu schaffen, hinfällig geworden. Der Name Ara wurde zwar später in den Stadtnamen Colonia Claudia Ara Agrippinensium aufgenommen, bezog sich aber wahrscheinlich nur noch auf den städtischen Kaiserkult.

Im oder beim Oppidum Ubiorum muß das Winterlager für zwei Legionen, nämlich die Legio I und die Legio XX Valeria Victrix, zu suchen sein. Beide Legionen hatten an den Feldzügen des Tiberius in den Jahren 12 und 13 n. Chr. teilgenommen und gleich im darauffolgenden Jahr bei der Meuterei im niederrheinischen Heer eine unrühmliche Rolle gespielt. Am Ende der dreißiger Jahre wurden sie verlegt. Die Legio I kam für kurze Zeit nach Bonn (Bonna), ehe sie von der Legio I Minervia Pia Fidelis abgelöst wurde, und die Legio XX nach Neuß (Novaesium). Dem Zweilegionenlager tiberischer Zeit ging möglicherweise ein augusteisches Lager voraus; denn auf der Südseite des Domes wurde die Randscherbe einer arretinischen Terra-sigillata-Tasse gefunden, die ein Graffito PRIN(ceps) LEG(ionis) XIX trägt. „Princeps legionis“ ist der nicht ganz vollständige Titel eines Legionsoffiziers aus der Gruppe der Centurionen. Die XIX. gehört zu den drei Legionen, die in der Varusschlacht zugrunde gingen und nicht wieder aufge-

Abb. 3 Marmorkopf aus Köln; angeblich Agrippina d. J. Röm.-Germ.Mus. Köln. H. 36 cm.

stellt wurden. Wenn die Scherbe also wirklich auf Köln als Standort der XIX. Legion hinweist, müßte hier mindestens bis zum Jahre 9 n. Chr. ein augusteisches Lager bestanden haben. Als ein

weiteres römisches Lager auf dem Gebiet des heutigen Köln ist schließlich das Flottenkastell Alteburg zu nennen (s. Bd. 39; Beilage 4).
Von ausschlaggebender Bedeutung für Köln war, daß der kaiserliche Prinz Germanicus als Feldherr im Oppidum Ubiorum residierte. Dort wurde ihm und seiner Gemahlin, Agrippina der Älteren, im Jahre 15 oder 16 n. Chr. die jüngere Agrippina geboren. Dieses Ereignis sollte für die Zukunft der Stadt höchste Bedeutung besitzen; denn als die jüngere Agrippina (Abb. 3) 49 n. Chr. Gemahlin ihres Onkels, des Kaisers Claudius, geworden war, ließ sie ihre Geburtsstadt ein Jahr später zur Colonia erheben, die damit Stadt- und Selbstverwaltungsrecht erhielt. Durch diesen Akt wurde Köln de iure zur ältesten Stadt auf deutschem Boden. Sie erhielt den Namen Colonia Claudia Ara Agrippinensium (abgekürzt: CCAA). Der Namensbestandteil Claudia weist auf den regierenden Kaiser hin; Ara erinnert – wie schon erwähnt – an den bisherigen Namen, Ara Ubiorum. Die Bewohner der Kolonie nannten sich nach der Stadtgründerin Agrippinenses. Hauptmaßnahme im Zuge der Stadtrechtsverleihung war die Ansiedlung ausgedienter Soldaten, die als Veteranen das römische Bürgerrecht besaßen. Mit ihnen gelangten auch starke Bevölkerungselemente aus mittelmeerischen Ländern nach Köln. Inschriften auf zahlreichen Grabsteinen geben Kunde davon, aus wie verschiedenen, z. T. weit abgelegenen Gegenden die neuen Einwohner Kölns kamen: z. B. aus Gallien, Spanien, Italien, aus den Balkanländern sowie aus Nordafrika und Kleinasien.
In Köln wurde im Jahre 69 n. Chr. der wegen seiner Ausschweifung bekannte Aulus Vitellius, Führer der „unteren" Heeresgruppe, also des niedergermanischen Heeres, zum Kaiser ausgerufen. Mit dem gezogenen Schwert des Iulius Caesar, das sonst im Marstempel aufbewahrt wurde, veranstaltete er nach der Erhebung einen Umzug durch die Stadt und kehrte erst nach Hause zurück, als im Speiseraum des Praetoriums ein Brand ausgebrochen war, was als böses Vorzeichen für den neuen Kaiser gedeutet wurde.

Im Bataveraufstand des Iulius Civilis, 69 bis 70 n. Chr., geriet Köln in arge Bedrängnis. Die Stadt wurde durch Belagerung zum Abfall von Rom und zum Anschluß an Civilis gezwungen, und überdies verlangten die Germanen die Schleifung der Stadtmauern und die Plünderung der reichen Stadt. Nur durch geschickte Verhandlungen, das Entgegenkommen des Iulius Civilis und durch Vermittlung der Priesterin Veleda wußten die Agrippinenser das drohende Unheil zu verhüten. Nachdem sich das Kriegsglück durch den Sieg des römischen Feldherrn Cerialis bei Trier zugunsten der Römer gewendet hatte, schloß Köln sich wieder der römischen Zentralgewalt an. Die Agrippinenser lieferten die Frau und die Schwester des Civilis den Römern aus, töteten die in ihren Häusern einquartierten Germanen und verbrannten eine Cohorte von Chauken und Friesen, Verbündeten des Civilis, nach einem Trinkgelage in Zülpich (Tolbiacum).
Nach einer Empörung des Kommandeurs des Mainzer Zweilegionenlagers, Lucius Antonius Saturninus im Winter 88/89 n. Chr., die Kaiser Domitian (81–96 n. Chr.) niederschlagen konnte, erhielt das römische Reichsgebiet am Rhein den Status zweier Provinzen. Hauptstadt der Provinz Obergermanien (Germania Superior) wurde Mainz, zur Hauptstadt Niedergermaniens (Germania Inferior) wurde Köln bestimmt. Hier residierte seit dieser Zeit auch der Provinzstatthalter, der gleichzeitig oberster Militärbefehlshaber war; er hatte seinen Sitz also – abweichend von der sonst üblichen Regelung – nicht bei den Legionen, sondern in einer Zivilsiedlung.
Am 27. Januar 98 n. Chr. erhielt Marcus Ulpius Traianus in Köln die Nachricht, daß er Kaiser geworden sei. Er war zunächst nur Oberkommandierender und damit Statthalter von Obergermanien gewesen, hatte aber nach seiner Adoption 97 n. Chr. durch Kaiser Nerva auch das Kommando über das niedergermanische Heer erhalten. Durch die Adoption war Traian auch zum Nachfolger Nervas bestimmt worden. In seiner Eigenschaft als Oberkommandierender beider Germanien hielt er sich gerade in Köln auf, als ihm die Nachricht vom Tode seines Adoptivvaters durch den jungen

Hadrian überbracht wurde, der später selbst die Kaiserwürde übernehmen sollte.

Im 2. Jh. erlebte Köln einen gewaltigen wirtschaftlichen Aufschwung. Allerdings können wir diesen nicht aus schriftlichen Überlieferungen erschließen, sondern nur aus archäologischen Hinterlassenschaften. Diese aber reden eine deutliche Sprache, und zwar sind es nicht so sehr kostbare oder museal wertvolle Gegenstände, als vielmehr wichtige Fundumstände, die uns den Beweis liefern. Außerhalb, aber am Rande der römischen Kolonie, entstanden in dieser Zeit Töpfereien, Metallgießereien, lederverarbeitende Werkstätten und nicht zuletzt Glasschmelzen, die gerade für Köln so bedeutsam werden sollten. Waren es doch vor allem Kölner Gläser, die nicht nur im Römischen Reich Verbreitung fanden, sondern auch weit in das freie Germanien hinein exportiert wurden, d. h. bis in das heutige Skandinavien im Norden bzw. bis Polen und Südrußland im Osten. Parallel mit dem Aufblühen von Handel und Gewerbe scheint sich auf dem Lande die Umstellung auf Getreidehandel vollzogen zu haben. Hier, außerhalb der römischen Stadt, an den großen Fernstraßen, ging an der Wende vom 2. zum 3. Jh. der Ausbau der Gutshöfe von gemischtwirtschaftlichen Betrieben (Vieh- und Weidewirtschaft, Schweinemast) zu Getreidegütern mit zahlreichen Kornspeichern vonstatten. Das hat seine Ursache wohl darin, daß die römischen Truppen am Niederrhein verpflegt werden mußten, vor allem mit Getreide. Die Gutsherren machten sich diese Lage zunutze und erreichten nach der Umstellung auf Getreidewirtschaft eine glanzvolle Blütezeit. Wir dürfen aber auch nicht vergessen, daß nach dem Bataveraufstand des Civilis in den Jahren 69–70 n. Chr. eine lange Spanne des Friedens bis zur Zeit des Gallischen Sonderreiches unter Postumus (260–268) und seinen Nachfolgern eine ungestörte wirtschaftliche Entwicklung ermöglichte.

Eine Blütezeit erlebte Köln unter Postumus (vgl. die Münzporträts S. 102 ff.), dessen Herrschaft im übrigen Reich allerdings nicht anerkannt wurde. In der Regierungszeit des Gallienus (253–268)

waren die Franken raubend und brandschatzend in Gallien eingefallen. Der Kaiser leitete die Gegenaktionen anfangs persönlich, betraute dann aber den Marcus Cassianus Latinius Postumus, dem er auch die Ausbildung seines Sohnes Valerianus übertragen hatte, mit der Statthalterschaft von Niedergermanien und somit auch mit dem Schutz der Rheingrenze. Dieser besiegte die eingedrungenen Germanen, verteilte die Beute jedoch an seine Soldaten. Silvanus, der Betreuer des jungen Valerianus, erhob Einspruch und verlangte die Herausgabe der Beute. Postumus wurde daraufhin von den Soldaten zum Kaiser ausgerufen und zog vor Köln, wo Valerianus residierte. Er belagerte die Stadt, bis sie kapitulierte und Silvanus sowie Valerianus auslieferte. Der neu erhobene Kaiser ließ beide umbringen. – An den rechtmäßigen Kaiser Gallienus erinnert übrigens noch die z. T. getilgte Inschrift auf dem Mittelbogen des römischen Nordtors in Köln [Valeria]NA GALLIENA (s. S. 62).
Nach der Usurpation begründete Postumus das Gallische Reich – er ließ sich als Restitutor Galliarum (Retter Galliens) feiern –, das neben dem Römischen Reich fünfzehn Jahre lang bestand. Köln war Residenz. Er richtete seine Regierung genau nach dem Vorbild Roms ein, berief einen Senat, eigene Magistrate und bestellte eine Prätorianergarde zum Schutz seiner Person. Der Kommandeur dieser kaiserlichen Leibgarde wurde neben dem Kaiser der mächtigste Mann. Das kommt auch darin zum Ausdruck, daß Postumus den Prätorianertribunen Marcus Piavonius Victorinus zum Mitregenten erhob, der dann später auch zu seinen Nachfolgern gehörte. Dieses sogenannte „Gallische Sonderreich“ war keineswegs nur von regionaler Bedeutung; auch Spanien und Britannien gehörten zeitweise dazu. Die gallischen Kaiser haben das Verdienst, die westlichen Provinzen gegen germanische Angriffe gesichert und sie so dem Römischen Reich letztlich erhalten zu haben; daher wurden ihre Namen nach Wiederherstellung der Reichseinheit nicht getilgt, wie es sonst bei Gegenkaisern üblich war.
Auf den Münzen des Postumus erscheint der abgekürzte Stadt-

name CCAA, oder auch COL(onia) CL(audia) AGRIP(pinensium). Die Goldmünzen, mit dem Porträt des Kaisers en face, die unter Postumus in Köln ausgegeben wurden, gehören zu den Höchstleistungen der Münzprägung überhaupt. Man muß schon griechische Münzen der klassischen Zeit, z. B. aus Rhodos oder Syrakus, zum Vergleich heranziehen, um ähnliche Meisterleistungen anführen zu können (s. S. 106). Auch der unmittelbare Nachfolger des Postumus, der Schmied Marcus Aurelius Marius, möglicherweise germanischer oder gallischer Herkunft, hat in Köln Münzen prägen lassen. Auf Marius, dessen Herrschaft nur kurze Zeit gedauert haben kann, folgte noch im Jahr 268 n. Chr. Marcus Piavonius Victorinus. Dieser fand gemeinsam mit seinem Sohn, dem Caesar Victorinus, 270 n. Chr. durch eine Soldatenverschwörung in Köln den Tod und wurde in der Nähe der Stadt beigesetzt. Durch den Einfluß der Mutter des ermordeten Kaisers, Victoria oder Vitruvia mit dem Ehrentitel Mater castrorum (Mutter der Lager), gelangte der Senator und Statthalter von Aquitanien, Gaius Pius Esuvius Tetricus, auf den Thron; sein Sohn wurde zum Caesar ernannt. Aus Dankbarkeit Victoria gegenüber ließ Tetricus den Victorinus durch die Consecratio zum Gott erheben. Tetricus war der letzte der gallischen Kaiser; er verlegte seinen Regierungssitz im Jahre 271 nach Trier und überließ 273/74 das Gallische Reich kampflos dem römischen Kaiser Aurelianus. Damit war das ganze Römische Reich wieder vereinigt.

Seit dieser Zeit war es mit dem Frieden am Niederrhein für lange Zeit vorbei. Schon unter Kaiser Probus (276–282) empörten sich Proculus und Bonosus, zwei hohe Offiziere. Proculus ließ sich selbst zum Kaiser ausrufen, vielleicht in Lyon oder – nach anderen Quellen – in Köln. Nachdem er in der Nähe der Colonia Agrippinensis mehrere Niederlagen erlitten hatte, wurde der Aufstand durch Verrat der Franken, bei denen er Hilfe gesucht hatte, unterdrückt. Bonosus war offenbar der Kommandant der römischen Rheinflotte. Als die Germanen die römischen Wachschiffe auf dem Rhein in Brand steckten, empörte sich Bonosus, der gallisch-bri-

tannischer Herkunft war und eine Gotin geheiratet hatte, gegen den Kaiser, anscheinend aus Furcht, von diesem für die Zerstörung der Rheinflotte verantwortlich gemacht zu werden. Für kurze Zeit erstreckte sich die Herrschaft des Bonosus über Gallien, Spanien und Britannien. Auch er wurde in der Nähe von Köln geschlagen. Wir können die Erhebungen des Proculus und des Bonosus gleichsam als Nachklang des Gallischen Reiches betrachten und als Auftakt der nun ständig folgenden Germaneneinfälle.
In dieser Zeit, also im letzten Viertel des 3. Jhs., hat sich der Name von Köln geändert. Während die Stadt bis einschließlich der Regierungszeit des Postumus mit vollem Namen Colonia Claudia Ara Agrippinensium oder Colonia Claudia Agrippinensium hieß, lautet der Name im 4. Jh. Agrippina oder Colonia Agrippina, in der zweiten Hälfte des 5. Jhs. nur noch Colonia. Hiervon leitete das Mittelalter den heutigen Stadtnamen ab.
Eine gewisse Stabilisierung der Grenzen trat erst wieder unter Konstantin d. Gr. ein. Im Jahre 310 wurde das Kastell Deutz in Anwesenheit des Kaisers eingeweiht, und zu gleicher Zeit entstand eine feste Brücke über den Rhein (s. Bd. 39), die in einer Holzkonstruktion auf Steinfundamenten als sog. Bockbrücke errichtet war. Schon wenige Jahre später fielen die Franken erneut in Gallien ein, plünderten und verheerten das Land. Konstantin versuchte, dem Druck der Angriffe dadurch entgegenzuwirken, daß er in den durch Kriege entvölkerten gallischen Gebieten Franken ansiedelte und sie so dem Römischen Reich dienstbar machte.
Welche Zustände an der Rheingrenze herrschten, erfahren wir durch das Schicksal des Feldherrn Silvanus, dem Kaiser Constantius II. (337–361) das Kommando über Gallien zugewiesen hatte. Silvanus war selbst in dieser Provinz geboren, aber von fränkischer Abkunft. Nachdem er die eindringenden Franken erfolgreich bekämpft hatte, wurde er am Hof des Hochverrats verdächtigt. In die Enge getrieben, ließ er sich um der eigenen Sicherheit willen im Jahr 355 in Köln zum Kaiser ausrufen. Ursicinus wurde als Abgesandter des Kaisers nach Köln geschickt, um die rechtmäßigen

Abb. 4 Grabstein des Viatorinus aus Köln, Gereonskloster. Röm.-Germ.Mus. Köln. H. 61 cm. Viatorinus prot/ector mi(li)ta̅v̅it a̅n̅/nos triginta o/ccissus in bar/barico iuxta D/ivitia a Fran̄co / Vicarius Divitesi(u)m. Der Leibwächter Viatorinus, der 30 Jahre gedient hat, wurde im Barbarenland bei Deutz von einem Franken getötet. Der stellvertretende Kommandant der Deutzer Einheit [hat den Stein gesetzt].

Verhältnisse wiederherzustellen. Er ließ den Silvanus durch seine Soldaten in der Regia aufspüren und ihn, der in einen christlichen Versammlungsraum („conventiculum ritus Christiani“) zu entkommen suchte, töten.
Nach dem Tod des Silvanus, der die Germanen nicht ohne Erfolg bekämpft hatte, kam es erneut zu schweren Unruhen seitens der Franken, Alamannen und Sachsen. Davon gibt der Grabstein des Viatorinus, der im 4. Jh. bei Deutz von Franken erschlagen wurde, ein beredtes Zeugnis (Abb. 4). Köln konnte sich allein nicht mehr halten und fiel noch im Jahr 355 nach zweimonatiger Belagerung den Feinden in die Hände; es soll bis auf einen Turm völlig zerstört worden sein. Der Caesar Iulianus ließ die Stadt, nachdem er sie wiedergewonnen hatte, schon im folgenden Jahr 356 wieder in Verteidigungszustand setzen. Ein weiteres Jahr später diente sie dem Iulianus nach seinem Sieg über die Alamannen 357 bei Straßburg sogar als Ausgangspunkt für die Befriedung des Niederrheins. Die Franken zwischen Rhein und Maas leisteten ihm dabei wertvolle Hilfe.
Die Maßnahmen des Iulianus reichten jedoch nicht aus, um den Frieden für längere Zeit zu sichern. Schon 388 brachten fränkische Heerscharen unter ihren Führern Marcomir, Sunno und Genobaud Köln wieder in große Bedrängnis. 389 schlossen die Franken mit dem Comes Arbogastes, einem der höchsten Würdenträger des Reiches, Frieden und stellten Geiseln. Weiterhin erfahren wir, daß Arbogast im Winter 392/3 von Köln aus den Rhein überschritt, um an den Frankenführern Genobaud, Marcomir und Sunno Rache zu üben. In diese Zeit fällt auch die letzte datierbare römische Inschrift aus Köln, die uns berichtet, daß ein Gebäude auf Betreiben des Arbogastes wiederhergestellt wurde (S. 187, Abb. 3). Diese Bauurkunde ist später (1571) an der Südseite des Chores von St. Peter vermauert worden.
Um 400 wurde die Stadt wieder einmal von über den Rhein drängenden Germanen bedroht, jetzt durch Abteilungen von Alanen, Burgunden, Sueben und vor allem Vandalen. Der Reichsverweser,

der Vandale Stilicho, konnte noch einmal für kurze Zeit Frieden stiften; 402 mußten große Truppenteile vom Rhein nach Oberitalien abgezogen werden, wodurch wieder eine Ursache für neue Unruhen geschaffen wurde. In den vierziger Jahren des 5. Jhs., als Köln zum Bereich des obersten Heeresmeisters und Patricius Aëtius gehörte, dem es nicht zuletzt durch seinen Sieg über die Hunnen in der Schlacht auf den Katalaunischen Feldern 451 gelingen sollte, die römische Herrschaft in Gallien noch einmal zu festigen, ist die Colonia Agrippina „voll von Feinden" gewesen; im Gegensatz zu Mainz und Trier wurde sie jedoch nicht zerstört. Im Jahr 456 unternahm der Feldherr Aegidius den letzten Versuch, Köln gegen die Franken zu verteidigen. Die Kämpfe spielten sich jedoch schon innerhalb der Stadt ab und richteten ein furchtbares Blutbad unter den Anhängern des Aegidius an, der selbst entkam. Damit ging in den Jahren 457/8 die Römerherrschaft in der Colonia Agrippina zu Ende.

*Literatur:*

J. Klinkenberg, Geschichte des römischen Kölns. Die Kunstdenkmäler der Stadt Köln 1,2 (1906) 143 ff. – H. Schmitz, Stadt und Imperium. Köln in römischer Zeit I. Die Anfänge der Stadt Köln und die Ubier (1948). – Ders., s. v. „Ubii". In: Paulys Realencyklopädie der classischen Altertumswissenschaft (1955). – Ders., Colonia Claudia Ara Agrippinensium (1956). – O. Doppelfeld, Quellen zur Geschichte Kölns in römischer und fränkischer Zeit (1958). – Ders., Das römische Köln als Grundlage für die mittelalterliche Stadt. Germania Romana I. Römerstädte in Deutschland. Gymnasium, Beih. 1 (1966) 11 ff. – H. von Petrikovits, Das römische Rheinland. Archäologische Forschungen seit 1945. Bonner Jahrb., Beih. 8 (1960). – W. Binsfeld, Die Namen Kölns zur Römerzeit. In: „Mouseion", Studien aus Kunst und Geschichte für O. H. Förster (1960) 72 ff. – Ph. Filtzinger, Zur Lokalisierung der Zweilegionenfestung „apud aram Ubiorum". Kölner Jahrb. 6, 1962/63, 23 ff. – F. Fremersdorf, Urkunden zur Kölner Stadtgeschichte aus römischer Zeit. Die Denkmäler des römischen Köln 2 (2. Aufl. 1963). – P. La Baume, Colonia Agrippinensis. Kurzer Rundgang durch das römische Köln (3. Aufl. 1964). – W. Binsfeld, Aus dem römischen Köln. Historische Skizzen (1966). – J. Volkmann, Römische Kaiser in Köln. Gymnasium 74, 1967, 119 ff. – „Römer am Rhein". Ausstellung des Römisch-Germanischen Museums Köln (1967). – „Rom am Dom". Ausgrabungen des Römisch-Germanischen Museums (1970). – P. La Baume, Das römische Köln. Bonner Jahrb. 172, 1972, 271 ff. – Ders., Oppidum Ubiorum und Zweilegionenlager in Köln. Gymnasium 80, 1973, 333 ff.

*P. La Baume*

## *Lage – Bodengestalt – Landvermessung*

Die römische Stadt lag auf einem Geländeschild an der westlichen Niederterrassenkante der niederrheinischen Bucht, nur wenige Meter aus dem Umland herausgehoben. Ein hochwasserfreier Naturweg im Rheintal kreuzte das Siedlungsplateau von Süden nach Norden. Im Rhein erstreckte sich vor dem Siedlungsplatz eine Insel von ca. 1000 m Länge und bis zu 180 m Breite (Beilage 2). Das Uferbild der Insel im 1. Jh. n. Chr. und die nachfolgenden Veränderungen sind bisher nur in Umrissen erfaßt. Sicher jedoch bot die Wasserrinne zwischen Insel und Flußaue einen natürlichen, weitgehend geschützten Hafenplatz. An der Südseite des Plateaus zog die Rinne des Duffesbaches, der aus dem Vorgebirge kam, entlang. Die nördlichen Bachhänge gaben größeren Schutz als die weitgehend offenen West- und Nordflanken des Geländeschildes. Eine zunehmende Verlandung des Hafenplatzes durch Treibsand, Schlick und Sinkstoffe aus den Abwässerkanälen der Stadt hat vermutlich zur teilweisen Aufgabe des Hafenbeckens in den folgenden Jahrhunderten geführt. Es kann sein, daß wegen der zunehmenden Verschlammung und Geruchsbelästigung noch in römischer Zeit ein Durchstich im südlichen Teil der Insel angelegt wurde, um einen neuen Abfluß für den Duffesbach zu schaffen. Das Bodenrelief des Geländeschildes wurde wohl während der ersten Phasen des Siedlungsbaues weitgehend durch Planierung und Terrassierungen abgeglichen. Nur an der Ostseite am Hafen blieb der Geländeabfall der Niederterrassenkante deutlich sichtbar. Der Schichtaufbau des Bodens setzte sich von oben nach unten aus einer 1–2 m starken Hochflutlehmflur, unterschiedlich hohen Feinsanddecken und Kies zusammen. Schwere römische Mauerzüge des 1. und 2. Jhs. n. Chr. wurden bis in die Feinsandlagen hinabgeführt.

Die Ein- und Verteilung der Landfluren für den Steuerkataster gehörten zu den römischen Prinzipien einer Raumordnung in neu erschlossenen Gebieten. J. Klinkenbergs Versuch, die ‚Limitation des Ubierlandes', d. h. die römische Landvermessung im Kölner Raum und im Erftgebiet in Geländespuren wieder aufzufinden, schien 1936 geglückt. Eingehende archäologische Landesaufnahmen im Kreis Bergheim, die Überprüfung archäologisch gesicherter Straßenführungen im Weichbild der Stadt und die Ergebnisse der Luftbildforschung haben jedoch gezeigt, daß es bisher keine auswertbaren Geländezeugnisse gibt, die eine theoretische Projektion der Limitation auf das Kölner Umland rechtfertigen. Eine Centuriation, d. h. die Anlage eines Flurplanes im Anschluß an die römische Landnahme hat es vermutlich gegeben, nur fehlen gesicherte Funde und Denkmäler.

*Literatur:*
H. Köhler, Köln, Natürliche Grundlagen des Werdens einer Großstadt. Diss. Köln 1937 (1941). – Leitplan der Stadt Köln, Teil 1: Grundlagen (1970). – J. Klinkenberg, Die Stadtanlage des römischen Köln und die Limitation des Ubierlandes. Bonner Jahrb. 140/141, 1936, 259 ff. – H. Hinz, Kreis Bergheim. Archäologische Funde und Denkmäler des Rheinlandes 2 (1969) 60 ff.

*H. Hellenkemper*

## *Zur Lage von Oppidum Ubiorum und Zweilegionenlager*

Zu den größten Problemen der Frühzeit des römischen Köln gehört die Frage nach der Lage des Oppidum Ubiorum und des Zweilegionenlagers, in dem die I. und die XX. Legion stationiert waren. Eine der wichtigsten Quellen dazu liefert uns Tacitus in seinen Annalen 12, 27: Sed Agrippina, quo vim suam sociis quoque nationibus ostentaret, in oppidum Ubiorum, in quo genita erat, veteranos coloniamque deduci impetrat, cui nomen inditum e vocabulo ipsius. Ac forte acciderat, ut eam gentem Rhenum transgressa(m) avus Agrippa in fidem acciperet; d. h. „Agrippina aber, die ihre Macht auch den verbündeten Völkern vor Augen führen wollte, setzte es durch, daß die Stadt der Ubier, in der sie geboren war, Veteranen erhielt und eine Kolonie wurde, die man nach ihrem eigenen Namen benannte. Und der Zufall hatte es gefügt, daß ihr Großvater Agrippa diesen Stamm, der von der anderen Rheinseite herübergekommen war, ins Reich aufgenommen hatte.“ Diese Stelle kann man nur so interpretieren, daß die Colonia Claudia Ara Agrippinensium 50 n. Chr. als Veteranenkolonie aus dem Oppidum Ubiorum hervorgegangen ist. Man darf annehmen, daß das Oppidum Ubiorum an derselben Stelle gelegen hat wie die neue Kolonie, deren Lage genau bekannt ist.

Wenn wir versuchen wollen, das Oppidum Ubiorum in seinen Grenzen näher zu umreißen, können wir zunächst davon ausgehen, daß sich die Plätze von Siedlungen und Gräberfeldern gegenseitig ausschließen, da die Friedhöfe stets außerhalb der römischen Siedlungen liegen. Auf der Ostseite wird man immer den Rhein als natürliche Begrenzung annehmen dürfen. Hier lag ein durch die vorgelagerte Insel gebildeter Hafen, der sicher schon in der Zeit vor der Erhebung zur Kolonie, also in der ersten Hälfte des 1. Jhs.,

---

Abb. 1 Frührömische Funde und Befunde in Köln. – 1 Gräberfeld um St. Gereon. – 2 Aduatuker-Münzfund Hotel Excelsior Ernst. – 3 Holz-Erde-Mauer östlich des Nordtores der CCAA. – 4 Töpferofen An der Rechtschule. – 5 Spitzgraben. – 6 Principia (?) als Vorläufer des Praetoriums. – 7 Grabsteine von Veteranen der XX. Legion. – 8 Töpferei Richmodstraße/Ecke Neumarkt. – 9 Töpferöfen Lungengasse. – 10 Münzschatzfund Kaufhaus Tietz, jetzt Kaufhof. – 11 Münzfund Marienplatz 2 / Mühlenbach 25. – 12 Sog. Ubiermonument. – 13 Töpferei Waidmarkt / Ecke Blaubach. – 14 Töpferei Georgstraße 20. – 15 Töpferei Severinstraße 249–255. – 16–18 Grabsteine von Soldaten der I. und XX. Legion sowie Poblicius-Grabmonument. – 19 Lager der Rheinflotte. – 20 Grabstein eines Veteranen der XX. Legion.

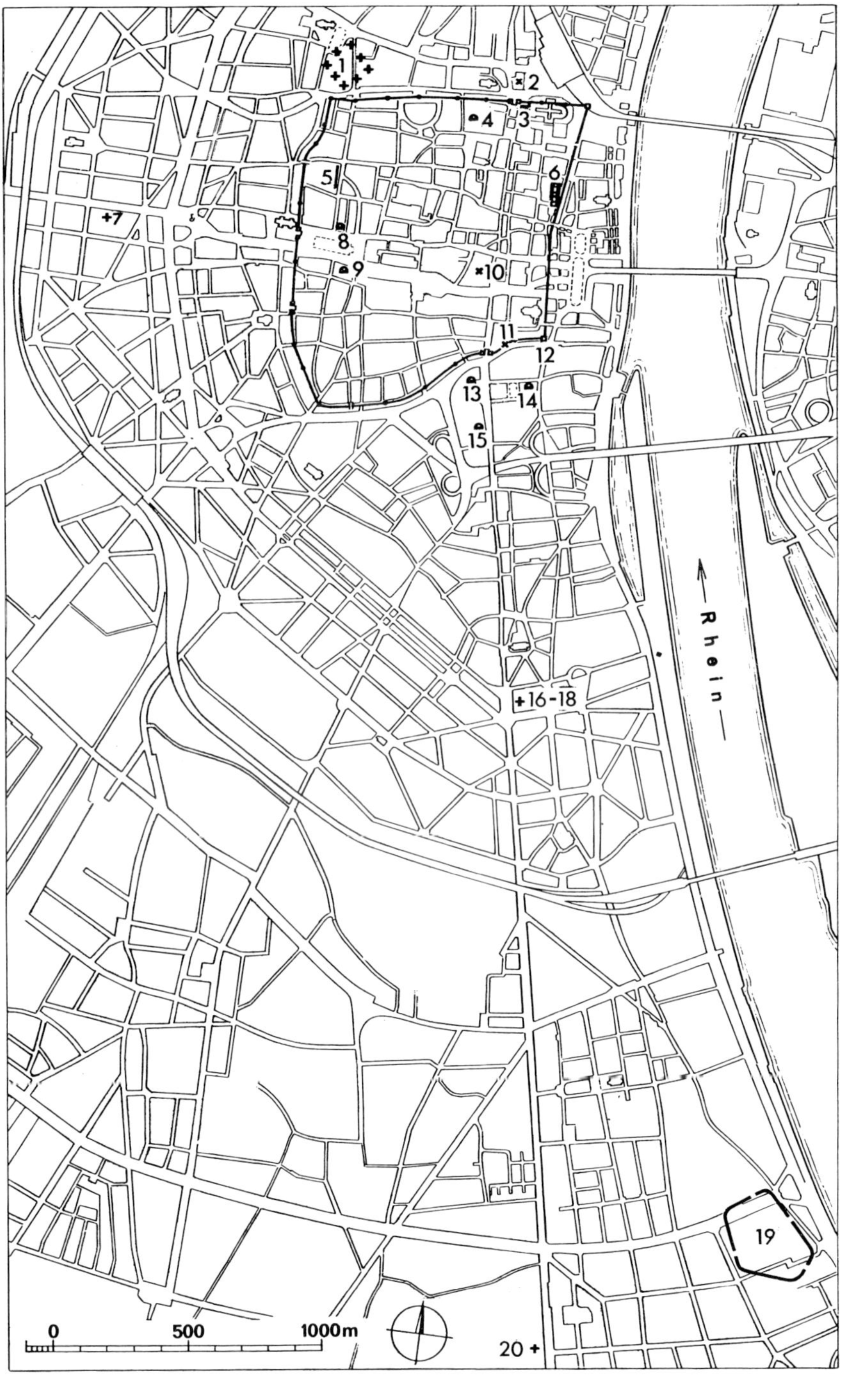
1
2
3
4
5
6
+7
8
9
10
11
12
13
14
15
16-18
Rhein
19
20
0
500
1000m

Bedeutung besessen hat. Die Nordseite stimmt mit der Stadtmauer der späteren Kolonie überein, denn einige der dort gefundenen Grabsteine bezeugen an dieser Stelle ein frühes Gräberfeld (Abb. 1, Nr. 1).

1886 wurde im Fundament des Oppenheimschen Hauses der Grabstein eines Reiters aus der I. Legion gefunden. Dies kann jedoch nicht der Platz gewesen sein, wo er aufgestellt worden war, da der Fundort zwar am Rande, aber bereits innerhalb der CCAA liegt. Er muß vielmehr dorthin verschleppt worden sein. Der ursprüngliche Standort dürfte nicht weit davon entfernt gelegen haben, denn unmittelbar im Nordwesten der römischen Stadt schließt sich das ausgedehnte Gräberfeld um St. Gereon (Abb. 1, Nr. 1) an, das in die frührömische Zeit der ersten Hälfte des 1. Jhs. n. Chr. zurückreicht. Von diesem Friedhof stammt das Grabmal der Bella, einer jungen Frau aus der Gegend von Reims, das der Gatte Longinus gesetzt hat (Abb. 2). Von dem Grab wurde außer dem Grabstein bei einer planmäßigen Ausgrabung 1962 auf dem rückwärtigen Gelände von Norbertstraße 10–12 auch das Skelett einer Frau von 1,59 m Größe aufgedeckt; das Grab enthielt als Beigaben einen weißtonigen Krug und zwei Parfümfläschchen aus blaugrünem Glas, die offenbar in einer Nische standen und das Grab eindeutig in die Frühzeit datieren. Der Grabstein selbst gehört in die Zeit um 20 n. Chr. Auf der Nordseite ist noch ein dritter früher Grabstein gefunden worden. Er war am Zeughaus in sekundärer Lage vermauert, so daß er wahrscheinlich unweit davon aufgestellt war. Es handelt sich um den Stein des Lucius Nasidienus Agrippa oder Agrippinus, Tribun der XIV. Legion. Diese Legion war in der Zeit von Augustus bis Claudius in Mainz stationiert. Nasidienus muß also während eines vorübergehenden Aufenthaltes in Köln gestorben sein.

Ob die Westgrenze des Oppidum Ubiorum mit der Westgrenze der späteren CCAA übereingestimmt hat, läßt sich nicht ohne weiteres sagen. Die Grabsteine von Veteranen der I. und XX. Legion liegen weit außerhalb der römischen Stadt an der Aachener Straße 19–21,

Abb. 2 Grabstein der Bella vom Gräberbezirk Köln, Norbertstraße. Röm.-Germ.Mus. Köln. H. 1,96 m. Bellae Von/uci f(iliae) Remae / Longinus / vir illaeius / fecit pie. Der Bella, Tochter des Vonucus vom Stamm der Remer. Ihr Mann Longinus hat [den Stein in] fromm[er Gesinnung] gesetzt.

ja ihr Standort befindet sich sogar noch westlich der mittelalterlichen Stadtbefestigung (Abb. 1, Nr. 7). Das Oppidum Ubiorum könnte sich also theoretisch etwa bis zum Rudolfplatz erstreckt haben. Dieser Hypothese entspricht die Verbreitung der Keramik mit arretinischen Töpferstempeln. Dagegen aber läßt sich anführen, daß drei frührömische Töpfereien gerade innerhalb der späteren Kolonie liegen (Abb. 1, Nr. 4, 8, 9). Während der Töpferofen tiberischer Zeit ‚An der Rechtschule' hart an der Nordgrenze der CCAA ausgegraben wurde (Abb. 1, Nr. 4), befinden sich die Töpfereien auf der Westseite in der Höhe der Richmodstraße Ecke Neumarkt (Abb. 1, Nr. 8) und Lungengasse Ecke Thieboldsgasse (Abb. 1, Nr. 9). Ob sie zivile oder militärische Anlagen darstellen, ist nicht zu unterscheiden, da die Tonware, die dort gebrannt wurde, keine entsprechenden Aussagen zuläßt.
Auf der Südseite wird man zur Begrenzung des Oppidum Ubiorum in der ersten Hälfte des 1. Jhs. n. Chr. recht weit ausgreifen dürfen, denn die Gräberfelder entlang der Severinstraße setzen erst in claudischer Zeit mit der Erhebung zur Kolonie im Jahre 50 ein; die frühen Grabsteine von Soldaten der I. und XX. Legion aber liegen noch weiter südlich, in der Gegend der mittelalterlichen Stadtbefestigung, und zwar am Chlodwigplatz in der Nähe der Severinstorburg (Abb. 1, Nr. 16, 17). Von hier stammen zwei Grabsteine, die in der gleichen Werkstatt entstanden sind und schon 1632 zutage gekommen waren. Es handelt sich einmal um die Stele des Tubabläsers (Stabstrompeter oder Tambourmajor) Gaius Vetienius aus der I. Legion, der offenbar bald nach der Niederlage des Varus im Teutoburger Wald in der Hauptstadt Rom selbst rekrutiert worden ist. Der andere Grabstein gehört einem Tierarzt aus der XX. Legion, Gaius Deccius. Am Chlodwigplatz stand aber auch das gewaltige Grabmonument des Lucius Poblicius, das nach der Art der Namensgebung – es fehlt der Beiname in der Inschrift – in die Zeit um 40 n. Chr. datiert werden muß (Abb. 1, Nr. 18; s. Bd. 39). Es darf jedoch nicht übersehen werden, daß nicht weit südlich der späteren römischen Stadtmauer drei weitere Töpfereien der ersten

Hälfte des 1. Jhs. n. Chr. aufgedeckt worden sind, und zwar am Waidmarkt Ecke Blaubach (Abb. 1, Nr. 13), Georgstraße 20 (Abb. 1, Nr. 14) und Severinstraße 249–255 (Abb. 1, Nr. 15). Hinzu kommt ein Fund früher Denare zwischen Marienplatz 2 und Mühlenbach 25 (Abb. 1, Nr. 11), die als antike Fälschungen von Republikdenaren anzusehen und möglicherweise an Ort und Stelle entstanden sind. Nach diesen Befunden zu schließen, existierte entlang eines Bachlaufes (Rothgerberbach, Blaubach und Mühlenbach) ein Handwerkerzentrum, das möglicherweise zum Oppidum Ubiorum gerechnet werden darf. An der Malzmühle 1 (Abb. 1, Nr. 12) stand in dieser Zeit ein Quaderbau von 9 m x 9 m Grundfläche, das sogenannte „Ubiermonument", das wohl als Signalturm für die Schiffahrt auf dem Rhein und für den zugehörigen Hafen diente.

Bisher haben wir die Funde aufgezählt, die für die Annahme sprechen, daß das Oppidum Ubiorum im heutigen Stadtkern von Köln lag. Auf der anderen Seite sollen aber auch jene Funde berücksichtigt werden, die auf römisches Militär hinweisen. Bei den planmäßigen Ausgrabungen südlich des Kölner Domes kam 1969 die Randscherbe einer arretinischen Terra-sigillata-Tasse mit eingekratztem Graffito zutage, die die Inschrift eines Princeps der XIX. Legion trägt. Diese Legion wurde nach ihrem Untergang in der Varusschlacht 9 n. Chr. nicht wieder aufgestellt. Nach dem Graffito muß man also annehmen, daß das Militär schon in augusteischer Zeit in Köln eine Rolle spielte. Ob hier eine Abteilung der XIX. Legion stationiert war, läßt sich aufgrund der einen Scherbe nicht beantworten. Immerhin ist der Princeps legionis im Rahmen der Legionshierarchie der zweithöchste Centurio nach dem Primus pilus der 1. Cohorte. Auch die oben erwähnten arretinischen Töpferstempel deuten darauf hin, daß die zugehörige Keramik zum Teil mit dem Militär aus Italien nach Köln gelangt ist.

Der Platz des Zweilegionenlagers, in dem die I. und XX. Legion stationiert waren, ist nach wie vor ungeklärt und bedarf einer ähnlichen Überprüfung wie die Begrenzung des Oppidum Ubiorum. Das Lager hat z. T. gleichzeitig mit dem Oppidum Ubiorum

bestanden. Es dürfte erst nach der Niederlage des römischen Heeres im Teutoburger Wald 9 n. Chr. errichtet worden sein, wahrscheinlich aber erst nach dem Regierungsantritt des Tiberius (14 bis 37 n. Chr.). Am Ende der Regierungszeit dieses Kaisers wurden die beiden Legionen verlegt: die I. Legio Germanica kam nach Bonn, die XX. Valeria Victrix nach Neuß. Die schon erwähnten Grabsteine der Soldaten der I. und XX. Legion umschließen in einem großen Halbkreis ein Gebiet, das man ebenso für das Oppidum Ubiorum wie für das Zweilegionenlager in Anspruch nehmen kann. Ph. Filtzinger hat versucht, die Lage des Zweilegionenlagers enger einzugrenzen. Er ging davon aus, daß der einspringende Winkel auf der Ostseite, wie ihn die Stadtmauer der CCAA bildet, schon in der ersten Hälfte des 1. Jhs. n. Chr. für die frühen Lager der Rheinzone charakteristisch ist. Auf der Nordseite hat sich außer den erwähnten Grabsteinen eine Holz-Erde-Mauer gefunden, die möglicherweise das Zweilegionenlager begrenzte (Abb. 1, Nr. 3). Die Westseite wird vielleicht außer durch die genannten Töpfereien auch durch einen Spitzgraben gekennzeichnet; er weist einen Tordurchlaß auf, den man als Porta decumana ansehen könnte (Abb. 1, Nr. 5). Auf der Südseite hat man bisher vergeblich nach Spuren einer Begrenzung des Zweilegionenlagers gesucht. Immerhin darf man annehmen, daß das Lager der Größe nach etwa jenem von Oberaden entsprach und 60 ha umfaßte. Wenn man dieser Hypothese folgt, müßte das Zweilegionenlager apud Aram Ubiorum in Köln folgendermaßen orientiert gewesen sein: Die heutige Hohe Straße entspräche der Via principalis, also dem Cardo maximus. Die West-Ost-Straße würde demnach in Höhe von Hämmergasse 27 und der Porta decumana Richmodstraße 25 als Decumanus maximus zu suchen sein. Die Principia wären vielleicht an der Stelle des späteren Praetoriums zu suchen (Abb. 1, Nr. 6).
Aufgrund der archäologischen Funde läßt sich das topographische Verhältnis von Oppidum Ubiorum und Zweilegionenlager also nicht eindeutig beschreiben. Nach den bisher erwogenen Möglichkeiten müßten sich beide überschneiden. Wenn man aber diese

Möglichkeit ausschließt und an der Annahme festhält, daß die Colonia Claudia Ara Agrippinensium aus dem Oppidum Ubiorum hervorgegangen ist, so muß das Zweilegionenlager eigentlich an einer anderen Stelle zu suchen sein. Verlegt man umgekehrt das Lager in den Stadtkern, so müssen wiederum Lage und Aussehen des Oppidum Ubiorum ungewiß bleiben.

*Literatur:*
Ph. Filtzinger, Zur Lokalisierung der Zweilegionenfestung „apud aram Ubiorum". Kölner Jahrb. 6, 1962/63, 23 ff. – A. Camps u. Ph. Filtzinger, In Köln gefundene arretinische Töpferstempel. Kölner Jahrb. 10, 1969, 47 ff. – P. La Baume, Das römische Köln. Bonner Jahrb. 172, 1972, 271 ff. – H. Hellenkemper, Oppidum und Legionslager in Köln. Kölner Jahrb. 13, 1972/73, 59 ff. – P. La Baume, Oppidum Ubiorum und Zweilegionenlager in Köln. Gymnasium 80, 1973, 333 ff. – J. Bracker, Neue Entdeckungen zur Topographie und frühen Geschichte des römischen Köln. Jahrb. d. Köln. Gesch.-Ver. 45, 1974, 111 ff. – O. Doppelfeld, Das römische Köln. In: Aufstieg und Niedergang der römischen Welt II, 4 (1975) 715 ff. – F. Vittinghoff, Die politische Organisation der römischen Rheingebiete in der Kaiserzeit. In: Renania Romana. Atti dei Convegni Lincei 23 (1976) 73 ff.

*P. La Baume*

## *Die römische Stadtmauer*

Die Colonia Claudia Ara Agrippinensium bildet heute den Kern der modernen Großstadt. Die römische Stadt umfaßte ein Areal von etwa 1 km² Größe und war durch eine Mauer befestigt (vgl. Beilage 2 mit Rekonstruktion der gesamten Stadtbefestigung und Beilage 3). Wir verfolgen den Verlauf der Stadtmauer (Abb. 1) von der Nordostecke aus, die östlich des Domchores an der Stelle, wo die Rampe zur Hohenzollernbrücke ansetzt, lag. Die Mauer führte dann an der Stelle der Nordseite des Domlanghauses entlang nach Westen, wo sich westlich der beiden Domtürme das römische

Nordtor befand (Nr. 1)*. An diesem Platz steht heute wieder der eine seiner beiden seitlichen Durchgänge für Fußgänger, während der für Fahrzeuge vorgesehene Mittelbogen im Römisch-Germanischen Museum wieder aufgebaut ist. Auf der Feindseite nach Norden hin befand sich die Inschrift mit dem abgekürzten Stadtnamen CCAA und darunter in größtenteils getilgten Buchstaben [Valeria]NA GALLIENA. Das bedeutet, daß das Nordtor unter Valerian (253–260) und dessen Sohn Gallienus (253–268) erneuert wurde und vielleicht erst in dieser Zeit die endgültige Gestalt erhielt. Es war der Gegenkaiser Postumus (258/9–268), der die Inschrift tilgen ließ. In der Tiefgarage sind westlich des Domes die Stadtmauer und auch die östliche Torwange des Nordtores gut erhalten.

Weiter nach Westen läßt sich die Stadtmauer in der Straße Burgmauer mit einem Turm und vor allem durch eine Geländestufe zur Komödienstraße herunter verfolgen, wo der römische Graben verlief. In der Komödienstraße (Nr. 2) und an der Kreuzung zur Tunisstraße (Nr. 3) sind Stadtmauer und ein weiterer Turm sichtbar erhalten. Das Zeughaus (Kölnisches Stadtmuseum) in der Zeughausstraße steht mit seiner Südseite auf der römischen Stadtmauer, die man dort noch erkennen kann (Nr. 4). Anschließend ist die Mauer als südliche Begrenzung eines Parkplatzes zwischen Burgmauer und Zeughausstraße erhalten (Nr. 5). Die Nordwestecke wird durch den noch heute aufrecht stehenden Römerturm mit seinem Mosaikschmuck aus farbigen Steineinlagen gekennzeichnet (Nr. 6; s. Titelbild).

In der St. Apernstraße, Ecke Helenenstraße, ist der einzige Halbturm der römischen Mauer wieder aufgebaut worden (Nr. 7). Ein Beispiel dafür, daß die Stadtmauer noch im Mittelalter hoch erhalten war, finden wir in einer zugemauerten Türöffnung außen am

* Diese Nummern beziehen sich auf Abb. 1. Vgl. auch Exkursion IX in Bd. 39. Dort sind die wichtigsten noch sichtbaren Partien der römischen Stadtmauer zusammengestellt, ebenso die Verweise auf die entsprechenden Artikel innerhalb der Exkursionen I–IV.

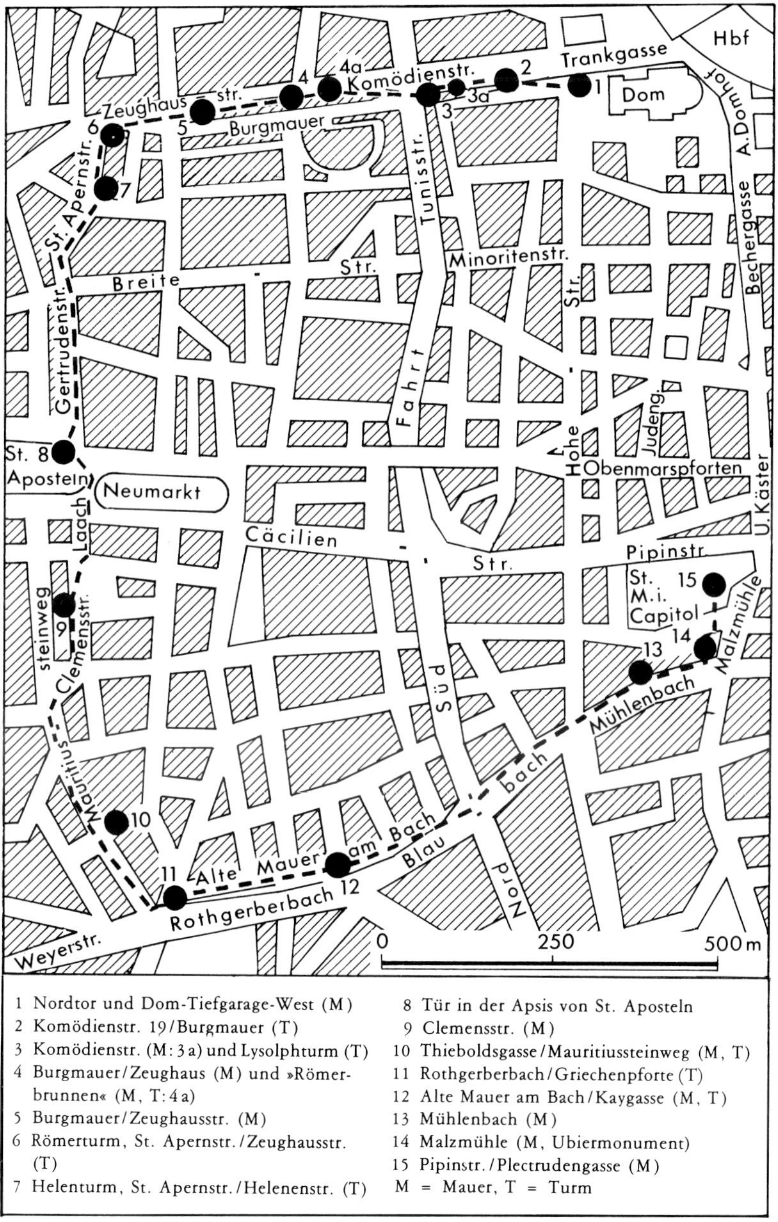


1 Nordtor und Dom-Tiefgarage-West (M)
2 Komödienstr. 19/Burgmauer (T)
3 Komödienstr. (M: 3 a) und Lysolphturm (T)
4 Burgmauer/Zeughaus (M) und »Römerbrunnen« (M, T: 4 a)
5 Burgmauer/Zeughausstr. (M)
6 Römerturm, St. Apernstr./Zeughausstr. (T)
7 Helenturm, St. Apernstr./Helenenstr. (T)
8 Tür in der Apsis von St. Aposteln
9 Clemensstr. (M)
10 Thieboldsgasse/Mauritiussteinweg (M, T)
11 Rothgerberbach/Griechenpforte (T)
12 Alte Mauer am Bach/Kaygasse (M, T)
13 Mühlenbach (M)
14 Malzmühle (M, Ubiermonument)
15 Pipinstr./Plectrudengasse (M)
M = Mauer, T = Turm

Abb. 1 Planskizze zur römischen Stadtmauer in Köln. Die numerierten Punkte bezeichnen die Lage der im Text erwähnten Partien der Stadtmauer. Die unterbrochene Linie ist ein Exkursionsvorschlag für den Weg, auf dem diese Stellen erreicht werden können. – Plan der bekannten Teile der Stadtmauer s. Beilage 3.

Chor der Kirche St. Aposteln, wo ein Zugang zum Gertrudenkloster bestand (Nr. 8). Demnach betrug die Gesamthöhe der Mauer 7,80 m über der Oberkante des Fundaments.
Weiter nach Süden setzt sich die Stadtmauer in einem recht langen, gut erhaltenen Stück entlang dem Mauritiussteinweg fort (Nr. 9–10). Es endet an der Griechenpforte: dort ist der Südwestturm in Resten noch sichtbar (Nr. 11).
Auf der Südseite der römischen Stadt zog sich die Mauer an einem Bach entlang, an den noch heute die Straßennamen Rothgerberbach, Blaubach und Mühlenbach erinnern (Nr. 12–13). Um die Geländestufe von der CCAA nach Süden hin zu kennzeichnen, hat man hier in neuerer Zeit eine Mauer aus Backsteinen im Zuge der antiken Stadtmauer errichtet. An der Kaygasse ist ein gut erhaltener Turm sichtbar überbaut (Nr. 12); anschließend kann man die römische Mauer besichtigen. Die Hohe Pforte kennzeichnet die Stelle des Tores für die große Ausfallstraße nach Bonn.
Die Südostecke der CCAA wird nicht wie sonst durch einen Rundturm gebildet, sondern hier gibt es einen Vorgängerbau („Ubiermonument") von quadratischem Grundriß (Nr. 14), der noch in die erste Hälfte des 1. Jhs. n. Chr. gehören muß. Nach der Lage und der Parallele von Methone in Griechenland zu urteilen, handelt es sich um eine Art Signalturm der römischen Hafenanlage, dessen untere Mauerlagen dann in den Verlauf der späteren Stadtmauer einbezogen wurden. Die Straßenzüge Lichhof, Martinstraße, Judengasse, Rathausplatz, Bürgerstraße und Unter Taschenmacher kennzeichnen die Ostseite des römischen Köln. Etwa in der Mitte bildet dieser Mauerzug einen leicht einspringenden Winkel. Hier in der Nähe muß auch ein Tor gelegen haben, auf das der Straßenname „Obenmarspforten" hinweist. Ein sehr gut erhaltenes Stück der Wehrmauer an der Ostseite der Stadt ist übrigens in einer Tiefgarage zwischen Plectrudengasse und Pipinstraße zu sehen (Nr. 15; Eingang von der Plectrudengasse aus). Hier mündete auch einer der römischen Abwasserkanäle in das antike Hafenbecken ein (vgl. S. 77).

Wie eine Festung umgab der Mauerkranz die antike Stadt. Das Mauerwerk besteht größtenteils aus Grauwacke, das als Verblendung mit dem Fugeisen schön gefugt ist. Während die Höhe wenigstens 7,80 m maß, beträgt die Stärke im Aufgehenden 2,40 m. Der Fundamentsockel ist nach der Feindseite hin abgeschrägt und auf der Rückseite durch drei Stufen abgetreppt.
Die Stadtmauer hatte neun Tore. Dem Nordtor, durch das die große Ausfallstraße nach Novaesium (Neuss) führte, entsprach die Hohe Pforte auf der Südseite mit der Ausfallstraße nach Bonna (Bonn). Auf der Südseite lag aber noch ein zweites Tor, weiter nach Westen hin in der Nähe der Griechenpforte. Das Hauptausfalltor nach Aachen befand sich im Westen an der Südostecke von St. Aposteln. Nördlich und südlich davon lagen zwei weitere Tore. Auch die Stadtmauer der Rheinseite wurde durch drei Tore unterbrochen, deren mittleres durch den Straßenzug Obenmarspforten bezeichnet wird. 20 oder 21 Türme verstärkten die ganze Befestigung. Ihr Durchmesser betrug etwa 9,20 m. Die Entdeckung des neunten Tores auf der Südseite der CCAA, heute Nähe Griechenpforte, führt zu der Frage, ob diesem Tor nicht eines auf der Nordseite entsprochen hat. Allerdings konnte ein solches Nordtor bisher nicht nachgewiesen werden. Es war jedoch nicht immer möglich, die einzelnen Züge der Mauer angesichts rasch fortschreitender Bauarbeiten mit der nötigen Sorgfalt zu untersuchen; oft waren wichtige Befunde auch schon vorher beseitigt worden. Wenn es in Köln tatsächlich zehn Tore gegeben hätte, bliebe zu fragen, ob man statt mit 21 nicht nur mit 20 Türmen rechnen sollte. Dies würde einer sinnvollen und planmäßigen Relation zwischen Toren und Türmen entsprechen. Eine Entscheidung muß aber zurückgestellt werden, bis neuere Untersuchungen an der römischen Stadtmauer Klärung in diesen Fragenkomplex bringen.
Nach allem, was wir wissen, dürfte die Stadtmauer im Jahre 50 n. Chr. und bald danach entstanden sein, vielleicht im Zusammenhang mit der Erhebung des Ortes zur Colonia Claudia Ara Agrippinensium. Im Bataveraufstand der Jahre 69/70 n. Chr. ist sie

jedenfalls als schweres Hindernis für jeden Angreifer bezeugt. Ihre Nordseite ist am sorgfältigsten ausgeführt. Hier verlief bereits in der ersten Hälfte des 1. Jhs. n. Chr. eine Grenze, die Siedlungsregion und Friedhofsareal voneinander trennte. Darauf läßt eine westlich der Domtürme nachgewiesene Holz-Erde-Mauer aus jener Zeit schließen; unmittelbar nördlich davon beginnen die Gräberfelder. Der Mauerbau könnte also an der Nordseite begonnen worden sein, während die übrigen Mauerzüge erst anschließend errichtet wurden. Allerdings kann dies nicht wesentlich später geschehen sein, denn an der Südostecke ist der Quaderbau, der noch in die erste Hälfte des 1. Jhs. n. Chr. zurückreicht, mit dem östlichen Mauerzug der Stadtmauer verzahnt. So dürfen wir schließen, daß die römische Stadtmauer in einem Zug, aber nicht an allen Seiten gleichzeitig, aufgeführt worden ist. Selbstverständlich mußte die Befestigung im Laufe der Jahrhunderte mehrfach erneuert werden, wie z. B. die eingangs erwähnte Inschrift am Nordtor bezeugt. Die heute noch sichtbaren Teile der Mauer können daher auf ganz verschiedene Bauzeiten zurückgehen.

*Literatur:*

R. Schultze und C. Steuernagel, Colonia Agrippinensis. Bonner Jahrb. 98, 1895, 1 ff. – J. Klinkenberg, Geschichte des römischen Kölns. Die Kunstdenkmäler der Stadt Köln 1,2 (1906) 143 ff. – O. Doppelfeld, Die römische Stadtmauer von Köln. Kölner Untersuchungen. Die Kunstdenkmäler im Landesteil Nordrhein, Beih. 2 (1950) 3 ff. – H. Mylius, Das Nordtor der Colonia Agrippinensis. Kölner Jahrb. 1, 1955, 9 ff. – O. Doppelfeld, Das neunte Tor von Köln. Archaeologia Belgica 61 (Breuer-Festschrift), 1962, 35 ff. – P. La Baume, Colonia Agrippinensis, Kurzer Rundgang durch das römische Köln (3. Aufl. 1964). – W. Binsfeld, Aus dem römischen Köln (1966). – O. Doppelfeld, Das römische Köln. In: Aufstieg und Niedergang der römischen Welt II, 4 (1975) 728 f. – H. Hellenkemper, Architektur als Beitrag zur Geschichte der CCAA. Ebd. 788 ff.

*P. La Baume*

Die Erhebung des oppidum Ara Ubiorum zur CCAA war nicht zuletzt Ergebnis und äußeres Zeichen einer römischen Siedlungsplanung, deren Grundprinzipien (Befestigungsring, ein nahezu rechtwinkliges Straßenraster, weitläufige Holz- und Steinarchitektur, öffentliche Kanalisation) bereits in der vorhergehenden, augusteisch-tiberischen Siedlungsphase des Ortes anklingen.
Zwei Hauptstraßen, Cardo maximus und Decumanus maximus, teilten das Areal in vier ungleich große Stadtquartiere (Beilage 2). Der Cardo verlief in Nord-Süd-Richtung und verband die nach Neuß und Bonn führenden Fernstraßen, der Decumanus fand seine Verlängerung in der westlichen Ausfallstraße nach Aachen.
Die lichte Weite der Hauptstraßen maß ca. 32 m zwischen den Giebelfronten und ca. 22 m zwischen den Laubengängen. Die untergeordneten Nebenstraßen (cardines und decumani) erreichten Breiten von ca. 20–23 m, die Fahrbahnen ca. 11–14 m. Entscheidende Veränderungen des Straßenrasters sind bis zur Auflösung der römischen Herrschaft offenbar nicht vorgenommen worden. Die Straßendecken wurden aber mehrfach neu mit Kies aufgeschottert, ein Großteil der Fahrbahnen im 3. Jh. mit Säulenbasalten gepflastert. Trotz der nahezu winkelrecht geführten Fluchten erschien das Straßenbild nicht uniform, da die unterschiedlich hohen Giebelzonen und die den Einzelhäusern zugeordneten Portiken verschiedenartig gestaltet waren.
Die Stadtmauer war diesem streng geometrischen Konzept nicht völlig angepaßt; ihre Linienführung nahm vielmehr auf das unterschiedliche Geländerelief Rücksicht. Auf einer Länge von 3,9 km sind bislang 21 Türme und neun Tore bekannt. Der Bau der neuen Stadtmauer ist um die Mitte des 1. Jhs. n. Chr. in Angriff genommen worden und hat sicher einige Jahre lang gedauert. Technische Qualität und ökonomische Verfahren bestimmten die Bauausführung. Die Torbauten erscheinen als eigenständige Architekturkörper (vgl. Bd. 38: Nordtor), abgehoben vom Mauerring durch

unterschiedliche Materialwahl, Bautechnik und stärkere plastische Durchbildung.

Hohen technischen Aufwand innerhalb der bereits bestehenden Stadt erforderte die Anlage der Abwässerkanäle; die Sohle der Hauptsammler in den Hauptstraßen lag bis zu 6 m unter der Geländeoberfläche.

Um die Mitte des 1. Jhs. n. Chr. erfolgte die planmäßige Erschließung der Rheininsel, die den inneren Hafen vor dem offenen Strom schützte. Um der Hochwassergefahr zu begegnen, wurden Teile der Insel aufgehöht. Umfangreiche Stapelplätze wurden im 2. Jh. mit neuen bis zu 53 m langen und 25 m breiten Magazinbauten ergänzt.

Das innerstädtische Gefüge war durch den Raster der Straßen vorgezeichnet. An dieser Ordnung orientierte sich die öffentliche und private Bebauung auf mehr als 70 Baublöcke (insulae). Ein Drittel dieser Flächen ist ganz oder in Ausschnitten durch archäologische Untersuchungen und Beobachtungen bekannt. Ein Großteil der zur Bebauung verfügbaren Areale war öffentlicher Besitz mit deutlichem Schwergewicht in der Zone zwischen Cardo und Hafenseite. Die Bauten des Forums beherrschten die Stadtmitte im Schnittpunkt der Hauptachsen. Tempel, Verwaltungsgebäude und der Amtssitz des niedergermanischen Statthalters (Praetorium; s. Bd. 38) schlossen zur Rheinseite an.

Überschichtungen von öffentlicher und privater Baunutzung scheint es in der Regel nicht gegeben zu haben; das im 1. Jh. n. Chr. von Staat und Gemeinde in Anspruch genommene Gelände blieb bis zur Auflösung der römischen Stadt im 5. Jh. offenbar konstant in öffentlichem Besitz. Veränderungen innerhalb der Baublöcke hat es im Verlauf von vier Jahrhunderten in allen Bereichen gegeben, doch hielten sich die Bauvorhaben an die alten Grundstücksgrenzen. Neuplanungen mit veränderten Grundrissen liegen dort vor, wo nicht kanonische Vorschriften (beispielsweise bei Tempelbauten) den Spielraum der Baumeister einengten. Die Grundrißdispositionen des Praetoriums innerhalb von vier Jahrhunderten

Abb. 1 Die Ausgrabung 1969 an der Westseite des Doms vom südlichen Domturm aus gesehen. Zu erkennen sind Grundrisse der römischen Bebauung des 2./3. Jhs.

machen deutlich, wie ein traditionelles Repertoire von Einzelelementen zu unterschiedlichen Architekturlösungen genutzt wurde. Die größeren städtischen Privatbauten nehmen mit Atrium- und Peristylhaus italische Vorbilder auf. In einzelnen Beispielen ist die Gliederung in straßenseitige Ladenteile und Wohntrakte bekannt, doch fehlt hier insgesamt noch die Kenntnis, um über Gliederung und Infrastruktur der privaten Wohnbereiche mit größerer Sicherheit Aussagen machen zu können.

Auf der Grundlage der in den beiden ersten Jahrzehnten des 1. Jhs. entworfenen Ordnung ist das städtische Gefüge seit Mitte des 1. Jhs. n. Chr. bis zum Anfang des 2. Jhs. n. Chr. nach dem Vorbild

oberitalischer Stadtbilder und ihrer Architektur entworfen und angelegt worden. Seit dieser Zeit ist eine deutliche Abschwächung des Umfangs innerstädtischer Baumaßnahmen erkennbar.
Die Bebauung in den Außenzonen der CCAA schließt unmittelbar am Stadtgraben vor den Mauern an. Bisher lassen sich zwei Bereiche erkennen: Vorstadtvillen und Handwerkerviertel.
Private Wohnbauten liegen offenbar beiderseits der Rheintalstraße im Norden und Süden. Die Straßenränder werden von Portiken gesäumt. Eine Benefiziarierstation (Polizeiposten) ist unmittelbar vor dem Südtor der Stadt in eine Häuserzeile eingebunden (s. Bd. 39). Im Nordwesten und auf dem Pantaleonshügel heben sich Villenbauten städtischer Prägung ab. Außer der Bindung an Straßenfluchten sind hier noch keine Ordnungsprinzipien erkennbar.
Ausgedehnte Handwerkerviertel liegen zum Teil tief gestaffelt in der Nähe der Ausfallstraßen. Als geschlossene Gruppen erscheinen die Töpfereibetriebe (vgl. die entsprechenden Artikel in Bd. 39). Gießereien, Schmieden und Glasmanufakturen stehen noch zu vereinzelt, um auch hier Schwerpunkte erkennen zu können. Lederverarbeitende Betriebe waren vermutlich wie im Mittelalter an der Südseite am Duffesbach angesiedelt. Neue Untersuchungen an Grabdenkmälern zeigen, daß verschiedene Steinmetzwerkstätten den großen Gräberfeldern zuzuordnen und vermutlich auch dort zu lokalisieren sind.
Mit Sicherheit ist die Anlage der Außenbezirke nicht auf eine Raumnot innerhalb des innerstädtischen Areals zurückzuführen, da bereits zur Zeit der Kolonieerhebung im 1. Jh. n. Chr. verschiedene Betriebe in den vorstädtischen Bezirken angesiedelt waren. Es gibt deutliche Anzeichen dafür, daß gegen Mitte des 1. Jhs. n. Chr. der Betrieb feuergefährlicher Gewerbe im Stadtinnern untersagt und diese Handwerkszweige in die Randzonen verlagert wurden.
Während der Ausgrabungen in der Domumgebung 1969–1971 (Abb. 1–4) gelang es zum ersten Mal, die Entwicklung römischer Wohnviertel der CCAA in einem größeren, zusammenhängenden Ausschnitt zu untersuchen. Inwieweit die Ergebnisse im Nord-

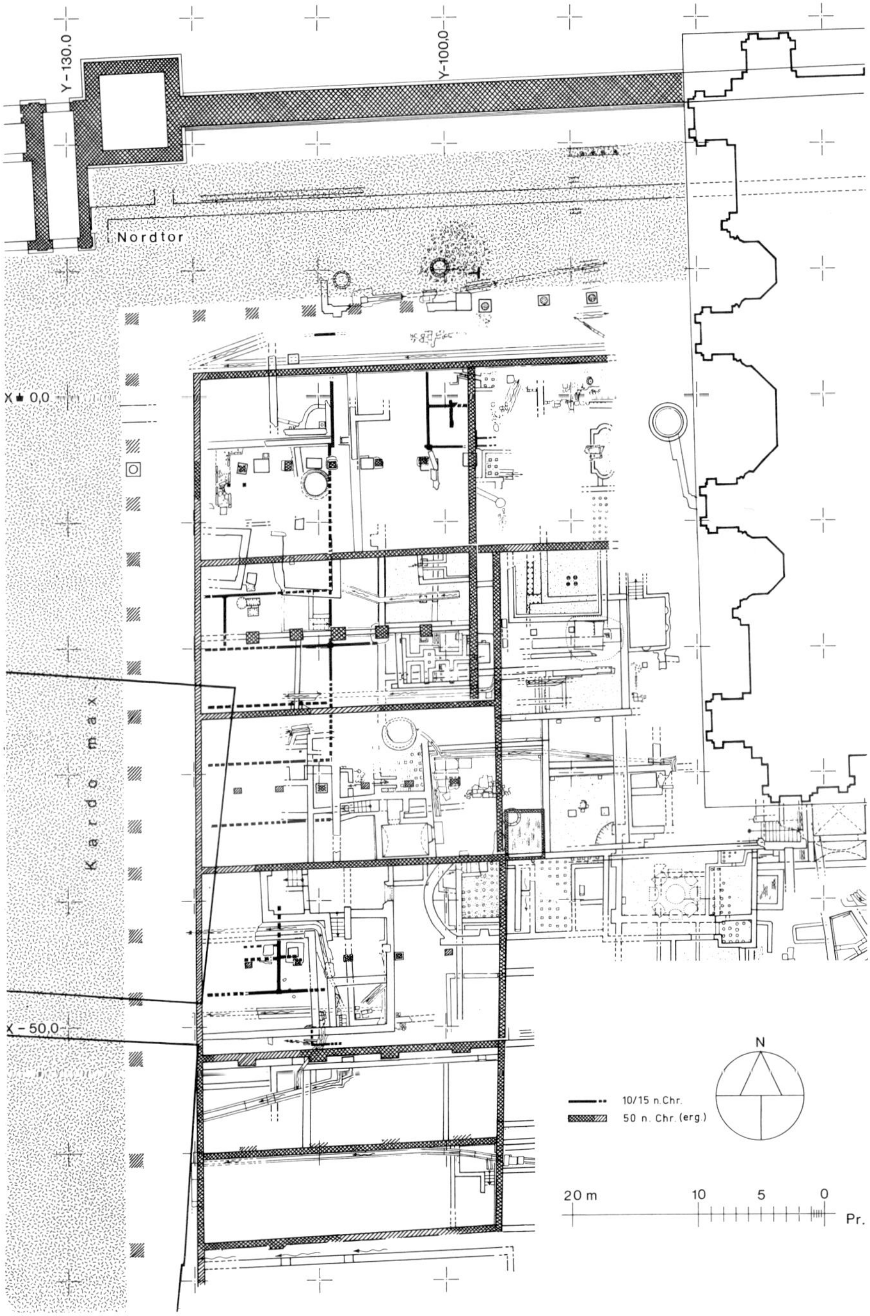


Abb. 2 Plan der frührömischen Bebauung westlich des Domes (nach G. Precht).

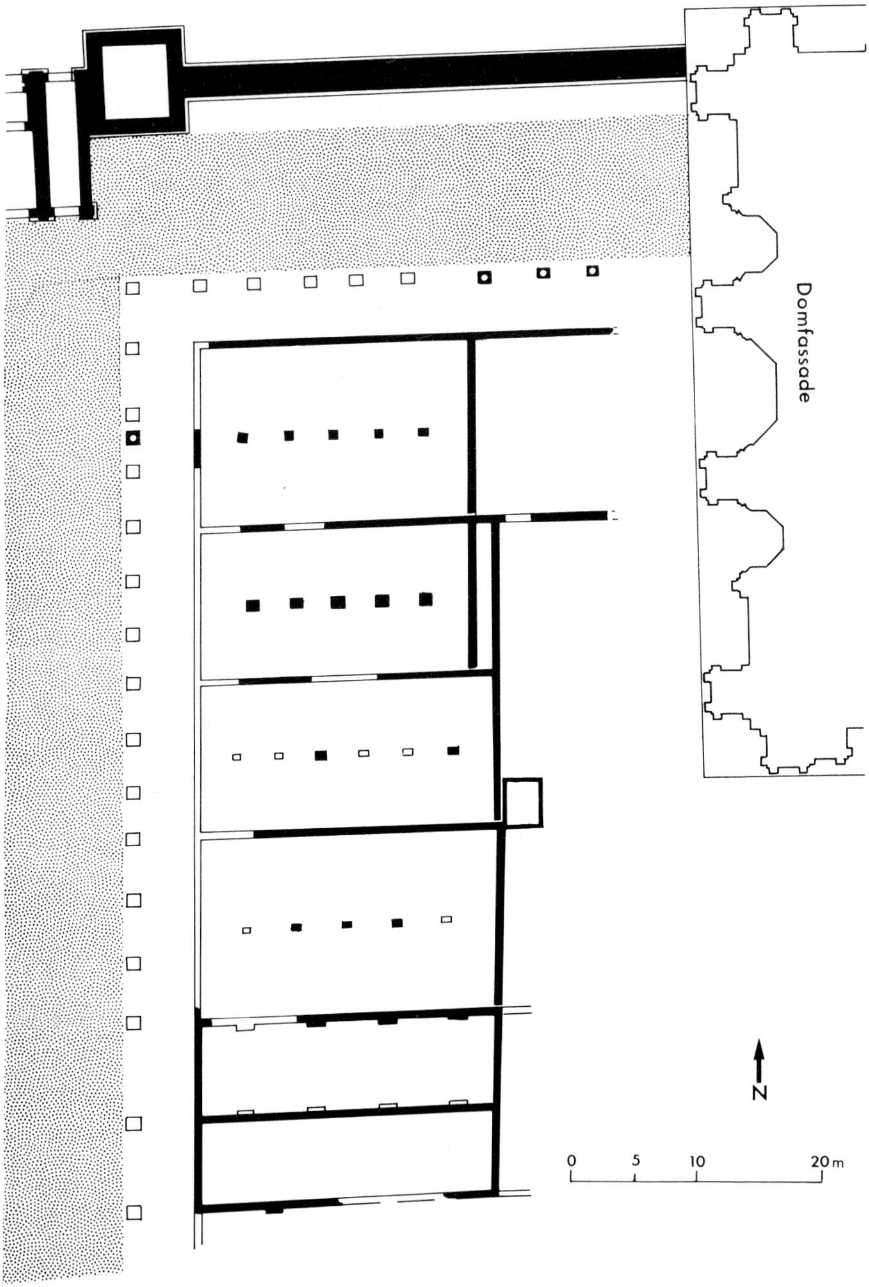


Abb. 3 Grundrisse römischer Häuser aus der Mitte des 1. Jhs. n. Chr. Am oberen Bildrand ist die Stadtmauer mit dem Nordtor, links der Cardo maximus zu erkennen.

osten der Stadt zwischen Cardo maximus und Hafenmauer repräsentativ für die übrige Wohnbebauung der Kolonie ist, bleibt anhand anderer Untersuchungen zu überprüfen. Es ist möglich, daß in diesem Bereich gesondert ausgewiesene Bauareale der öffentlichen Hand lagen.

Die ältesten, hier faßbaren Bauspuren, vermutlich aus dem 1. und 2. Jahrzehnt des 1. Jhs. n. Chr., lassen eine deutliche Parzellierung innerhalb der Insulae erkennen (vgl. Abb. 2). Die frühen Baufluchten der Grundstücke deuten darauf hin, daß die Einmessung der Bauflächen im rechten Winkel von der Cardo-Achse ihren Ausgang nahm. Wenn auch die Grundrisse der ältesten Bauten nie ganz in ihren Grenzen erfaßt werden konnten, so zeigten sie doch wichtige Merkmale: Holzpfostenkonstruktionen mit Schwellriegeln, Ständerkonstruktionen auf Schwellbalken, Grauwacke- und Trachytsteinfundamente mit aufgehender Fachwerkkonstruktion und Stampflehm in den Gefachen. Diese erste Bebauung ist wohl bei einem Brand im 2. Jahrzehnt des 1. Jhs. n. Chr. untergegangen. In dieser Zeit schirmte an der Nordseite an der Stelle der jüngeren Koloniemauertrasse eine Holz-Erde-Mauer mit einer inneren Wallstraße das bebaute Siedlungsareal ab.

Straßenführung, Parzellierung und Ausrichtung der Bauten in den Insulae unterliegen bereits in dieser ersten Phase den Normen der Siedlungslimitation.

Vor einer Neubebauung blieb das Gelände offenbar einige Zeit als Trümmerstelle liegen, bis der Brandschutt vor allem an der Niederterrassenkante eingeebnet und mit Schutt und Kies abgeglichen wurde.

Das wiederhergerichtete Baugelände wurde um die Mitte des 1. Jhs. n. Chr. zur Zeit der Verleihung der Stadtrechte an das oppidum, neu parzelliert. Offenbar hat es in diesem Bereich Besitzverschiebungen gegeben. Entlang des Cardo entstanden streng geordnete, längsrechteckige Häuser mit Mittelstützenreihe oder innerer konstruktiver Wandgliederung. Dieser zweischiffige Hallenhaustyp erreicht eine Grundfläche bis zu 220 m² (Abb. 3). Im

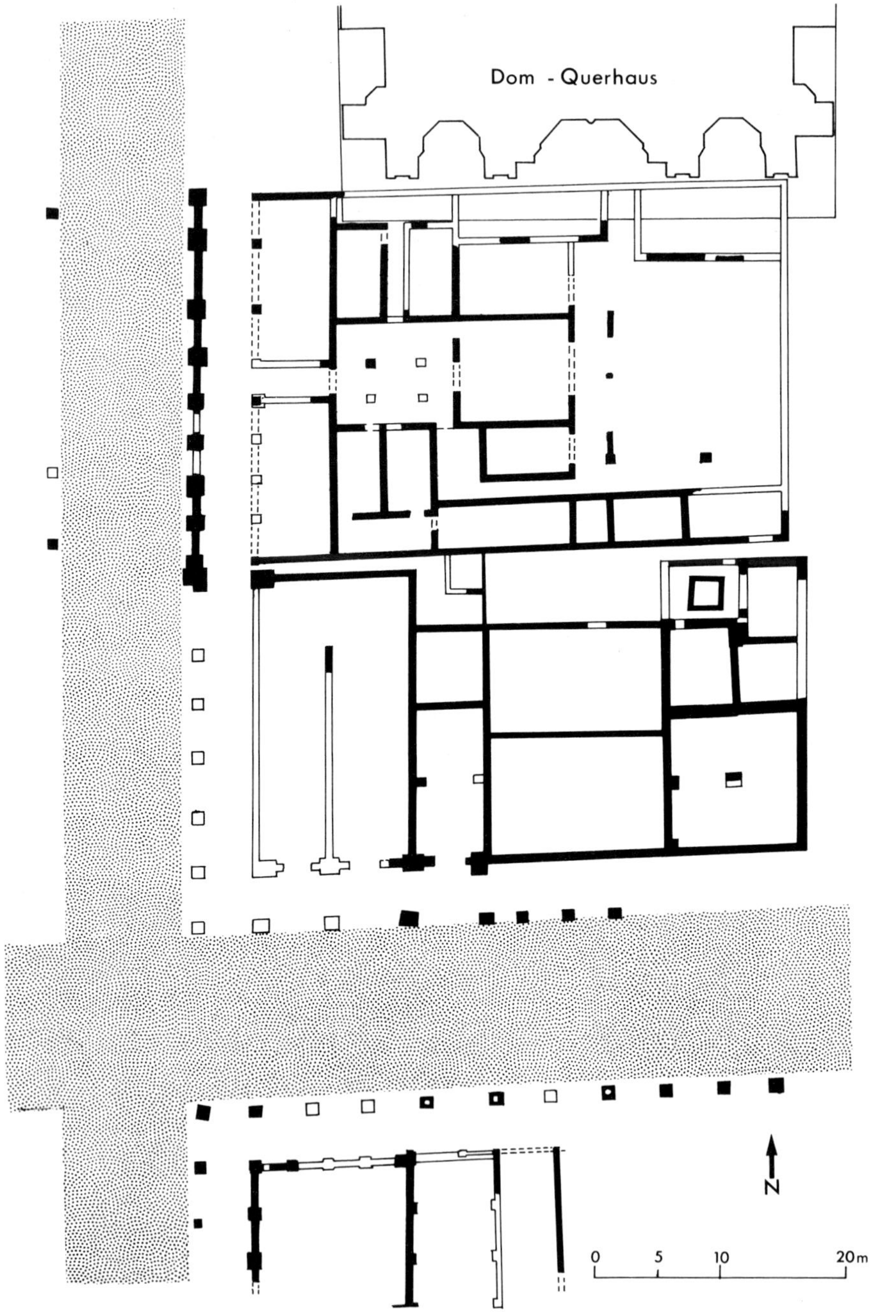


Abb. 4 Grundriß eines Atriumhauses aus der Mitte des 1. Jhs. n. Chr. an der Dom-Südseite.

Westen und Norden der Insula werden vermutlich zum ersten Mal Kolonnaden vorgelegt.
In der Nachbarinsula entstand vermutlich zur gleichen Zeit ein Atriumhaus mit einer Grundfläche von ca. 1400 m² (Abb. 4). An der Straßenseite lag ein Laubengang, hinter dem sich Läden öffneten. Vom Atrium aus führte ein Gang zum Peristyl, das dreiseitig umbaut war. Auf die Mauersockel des Hauses war Lehmstampfwerk gesetzt worden. Die verputzten Wände verschiedener Räume trugen einen Anstrich mit farbigen Panneaux und figürlichen Szenen. Gegen Ende des 1. Jhs. wurde das Haus vollständig neu errichtet und der Bauplan in Teilen geändert. Mehrfach wurden in den nachfolgenden Jahrhunderten noch Umbauten und Erweiterungen eingefügt, nur das Peristyl blieb weitgehend unverändert bis in das 4. Jh. erhalten.
Auch an den übrigen, wohl eingeschossigen Häusern des Viertels wurden seit dem 2. Jh. Umbauten und Neubauten vorgenommen, durch die die ursprünglichen Grundrißgliederungen zum Teil verloren gingen. Einige Grundstücke wurden geteilt. Die Umgestaltungen griffen teilweise in die alte Bausubstanz ein; Kellerräume und Heizungsanlagen wurden eingebaut.
Östlich des Atriumhauses schließt, nur durch die Geländestufe der Niederterrasse geringfügig getrennt, das Haus mit dem Dionysosmosaik an (s. Bd. 38). In der ersten Hälfte des 3. Jhs. bedeckte diese Villa urbana eine Grundfläche von 3.400 m². Die Vorgängeranlagen zeigten vermutlich die gleiche Grundrißgestaltung. Mehr als 20 Räume gruppieren sich um ein Gartenperistyl.
Atrium- und Peristylhaus sind als mediterrane Architekturentwürfe offenbar schon um die Mitte des 1. Jhs. n. Chr. in der Kolonie eingeführt worden. Der räumliche Umfang der Grundstücke läßt im Vergleich zu anderen Parzellen und Hausausstattungen darauf schließen, daß diese Häuser möglicherweise einer reichen Bevölkerungsschicht, beispielsweise höheren Verwaltungsbeamten, zur Verfügung standen.
Die Wohnbauten, die bisher durch Ausgrabungen bekannt gewor-

den sind, erlauben wegen ihrer begrenzten Ausschnitte und geringen Zahl noch keine sichere Differenzierung sozialer Schichten. Auch die Ausstattung der Häuser mit Malerei und Mosaiken scheint keine ausreichenden Indizien für solche Unterscheidungen zu liefern.

Weite Teile der Wohnviertel im Nordosten der Kolonie sind im 4. Jh. untergegangen. Die archäologischen Ergebnisse deuten auf einen Zusammenhang mit der literarisch überlieferten Katastrophe vom Dezember 355, als es den Franken gelang, die Stadt zu stürmen und weite Teile niederzubrennen. Der Wiederaufbau gründete auf den Trümmern der zerstörten Häuser und scheint auch nicht allumfassend gewesen zu sein. Hinterhöfe wurden teilweise nicht mehr genutzt, blieben als Schutthalden zurück, und auch das Haus mit dem Dionysosmosaik wurde nicht mehr aufgebaut.

*Literatur:*

G. Precht, Die Ausgrabungen um den Kölner Dom. Vorbericht über die Untersuchungen 1969/1970. Kölner Jahrb. 12, 1971, 52 ff. – H. Hellenkemper, Architektur als Beitrag zur Geschichte der Colonia Claudia Ara Agrippinensium. In: Aufstieg und Niedergang der römischen Welt II, 4 (1975) 783 ff.

*H. Hellenkemper*

## *Theater und Amphitheater*

Die römische Provinzhauptstadt besaß mit Sicherheit ein Amphitheater, wahrscheinlich auch ein Bühnentheater, doch ist die Lage beider Großbauten bislang unbekannt geblieben. Dort, wo die ältere Forschung beide Baukomplexe zu lokalisieren glaubte, das Amphitheater am Kattenbug unmittelbar vor der römischen Nordmauer der Stadt und das Bühnentheater an der Martinsstraße zwischen Gürzenich und St. Maria im Kapitol, haben Ausgrabungen und Baubeobachtungen in den Jahren 1975–1976 zu gegenteiligen Ergebnissen geführt. Der Bereich im Nordwesten der Stadt wurde als privates Baugelände, das Areal an der Ostmauer zwischen Praetorium und Kapitol für andere Bauten der öffentlichen Hand genutzt.

Das Amphitheater wird indirekt durch epigraphische Denkmäler bezeugt: Eine Weihinschrift des Aulus Titius überliefert, daß er das Tiergehege (vivarium) in den Jahren um 100 n. Chr. auf seine Kosten eingezäunt habe. Der Centurio Quintus Tarquitius Restitutus dankt der Diana für das Glück, in sechs Monaten 50 Bären gefangen zu haben.

*Literatur:*
W. Binsfeld, Zwei neue Inschriften zum Kölner Amphitheater. Bonner Jahrb. 160, 1960, 161 ff. – B. u. H. Galsterer, Römische Steininschriften aus Köln. Wiss. Kataloge des Römisch-Germanischen Museums Köln 2 (1975) 15 f., Nr. 14. 15. 17; 76, Nr. 317.

*H. Hellenkemper*

## *Das Kanalnetz der CCAA*

Das rechtwinklige Straßennetz der Stadt wurde in spätaugustisch-tiberischer Zeit nach den Prinzipien römischer Siedlungsplanung ausgemessen. Neben den ersten Flächenplanungsmaßnahmen brach man die dünn geschotterten Trassen in den Straßen für offene Abwasserrinnen auf. Die 0,2–0,6 m breiten, U-förmigen Kanäle waren von Holzbrettern eingefaßt; über die Stoßfugen wurden teilweise Dichtungsbleche aus Blei genagelt.

Ein neues, leistungsfähiges Kanalnetz entstand seit Mitte des 1. Jhs. n. Chr. im Zusammenhang mit dem Bau der Stadtmauer. Die Kanalauslässe wurden in die Fundamente der Mauern und Tore fest eingebunden. Nach Norden, Westen und Süden wurden die Abwässer in den Stadtgraben, im Osten in das Hafenbecken geleitet. In dem Stadtmauerabschnitt nahe der Südostecke (s. Bd. 39) ist beispielsweise einer der Kanalauslässe zum römischen Hafenbecken erhalten.

Abb. 1 Der römische Abwasserkanal in Köln, Budengasse (nach W. Haberey).

Die Hauptsammler – bislang sind mindestens zehn Stränge bekannt (Abb. 1) – lagen in den Straßenachsen der Ost-West-Straßen (viae decumani), kleinere Kanäle im Straßenkörper des Cardo und in den Torachsen der Stadtmauer (vgl. Beilage 2). Die Kanalsohlen erreichten stellenweise eine Tiefe von ca. 6 m unter den römischen Siedlungshorizonten. Da bisher die Baugruben der Kanäle nicht mit Sicherheit beobachtet wurden, bleibt die Technik des Bauvor-

gangs noch ungeklärt. Zwei Verfahren sind denkbar: Bau der Kanäle in offenen Baugruben mit geböschten Grubenwänden oder Verschalung der Grubenwände, stellenweise wohl auch eine Kombination beider Verfahren. Im Ostabschnitt der Stadt erforderte die tiefe Verlegung der Leitungen einen erheblichen Arbeitsaufwand; zugleich bedeutete dies eine mehrmonatige Sperrung der Verkehrswege. Dieser Teilbereich der städtischen Infrastruktur zeigt gezielte planerische Vorbereitung und Bauausführung.
Das römische Abwasserkanalsystem in Köln ist ein bedeutendes Denkmal von internationalem Rang; in den römischen Städten Westeuropas (Gallien, Britannien, Germanien) ist kein vergleichbarer Ingenieurbau erhalten.

*Literatur:*

F. Fremersdorf, Neue Beiträge zur Topographie des römischen Köln (1950) 2 f., Taf. 1 – R. Schultze u. C. Steuernagel, Colonia Agrippinensis. Bonner Jahrb. 98, 1895, 86 ff. – W. Haberey, Die römischen Wasserleitungen nach Köln. Führer Rhein. Landesmus. Bonn 37 (1971) 118 ff.

*H. Hellenkemper*

## *Die Glasmanufakturen*

### *Glasfabrikation*

Der Werkstoff Glas ist nicht erst in römischer Zeit erfunden worden, sondern seine Entstehungszeit reicht weit in das 4. Jahrtausend v. Chr. zurück. Zunächst war man freilich noch nicht in der Lage, Glasgefäße herzustellen. Man kannte nur die Glasurtechnik, anfangs für Speckstein, später auch für Fayencen, die man mit Glasuren in vielen Farben überzog. In erster Linie sind es zwei Länder, aus denen glasierte Schmuckstücke, Perlen und kleine Gefäße bekannt sind: Ägypten und Mesopotamien. Dort ist die Kenntnis der Glasurtechnik sogar für das Ende des 5. Jahrtausends v. Chr. nachweisbar.

Neben Perlen aus massivem Glas treten im 16. Jh. v. Chr. auch die ersten Hohlgläser auf, und zwar in Form der sog. Sandkerngefäße. Diese wurden etwa folgendermaßen hergestellt: um einen Stab wurde zunächst ein Kern aus Sand und Lehm geformt, zumeist mit Holzkohlestückchen und anderen organischen Stoffen vermischt, der schon die Gestalt des späteren Gefäßes erhielt. Nachdem man den Kern dann hart gebrannt hatte, wurde er mit einer dicken Glasmasse überzogen, die wohl aus einzelnen Wülsten zusammengesetzt war. Auf diese Weise konnte man andersfarbige Fäden und Bänder in die Glasmasse einbetten und mit Hilfe von Modelliergeräten zu Zickzackbändern oder Girlanden ausziehen. Aus dem so hergestellten, erkalteten und hart gewordenen Gefäßkörper wurde der Sandkern herausgekratzt, ehe man Hals, Mündung und Henkelchen ansetzte und manchmal auch eine kleine Standfläche formte. Die Sandkerntechnik hielt sich über viele Jahrhunderte und erreichte ihren Höhepunkt im 5. und 4. Jh. v. Chr.

Etwas später ging man, angeregt von der Farbigkeit der Sandkerngefäße, dazu über, farbige Bänder aneinanderzusetzen und z. T. mit einer farblosen Glasschicht zu überziehen. Auf diese Weise wurde das sog. Bandglas geschaffen. Man ging sogar so weit, fein ausgewalztes Blattgold in farblose Bänder einzubetten und hieraus sog. Goldbandglas herzustellen. Gerade der Wechsel zwischen dunkelblauen, opakweißen, tiefgrünen und mit Blattgold eingelegten Bändern verleiht den Goldbandgläsern eine Wirkung, die stark an Edelsteingefäße erinnert. Dementsprechend wird z. B. gelbes, braunes oder auch blaues Glas, in das nur opakweiße Bänder eingebettet sind, als Achatglas bezeichnet. Eine besondere Art stellt das sog. Reticellaglas, wörtlich übersetzt „Netzglas", dar, bei dem anstelle des Blattgoldes ein farbiger, meistens goldener Faden in das farblose Band eingelegt ist. Eine weitere Gattung bildet das Mosaikglas, bei dem farbige Glasbröckchen verwendet worden sind. Schließlich sei noch das Millefioriglas erwähnt, das auch im Rheinland vorkommt. „Millefiori" bedeutet wörtlich übersetzt „Tausendblütenmuster", und tatsächlich sehen die Schälchen und

Tassen so aus, als ob sie aus vielen Blümchen zusammengesetzt seien. Die Herstellungstechnik muß man sich wohl so vorstellen, daß Glasstäbe, die etwa unseren Pfefferminzstangen zu vergleichen sind, quer geschnitten wurden. Die auf diese Weise entstandenen Scheibchen wurden durch erneutes Erwärmen seitlich aneinandergefügt und in Formen gepreßt.
Die eingangs behandelte Sandkerntechnik wurde erst aufgegeben, als die Glaspfeife erfunden war. Dieses Instrument ist ein Rohr aus Metall, mit dessen Hilfe man die geschmolzene, zähflüssige Glasmasse in jeder beliebigen Form ausblasen konnte. Die Glaspfeife muß etwa in den letzten Jahrzehnten vor Chr. Geb. an der syrisch-palästinensischen Küste aufgekommen sein. Nun war es möglich, Gläser nicht mehr nach dem primitiven, aber komplizierten Sandkernverfahren, sondern in jeder gewünschten Menge herzustellen. Dies konnte auf zwei verschiedene Arten geschehen. Entweder man blies die Gläser in eine vorgefertigte Form oder man konnte sie durch Blasen in der Luft frei nach eigenem Willen gestalten.

### *Erzeugnisse der Kölner Glasmanufakturen*

Es ist bekannt, daß das Römisch-Germanische Museum eine der größten Sammlungen antiker Gläser besitzt. Da es sich zumeist um Kölner Bodenfunde handelt, ist anzunehmen, daß römische Gläser in der Rheinmetropole nicht nur zahlreich gebraucht und gehandelt, sondern auch hergestellt wurden. Bis in die Zeit um Christi Geburt waren die Mittelmeerländer, vor allem Ägypten und Syrien, in der Glasproduktion beherrschend. Im Anschluß an die Ausweitung der römischen Macht begann man, auch in den neu eroberten Provinzen nördlich der Alpen Glasmanufakturen einzurichten. Derartige Pläne ließen sich aber nur verwirklichen, wenn die benötigten Rohstoffe in ausreichender Menge vorhanden waren. Für die Herstellung von Glas brauchte man in erster Linie einen möglichst reinen Quarzsand, und für die Feuerung große Mengen Holz. In der Nähe von Köln gab es beides: im Westen der

Abb. 1 Zwei kleine Kopfgefäße aus Köln. Beide sind aus derselben Form geblasen. Vom linken Gefäß ist hier die Vorderseite, vom rechten die Rückseite wiedergegeben. Röm.-Germ.Mus. Köln. H. des linken Gefäßes 8 cm.

Stadt, bei Frechen, Buschbell und Großkönigsdorf, steht ein feiner, tertiärer Sand an, der sich aus nahezu reiner Kieselsäure zusammensetzt, und die weiten Wälder der Provinz Niedergermanien garantierten die Holzversorgung.

Die Ausgrabungen mit stratigraphischen Beobachtungen am Eigelstein (s. Bd. 38) haben uns gelehrt, daß Glas in Köln schon in der ersten Hälfte des 1. Jhs. n. Chr. fabriziert wurde. Es sind dies nachweislich Gläser aus naturfarbenem, blaugrünem Glas, wie z. B.

Rippenschalen, Henkelkännchen, Parfümfläschchen und weitmündige Urnen. Daneben kommt aber auch schon, wenn auch in kleinen Bruchstücken, entfärbtes Glas vor.
Außer diesen unmittelbaren Zeugnissen für das Vorhandensein von Glasschmelzen in Köln gibt es eine ganze Reihe von Werken der römischen Kleinkunst, die sehr wahrscheinlich in Köln hergestellt worden sind. Zu diesen Stücken gehören zwei kleine Kopfgefäße, die auf der einen Seite einen bärtigen Mann, auf der anderen Seite ein jugendliches Gesicht zeigen (Abb. 1). Es handelt sich um Parfümfläschchen des 1./2. Jhs. n. Chr. Beide Gefäße stammen aus der gleichen Form; bei dem einen Stück kann man erkennen, daß die Form schon etwas abgenutzt ist. Da beide Gläser in Köln gefunden wurden, ist anzunehmen, daß sie hier auch angefertigt worden sind. Ein anderes Beispiel, ein kegelförmiges Balsamarium mit lang ausgezogenem Hals, hat als Bodenmarke eine stehende Figur, die von den Buchstaben CCA umgeben ist. Möglicherweise läßt sich darin der Kölner Stadtname erkennen. Diese Hypothese ist um so wahrscheinlicher, als es auf einem anderen Glasgefäß einen ähnlichen Hinweis gibt: ein Henkelkrug aus blaugrünem Glas mit quadratischem Grundriß im Rheinischen Landesmuseum Bonn trägt auf dem Boden eine vierblättrige Rosette; in den Ecken erscheinen die reliefierten Buchstaben CCAA.
Das bekannteste Glas, von dem man annehmen darf, daß es in Köln erzeugt worden ist, stellt das Schlangenfadenglas dar. Es wurde im 3. und 4. Jh. hergestellt und ist dadurch gekennzeichnet, daß auf das entfärbte Glas ein Faden aus farbigem oder auch farblosem Glas in Schlangenwindungen aufgetragen wurde. Zwei Pokale aus smaragdgrünem Glas (Abb. 2) zählen zu den schönsten Ausstellungsstücken des Römisch-Germanischen Museums. Das Besondere an ihnen sind neben dem Schlangenfaden aus opakweißem Glas die Ornamente in Swastikaform mit eingerollten Enden. Beide Pokale stammen aus einem Grab an der Weyerstraße, und vielleicht lag ihr Herstellungsort nicht weit davon entfernt.
Erst in den letzten Jahrzehnten ist der Nachweis gelungen, daß die

Abb. 2 Glaspokale aus einem Kölner Grab bei der Weyerstraße. Röm.-Germ. Mus. Köln. H. 12 bzw. 12,5 cm.

Schlangenfadengläser tatsächlich in Köln entstanden sind. 1959 wurde nämlich am Kartäuserhof in einem Körpergrab ein Pokal aus farblosem Glas gefunden, dessen Henkel einmal aus zwei drahtartig zusammengedrehten Fäden, zum anderen Mal aus vertikal aneinandergereihten Muscheln bestehen (Abb. 3, rechts). Es ist bekannt, daß derartige Muscheln sonst in Verbindung mit Schlangenfadendekorationen vorkommen. Die darauf gegründete Ver-

Abb. 3 Muschelpokale aus Köln. Röm.-Germ.Mus. Köln. H. 20,8 cm.

mutung, daß der Muschelpokal in einer Kölner Schlangenfaden-werkstatt entstanden ist, bestätigte dann ein Muschelpokal dersel-ben Form, der 1967 in einem Grab an der Luxemburger Straße entdeckt wurde. Dieses Stück weist nicht nur die gleiche Größe auf, sondern auch der Durchmesser des Randes und die Form der

Abb. 4  Diatretglas aus Köln, Benesisstraße. Staatl. Antikenslg. München. H. 12 cm.

Abb. 5  Diatretglas aus Köln-Braunsfeld. Röm.-Germ.Mus. Köln. H. 12 cm.

Henkel stimmen vollkommen überein. Die Oberfläche des Gefäßkörpers ist außerdem mit Schlangenfäden in den Farben opakweiß, gelb und blau verziert (Abb. 3, links). Die Muscheln der Henkel sind mit derselben Zange geformt worden wie jene bei dem Stück vom Kartäuserhof. Damit dürfte der Nachweis erbracht sein, daß beide Muschelpokale der gleichen Werkstatt entstammen. Demnach kommt als Herstellungszentrum nur Köln in Frage. Wo diese Werkstatt jedoch gearbeitet hat, ist bisher nicht festzustellen.

Noch für eine weitere Gruppe von Gläsern kann man Köln als Herstellungsort in Anspruch nehmen. Es ist dies ein Teil der sog. Diatretgläser. Das Wort stammt aus dem Griechischen und bedeutet so viel wie durchbrochen, durchbohrt oder – auf Gefäße und Edelsteine angewendet – in Durchbruchstechnik gearbeitet. Die Diatretgläser sind keineswegs einheitlich gehalten, sondern man kann sie in Untergruppen teilen, etwa in Netz- und Figurendiatrete. In Köln wurden allerdings nur Netzdiatrete gefunden. Bereits 1844 sind zwei Diatretgläser aus Sarkophagen in der Benesisstraße in Köln geborgen worden. Während das eine von ihnen sich noch heute in den Staatlichen Antikensammlungen München befindet (Abb. 4), ist das andere gegen Ende des Krieges in Berlin vernichtet worden. Bei beiden fehlt eine Kragenzone, Inschrift und Netzwerk sind dagegen vorhanden. Die Gläser wurden daher von O. Doppelfeld als der „Kleine Kölner Typus" bezeichnet. Demgegenüber wird der „Große Kölner Typus" durch das am 1. April 1960 in der Stolberger Straße in Köln-Braunsfeld gefundene Stück vertreten, das einen gelben Kragen aufweist (Abb. 5). In den Inschriften sind Trinksprüche festgehalten: „Trinke viele Jahre lang" oder „Trinke, damit Du immer gut lebst". Zeitlich sind diese Diatretgläser in die erste Hälfte des 4. Jhs. einzuordnen. Da die Netzdiatrete in Köln derartig zahlreich auftreten, ist anzunehmen, daß sie hier auch hergestellt worden sind. Zur Herstellung der Diatretgläser bedurfte es der kompliziertesten Technik, welche das römische Glashandwerk kannte: Am Anfang steht in der Regel ein glockenförmiger, rundbogiger Kelch mit massiver, 6–8 mm starker Wan-

Abb. 6 Glasschale vom Typ Wint-Hill aus Köln-Braunsfeld. Röm.-Germ.Mus. Köln. Dm. 27 cm.

dung. Aus diesem „Rohling", der gegossen oder, häufiger noch, geblasen sein konnte, wurden dann in mühsamer Arbeit mit einfachen Schleifrädchen Netzwerk und Buchstabenband herausgeschliffen, bis das Netzmuster und die einzelnen Buchstaben nur noch durch feine Stege mit dem jetzt wesentlich dünnwandigeren

Glaskörper verbunden waren. Diese Arbeit dürfte für jedes einzelne Stück mehrere Monate in Anspruch genommen haben. Nach der Verbreitungskarte von D. B. Harden ist Köln im 4. Jh. auch das Herstellungszentrum der geschliffenen Schalen vom Typ Wint Hill (Abb. 6). Es sind dies Erzeugnisse mit Circus- und Jagddarstellungen sowie mythologischen und christlichen Szenen.

*Literatur:*
F. Fremersdorf, Figürlich geschliffene Gläser. Eine Kölner Werkstatt des 3. Jahrhunderts (1951). – W. Haberey, Der Werkstoff Glas im Altertum. Glastechnische Berichte 30, 1957, 505 ff.; 31, 1958, 188 ff. – F. Fremersdorf, Römische Gläser mit Fadenauflage in Köln. Die Denkmäler des römischen Köln 5 (1959). – D. B. Harden. The Wint Hill Hunting Bowl and related Glasses. Journal of Glass Studies 2, 1960, 45 ff. – O. Doppelfeld, Das neue Kölner Diatretglas. Germania 38, 1960, 403 ff. – Ders., Das Diatretglas aus dem Gräberbezirk des römischen Gutshofes von Köln-Braunsfeld. Kölner Jahrb. 5, 1960/61, 7 ff. – Ders., Das Kölner Diatretglas und die anderen Netzdiatrete. Gymnasium 68, 1961, 410 ff. – P. La Baume, Römisches Kunstgewerbe (1964). – F. Fremersdorf, Die Anfänge der römischen Glashütten Kölns. Kölner Jahrb. 8, 1965/66, 24 ff. – O. Doppelfeld, Römisches und fränkisches Glas in Köln (1966). – Ders., Ein farbiger Muschelpokal aus Köln. In: Festschrift für G. von der Osten (1970) 17 ff. – P. La Baume, Römisches Kunsthandwerk in Köln. In: Renania Romana. Atti dei Convegni Lincei 23 (1976) 175 ff.

*P. La Baume*

## *Die Töpfereibezirke und ihre Erzeugnisse*

Schon in der ersten Hälfte des 1. Jhs. n. Chr. gab es in Köln mehrere Töpfereien:

1. Der erste Töpfereibezirk dieser frühen Zeit wurde 1928 in einem Areal aufgedeckt, das im Westen von der Richmodstraße, im Süden vom Neumarkt und im Osten von der Olivengasse begrenzt wird (Abb. 13, Nr. I; s. auch Bd. 38). In mehreren Gruben kamen zahlreiche Bildlampen bzw. Bruchstücke zutage, darunter viele Fehlbrände, die beweisen, daß diese Keramikart hier tatsächlich

hergestellt worden ist. Insgesamt konnten 21 Bildtypen ermittelt werden:

| | |
|---|---|
| I | Amor mit Dreizack und Delphin nach rechts. |
| II | Merkurkopf nach rechts. |
| III | Rasende Mänade mit Dolch und Hälfte eines Rehs nach links. |
| IV | Odysseus bei Polyphem. |
| V | Bekränzter Kopf nach rechts. |
| VI | Halbmondförmiger Henkelaufsatz. |
| VII | Zwei Gladiatoren; der linke in Angriffstellung, der rechte knieend. |
| VIII | Gladiatorengruppe (?). |
| IX | Besiegter Gladiator mit Dolch nach rechts; vor ihm Rechteckschild. |
| X | Gladiator, nach rechts ausfallend. |
| XI | Gladiatorengruppe (?). |
| XII | Laufender Gladiator (?) nach links, die Rechte erhoben. |
| XIII | Erotische Gruppe. |
| XIV | Ruderboot. |
| XV | Gazelle, von einem Löwen angefallen. |
| XVI | Springender Löwe nach links. |
| XVII | Muschel mit neun Rippen. |
| XVIII | Fiederrosette. |
| XIX | Einfache Rundschnauze der Lampe (Bild nicht erhalten). |
| XX | Einfache Rundschnauze mit Eierstabmuster auf der Schulter. |
| XXI | Einfache Rundschnauze mit Volutenknöpfen, Eierstabmuster auf der Schulter und seitlichen flachen Griffen. |

Außer diesen Bildlampen fand sich anderes Keramikmaterial, das die Datierung in spätaugusteische bis claudische Zeit bestätigt. Als wichtigste Stücke sind Scherben von arretinischer Terra-sigillata, Terra-nigra, belgischer Ware, handgemachten Halterner Kochtöpfen (vgl. Abb. 1*) und sogar von wenigstens zwei glasierten Gefäßen aus weißem Ton mit gelblich-grünlicher Glasur mit rotbraunen Fleckchen zu nennen. Eine derartige Glasur ist typisch für

*) Bei den hier abgebildeten Gefäßen handelt es sich vorwiegend nicht um Funde aus den genannten Töpfereibezirken, in denen meist nur Scherben angetroffen wurden, sondern der größeren Anschaulichkeit halber um vergleichbare, vollständige Exemplare von anderen Fundstellen in Köln.

Rhyta tiberischer Zeit. Aber es waren auch Bruchstücke von einem Töpferofen zutage gefördert worden, so daß kein Zweifel darüber bestehen kann, daß an dieser Stelle Bildlampen gefertigt worden sind. Interessant ist schließlich, daß schon in der Frühzeit in Köln der gleiche weiße Ton verarbeitet wurde, wie er für die ganze römische Epoche charakteristisch ist. Er steht im Westen der Stadt an und wurde demnach jahrhundertelang abgebaut; als Rohmaterial wurde er an der Richmodstraße ebenfalls gefunden.

2. Der zweite Töpfereibezirk frührömischer Zeit ist erst 1956 an der Lungengasse 19–29/Ecke Thieboldsgasse ausgegraben worden (Abb. 13, Nr. II; s. auch Bd. 39). Es handelt sich um zwölf Töpferöfen, in denen Flaschen, Henkelkrüge, Teller, ein Henkelnapf, eine Stielpfanne, Dreibeintöpfe, Siebgefäße, Schüsseln mit etwas eingezogenem und innen verdicktem Rand oder mit Horizontalrand, auf der Drehscheibe hergestellte Halterner Kochtöpfe mit eingezogenem und profiliertem Rand, Kochtöpfe mit etwas ausladendem Rand, Henkelgefäße, birnenförmige Becher, Halbkugelbecher, Gurtbecher (vgl. Abb. 2), bauchige und eiförmige Becher gebrannt worden sind.
Eine Besonderheit der Keramik aus der Lungengasse bilden Gefäße mit weißem Überzug und roter Bemalung, rottonige Gefäße mit roter Bemalung, weißtonige Gefäße mit roter Bemalung und Gefäße mit Barbotinerippen. Bemerkenswert ist hierbei die Tatsache, daß der weiße Überzug oftmals von einem Kerbbandmuster durchschlagen wurde, so daß der rote Untergrund zu sehen ist. Die Gefäße mit weißem Überzug tragen darüber hinaus eine Verzierung, die aus rechteckigen Feldern und vertikalen Strichbündeln besteht und deswegen an die griechische Metopen-Triglyphen-Einteilung erinnert (Abb. 3). Das Wesentliche dabei war offenbar der optisch reizvolle Wechsel zwischen Weiß und Rot. Wir haben somit eine Keramikart vor uns, die noch ganz in latènezeitlicher Tradition steht. Eine weitere Besonderheit stellt das Fragment eines Trinkhorns aus rötlichem Ton aus dem Arbeitsraum der Öfen

Abb. 1 Sog. Halterner Kochtopf aus Köln, Gereonsdriesch. Röm.-Germ.Mus. Köln. H. 18,5 cm.

Abb. 2 Gurtbecher aus Köln, Hohe Straße. Röm.-Germ.Mus. Köln. H. 20,4 cm.

Abb. 3 Rottonige Schüssel mit weißem Überzug aus Köln, Lungengasse. Röm.-Germ.Mus. Köln. H. 15 cm.

Abb. 4 Glattwandig-weißtoniges Siebgefäß aus Köln-Deutz. Röm.-Germ.Mus. Köln. Dm. 17,8 cm.

V und VI dar, dessen feine Dekoration in Form von langstieligen Weinblättern an ähnliche Ornamente auf der glasierten Ware der Frühzeit anklingt. Vielleicht dürfen wir in diesem Stück ein Halbfertigprodukt sehen. Das Material aus den Töpferöfen der Lungengasse setzt sich aus folgender Tonware zusammen: Terra-nigra, tongrundige glattwandige Ware, Keramik mit rotem und weißem Überzug, rauhwandige blaugraue Ware, wobei die Formen dieselben sind und nur das Material sich unterscheidet. So liegen z. B. Siebgefäße (vgl. Abb. 4) sowohl aus Terra-nigra als auch aus blaugrauem Ton vor, und das gleiche gilt für Kochtöpfe mit etwas ausladendem Rand.

3. Der dritte Töpfereibezirk fand sich 1958 gegenüber dem Wallraf-Richartz-Museum „An der Rechtschule" im Zuge der früheren Römergasse bei einem großen Erweiterungsbau des Westdeutschen Rundfunks (Abb. 13, Nr. III; s. auch Bd. 38). Abweichend von dem sonst üblichen Schema hatte dieser Töpferofen keinen runden, sondern einen birnenförmigen Grundriß. Folgende Keramikarten sind hier gebrannt worden: eiförmige Becher aus Terra-nigra mit Schrägrand und Kerbbandmuster, Gurtbecher, Flaschen aus Terra-nigra, mörserartige Humpen aus Terra-nigra mit eingeschwungener Wandung, Schüsseln aus Terra-nigra mit nach innen eingezogenem Rand, Terra-nigra-Teller (vgl. Abb. 5), weißtonige Honigtöpfe, rauhwandige Kochtöpfe aus blaugrauem Ton, Schüsseln aus blaugrauem Ton mit Horizontalrand, rauhwandige, blaugraue Knopfdeckel und Dolien.

Ob die drei genannten Töpfereibezirke, die an der Peripherie der späteren CCAA lagen, zum militärischen Territorium, also zum Legionslager, oder zur Zivilsiedlung, also zum Oppidum Ubiorum gehörten, ist ungewiß. Solange beide Bereiche nicht lokalisiert sind (s. S. 53 ff.) und sich vom Militär betriebene Töpferöfen nicht von solchen der Zivilbevölkerung unterscheiden lassen, muß diese Frage offen bleiben.

Abb. 5 Terra-nigra-Teller aus Köln, Gereonsdriesch. Röm.-Germ.Mus. Köln. Dm. 26,1 cm.

Abb. 6 Glattwandig-weißtoniger Räucherkelch aus Köln. Röm.-Germ.Mus. Köln. H. 8 cm.

4. Der vierte frührömische Töpfereibezirk am Waidmarkt/Ecke Blaubach, Severinstraße 249–255 und Georgstraße 20 (Abb. 13, Nr. IV–VI; s. auch Bd. 39) liegt am südlichen Rand außerhalb der CCAA. Hinweise für seine Lage im militärischen Bereich fehlen hier völlig. Er dürfte daher noch am ehesten dem Oppidum Ubiorum zugewiesen werden. Hier sind in erster Linie weißtonige Henkelkrüge gebrannt worden, dann aber auch Becher aus blaugrauem, rauhwandigem Ton, ferner Näpfe und Töpfe; ob auch Henkelkannen und Bildlampen getöpfert worden sind, ist nicht festzustellen.

*

Frühestens aus der zweiten Hälfte des 1. Jhs. n. Chr. stammen die im folgenden aufgeführten Töpfereien (Abb. 13). Die Tätigkeit der bedeutenderen Kölner Töpfereibetriebe ist bis in die mittlere Kaiserzeit hinein nachweisbar (2./3. Jh.).

1. Zwei Töpferöfen in Köln-Bayenthal, Cäsarstraße 80–82 (Abb. 13, Nr. 1). In Ofen 2 scheint in der Hauptsache Terra-nigra hergestellt worden zu sein; daneben fanden sich wenige rauhwandige Töpfe. Ofen 1 enthielt rauhwandige Töpfe mit Horizontalrand und eiförmige Nigratöpfe mit stark verwaschener Kerbbandzone. Wegen seiner Lage darf man folgern, daß dieser Töpfereibezirk für das Lager der römischen Rheinflotte auf der Alteburg gearbeitet hat.

2. Acht Töpferöfen auf dem Bahnhofsvorplatz (Abb. 13, Nr. 2). Im Ofen 1 standen noch ganz erhaltene Gefäße, teils mit der Öffnung nach oben und teils nach unten, die vielleicht noch vom letzten Brand im Ofen herrührten. Durch Fehlbrände ließ sich belegen, daß hier Firnisgefäße getöpfert worden sind, z. T. mit Körnchenbelag, oder Faltenbecher, z. T. mit Schuppenmuster, und viele Nigragefäße. Außerdem waren achterförmige Talglampen aus weißem Ton mit orangerotem Überzug und zahlreiche

Abb. 7 Glattwandig-weißtoniger Honigtopf aus Köln, Burgmauer/Komödienstraße. Röm.-Germ.Mus. Köln. H. 10,7 cm.

Abb. 8 Terra-nigra-Stachelbecher aus Köln, Gereonsdriesch. Röm.-Germ.Mus. Köln. H. 10,5 cm.

Abb. 9 Gesichtsurne aus Köln. Röm.-Germ. Mus. Köln. H. 11,5 cm.

Abb. 10 Firmalampe aus Köln. Auf der Unterseite stehen die Stadtbezeichnung (CCAA) und der Töpfername Priscus. Röm.-Germ.Mus. Köln. Dm. 10 cm.

Firmalampen zutage gekommen, Scherben von weißtonigen Zweihenkelkrügen und Räucherkelchen (vgl. Abb. 6), Deckel und Reibschalen, Bruchstücke von Gesichtsurnen, ein Honigtopf und Brocken von weißem Ton.
An der Einmündung der Johannisstraße in die Trankgasse (Abb. 13, Nr. 2) wurden beim U-Bahnbau zwei Töpferöfen der zweiten Hälfte des 1. bis Anfang des 2. Jhs. angeschnitten. Dabei kamen – teils fragmentarisch – bauchige Töpfe mit abgesetzter Schulter, kugelige Becher aus Terra-nigra mit Kerbbandmuster, Gefäße mit orangerotem Überzug z. T. mit Schuppendekor, tongrundige Einhenkelkrüge, zweihenklige Krüge, sog. Honigtöpfe (vgl. Abb. 7), ein Siebgefäß, Stachelbecher (vgl. Abb. 8), blaugraue Kochtöpfe, rauhwandige Becher, Schüsseln aus blaugrauem Ton mit Horizontalrand und Knopfdeckel zutage.

3. Ecke Aachener Straße 52/Brüsseler Straße (Abb. 13, Nr. 3) wurde ein Töpferofen des 2. Jhs. ausgegraben.

4. In den gleichen Horizont gehören Reste von neun Töpferöfen, die Marsilstein 1/Ecke Mauritiussteinweg (Abb. 13, Nr. 4) entdeckt wurden. Hier sind folgende Keramikarten zutage gefördert worden: ein- und zweihenklige Krüge aus weißlichem oder gelblichem Ton, Scherben von weißtonigen Honigbechern, Schuppenbechern, Bechern mit Barbotineauflagen, Gesichtsurnen (vgl. Abb. 9), von rauhwandigen Töpfen mit ausladendem Rand und umlaufenden Rillen auf der Schulter, Henkeltöpfen, Schüsseln mit Horizontalrand oder nach innen gebogenem und verdicktem Rand, Reibschüsseln, von Knopfdeckeln und Dolien.

5. Das Zentrum römischer Töpfereien lag nach der Erhebung der Stadt zur Kolonie ohne Zweifel am Rudolfplatz (Abb. 13, Nr. 5). Hier sind nicht nur zahlreiche Töpferöfen gefunden worden, sondern auch Abfallhalden und Gruben mit Scherben und unverarbeitetem Ton, schließlich Brennproben und Fehlbrände. Das kerami-

Abb. 11 und 12 Terrakotta-Statuette der Kybele aus Köln, Luxemburger Straße. Auf der Rückseite stehen der Töpfername Servandus und die Stadtbezeichnung (CCAA). Röm.-Germ.Mus. Köln. H. 17 cm.

sche Material besteht vor allem aus folgenden Typen: tongrundige Becher mit verschiedenem Rand, ferner mit Überzug, entweder glatt oder mit Griesbewurf und Kerbband, Schuppen, Blättern und Ranken, Jagdszenen, Gesichtsdarstellungen, außerdem Schälchen, Einhenkelkrüge, Doppelhenkelkrüge, Honigtöpfe, Räucherkelche, Firmalampen (vgl. Abb. 10) und Leuchter, Reliefs und ihre Model, Terrakotten, zu denen auch die Masken zählen. Eine Besonderheit stellt die dunkelgrün oder gelb glasierte Ware dar. An Töpfernamen sind uns folgende bekannt:

| | | |
|---|---|---|
| 1. Acceptus | 6. Ianetus | 11. Sattus (?) |
| 2. Alfius | 7. Lucius | 12. Servandus |
| 3. Arver (nicus?) | 8. Mar(cus) oder (tius) | 13. Vindex |
| 4. Capito | 9. Primianus | |
| 5. Fabricius | 10. Priscus | |

Alfius und Vindex gehören offenbar zu den ältesten Töpfernamen. Die Produktion wird am Ende des 1. Jhs. n. Chr. angelaufen sein. Sie erstreckt sich wenigstens bis ins dritte Viertel des 2. Jhs.; Servandus signierte mit Angabe der beiden Consuln des Jahres 164. Am 25. Februar 138 war Antoninus Pius von Hadrian adoptiert worden. Zur Erinnerung an die Begründung der antoninischen Dynastie wurden Spiele abgehalten und die Adoptionsfeiern zu einem Staatsakt erhoben. Offenbar aus Anlaß dieses Festaktes wurden die Terrakotten des Servandus mit dem genauen Datum herausgegeben. Eine andere Tagesangabe ist der 13. September desselben Jahres 164. Es ist der Gründungstag des Tempels für Jupiter Optimus Maximus. Ihm zu Ehren wurden die Ludi Romani, die ältesten römischen Spiele, veranstaltet. Auch hier wird es wohl so sein, daß die Terrakotten anläßlich des Festtages für den höchsten römischen Gott angefertigt wurden. Da wir aus dem gleichen Jahre 164 zwei große Weihedenkmäler kennen, darunter die Weihung an die Aufanischen Matronen vom Quaestor (Kämmerer) in Köln, scheint dieses Jahr für Köln eine besondere Rolle gespielt zu haben.

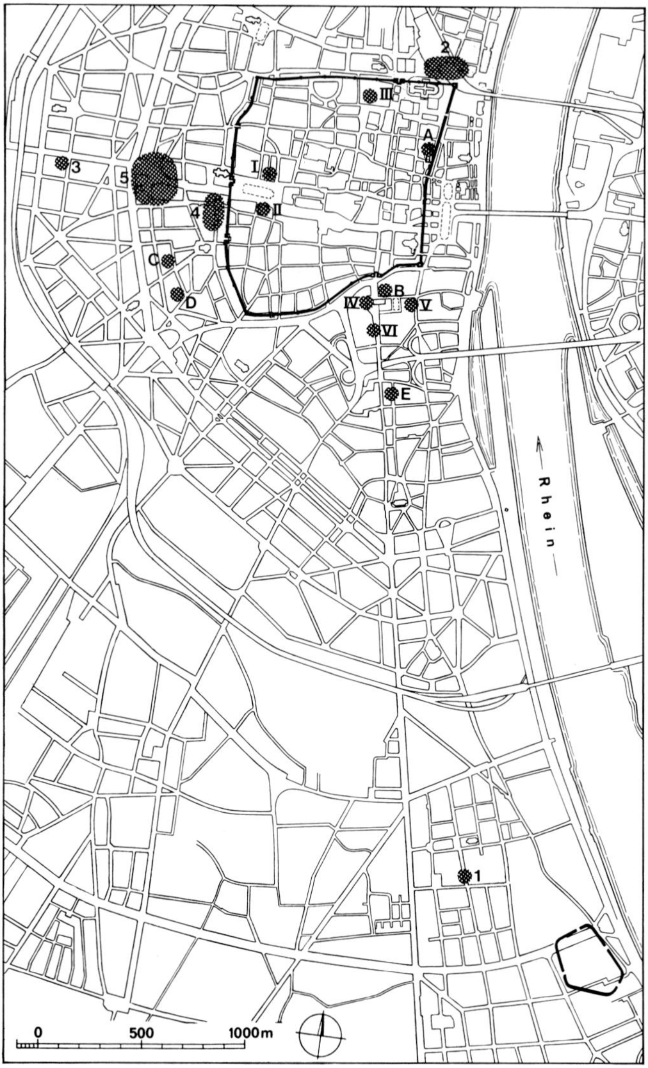


Abb. 13 Lageplan der römischen Töpfereien in Köln. – I–VI: Bedeutendere frührömische Töpfereibezirke (vgl. S. 89–95). – 1–5: Bedeutendere, seit der zweiten Hälfte des 1. Jhs. n. Chr. arbeitende Töpfereien (vgl. S. 95–101). – A–E: Im Text nicht behandelte Töpfereien. A: Wohl Zeit des Oppidum Ubiorum (FB [Fundbericht] 53.1); B: wohl frühes 1. Jh. n. Chr. (FB 63.23); C: frühes 4. Jh. (FB 56.14); D: 2. Jh. (FB 29.19); E: spätes 1./frühes 2. Jh. (FB 63.5).

Manche Töpfer signierten Terrakotten und Lampen nicht nur mit ihrem Namen, sondern sie fügten auch die Stadtbezeichnung Köln (CCAA) hinzu (Abb. 11-12). Darüber hinaus finden sich bei einigen Töpfern, nämlich bei Vindex, Alfius und Lucius, nähere Ortsangaben, z. B. „ad gantunas novas“, was soviel bedeuten könnte wie „Heiligtum der Gänsegottheiten“, vielleicht mit einem Markt verbunden, oder „beim neuen Gantunentempel“. Die Gantunen waren wohl lokale Schutzgöttinnen und gehörten möglicherweise zu den Matronen. Der Töpfer Servandus hat eine andere Lokalität angegeben: „ad forum hordiarium“, einen Markt für Gerstehandel. Von Arver(nicus) wissen wir, daß er am Rudolfplatz recht qualitätvolle Reliefkeramik hergestellt hat, z. B. Kasserollen mit kunstvoll verziertem Griff oder Teller mit horizontalem Rand und Reliefdekor.

*Literatur:*
J. Klinkenberg, Geschichte des römischen Kölns. Kunstdenkmäler der Stadt Köln 1, 2 (1906). – W. Reusch, Datierte Inschriften rheinischer Terrakotten. Germania 20, 1936, 112 ff. – F. Fremersdorf, Ein Werkstattfund von Bildlampen der frühesten Kaiserzeit aus Köln. Bonner Jahrb. 147, 1942, 237 ff. – Ders., Neue Beiträge zur Topographie des römischen Köln (1950). – H. Schmitz, Colonia Claudia Ara Agrippinensium (1956). – P. La Baume, Frührömische Töpferöfen aus der Lungengasse. Kölner Jahrb. 3, 1958, 26 ff. – Ders., Ein Töpferofen tiberischer Zeit „An der Rechtschule“ in Köln. Kölner Jahrb. 6, 1962/63, 12 ff. – F. Fremersdorf, Urkunden zur Kölner Stadtgeschichte aus römischer Zeit. Die Denkmäler des römischen Köln 2 (1963). – P. La Baume, Weitere frührömische Töpferöfen in Köln. Kölner Jahrb. 7, 1964, 7 ff. – W. Binsfeld, Zu den römischen Töpfereien am Rudolfplatz in Köln. Kölner Jahrb. 7, 1964, 19 ff. – Tätigkeitsbericht für das Jahr 1958. Fundbericht 58.16: Marsilstein 1/Mauritiussteinweg (Römische Töpferöfen u. a.). Kölner Jahrb. 10, 1969, 91 ff. – Ph. Filtzinger, Novaesium V. Die römische Keramik aus dem Militärbereich von Novaesium. Limesforschungen 11 (1972). – O. Doppelfeld, Kölner Wirtschaft von den Anfängen bis zur Karolingerzeit. In: Zwei Jahrtausende Kölner Wirtschaft 1 (1975) 15 ff. – P. La Baume, Römisches Kunsthandwerk in Köln. In: Renania Romana. Atti dei convegni dei Lincei 23 (1976) 175 ff.

*P. La Baume*

Eine für die Geschichte der Stadt Köln wichtige und politisch herausragende Epoche stellt ohne Zweifel die Zeit des Gallischen Sonderreiches in der Mitte des 3. Jhs. nach Christus dar. Nicht nur, daß die Colonia Claudia Ara Agrippinensium in diesen Jahren Kaiserresidenz in einem eigenständigen Westreich ist, sondern sie beherbergt auch eine Münzwerkstatt. Gerade diese Tatsache ist für die Forschung von entscheidender Bedeutung, denn damit erwächst ihr für diese Epoche, die ansonsten relativ arm an literarischen und archäologischen Zeugnissen ist, ein wichtiges Quellenmaterial. Die Münzen bieten dem Historiker die wesentlichen Anhaltspunkte für die chronologische Ordnung der Ereignisse im Zusammenhang mit dem Abfall des westlichen Reichsteiles, ebenso wie sie einen Einblick in die politische Entwicklung und Gedankenwelt dieser Zeit ermöglichen. Nicht zuletzt lassen sie sich für wirtschaftliche Fragen auswerten. Die Bearbeitung der numismatischen Quellen der gallischen Kaiser ist neben J. de Witte und P. H. Webb besonders G. Elmer zu verdanken, dessen bahnbrechende Arbeit „Die Münzprägung der gallischen Kaiser in Köln, Trier und Mailand“ (1941) die Grundlage jeglicher Beschäftigung mit der Münzprägung dieser Zeit darstellt.

*Postumus*

Man wußte durch Prägungen des Postumus, die in dessen 4. Consulat (266) datiert werden können, daß in Köln ein Münzamt tätig war, denn die Prägungen haben die Legende CCAA COS IIII (Elmer 585) oder COL CL AGRIP COS IIII (Elmer 584) (Abb. 1). Allerdings glaubte man aus diesen Angaben schließen zu können, daß das Münzamt erst zu diesem Zeitpunkt nach Köln gewechselt habe. Jedoch hat das Kölner Münzamt schon wesentlich früher mit den Prägungen begonnen, was den historischen Gegebenheiten gut entspricht:

In der Mitte des 3. Jhs. bedrohten alamannische und fränkische Einfälle den Westen des Römischen Reiches. Zur Verteidigung der Westgrenze kam Kaiser Gallienus in das Rheinland und nach Köln, wo er vermutlich sein Hauptquartier errichtete. Eine eradierte Inschrift im Mittelbogen des römischen Nordtores (s. S. 62) weist noch auf seine Anwesenheit hin. Mit ihm zog wohl auch eine Münzwerkstatt, die für einen geregelten Nachschub an Truppensold zu sorgen hatte und die dann ihre Tätigkeit in Köln aufnahm. Somit prägte das Kölner Münzamt in der ersten Phase für Gallienus und dessen Familie. Dies erklärt auch die zunächst überraschend anmutende Tatsache, daß die ersten Porträts des Postumus noch starke Ähnlichkeit mit Gallienus aufweisen: die Stempelschneider benötigten natürlich auch eine gewisse Umstellungszeit auf den neuen Kaiser und das neue Kaiserporträt. Gallienus mußte kurzfristig nach Pannonien zurückkehren, um den Aufstand des Usurpators Ingenuus niederzuschlagen. In Köln ließ er seinen Sohn Valerianus Saloninus zurück. Diese Situation nutzte dann der General Marcus Cassianius Postumus zur Usurpation, belagerte Köln und nahm die Stadt im Jahre 260 n. Chr. ein. Gegen diese Usurpation war Saloninus machtlos und selbst, als er – nach Ausweis der Münzen (Elmer 108–109; 113–114) – in der Endphase der Auseinandersetzung den Augustustitel annahm, um dem Usurpator mit der vollen Kaiserwürde entgegenzutreten, konnte ihn dies nicht davor bewahren, ermordet zu werden. Damit war für Postumus der Weg frei zu einer Herrschaft, die mehr als acht Jahre andauerte.
Unmittelbar nach der Übernahme der Herrschaft und der Ermordung des Saloninus begann das Kölner Münzamt für Postumus zu prägen. Um die Münzprägung im allgemeinen war es zu diesem Zeitpunkt nicht sehr gut bestellt, da Wirtschaftskrise und Inflation im Römischen Reich einen Höhepunkt erreicht hatten. Die Edelmetallprägung war unter Gallienus fast völlig zusammengebrochen. Um so erstaunlicher ist die finanzpolitische Leistung des Postumus, dem es nämlich gelang, das Geldwesen im Gallischen

1,1 1,2 2

3 4 5

6 7 8

Abb. 1–8: 1,1 Antoninian: IMP C POSTVMVS P F AVG / CCAA COS IIII (Elmer 585). – 1,2 Antoninian: IMP C POSTVMVS P F AVG / COL CL AGRIP COS IIII (Elmer 584). – 2 Aureus: POSTVMVS AVG / INDVLGENTIA POSTVMI AVG (Elmer 361). – 3 Aureus: POSTVMVS AVG / SALVS POSTVMI AVG (Elmer 404). – 4 Aureus: IMP C POSTVMVS P F AVG / AETERNITAS AVG (Elmer 143). – 5 Aureus des Septimius Severus: SEVER P AVG P M TRP X COS III / FELICITAS SAECVLI (RIC 181). – 6 Antoninian: IMP C POSTVMVS P F AVG / HERC DEVSONIENSI (Elmer 121). – 7 Antoninian: IMP C M CASS LAT POSTVMVS P F AVG / SALVS P PROVINCIARVM (Elmer 117). – 8 Sesterz: IMP C M CASS LAT POSTVMVS P F AVG / VIRTVS AVG (Elmer 285). – Die Münzen Abb. 1 und 4–8 befinden sich im Röm.-Germ.Mus. Köln. – M = ca. 3:2.

Sonderreich auf eine feste Basis zu stellen. Grundlage dieser neuen Stabilität war eine Goldprägung, die die Prägung im übrigen Reich sowohl an Gewicht als auch an Qualität bei weitem übertraf. Es war besonders die Gestaltung der Münzvorderseiten, die durch ihre hohe stilistische Qualität vermuten läßt, daß in der Kölner Werkstatt Künstler gearbeitet haben, die zu den besten Stempelschneidern des 3. Jhs. gehörten. Die künstlerische Ausführung der Porträts auf den Goldmünzen hat der römischen Münzglyptik eine reizvolle Variante beschert, in der O. Doppelfeld Anklänge an die Werke griechischer Meister der Blütezeit des 5. Jhs. v. Chr. wiederzufinden meint: Neben den sonst üblichen Kaiserporträts mit Strahlenkrone erscheint nämlich nun das Porträt auch ganz- oder halbfrontal, barhäuptig oder mit Strahlenkrone (Abb. 2 u. 3).
Damit erreichte die Darstellung frontaler Porträts auf römischen Münzen ihren künstlerischen Höhepunkt. Diese Frontalität zeigt sich seit Augustus auf den kaiserzeitlichen Münzen immer wieder, besonders auch unter Septimius Severus. So bedeutend also die Leistung der Kölner Werkstatt auch gewesen sein mag, so muß aber auch klar gesehen werden, daß dahinter ein Prozeß steht, der sich durch die Prägungen der vorangegangenen Epochen hindurchzieht und die Münzbilder des Postumus lediglich vorgegebene Beispiele aufgreifen.
Dies gilt besonders eindrucksvoll für einen Aureus aus dem Jahre 260, der nicht nur im Stil der Rückseite, sondern auch in seiner Aussage auf ein severisches Vorbild zurückgeht. Auf der Rückseite ist das dreifache Porträt des Sonnengottes Sol zu sehen, mit der Legende AETERNITAS AVG(usti) (Elmer 143) – die Ewigkeit des Kaisers, (Abb. 4). Der Gedanke „der Aeternitas als der kosmischen Dauer von Reich und Kaiser“ taucht erstmals unter den Flaviern auf und wird dann bei Septimius Severus zum Ausdruck der Hoffnung auf die Ewigkeit der Herrschaft – AETERNIT(as) IMPERI(i) (RIC 155), einer Hoffnung, die sich auf die Nachfolger des Septimius Severus, seine beiden Söhne Caracalla und Geta gründet. Damit begegnet uns der dynastische Gedanke des römi-

schen Kaisertums in seiner reinsten Ausprägung: die beiden Söhne sichern die Dynastie und garantieren damit gleichzeitig die FELICITAS SAECVLI (RIC 181) – das Glück des Zeitalters, wie dies auf einem Aureus des Septimius Severus verkündet wird: das Rückseitenbild zeigt die Gattin des Kaisers, Julia Domna en face und die Büsten der beiden Söhne rechts und links von ihr (Abb. 5). Ein Vergleich mit der AETERNITAS – AVG(usti) – Prägung des Postumus läßt die Vermutung zu, daß der severische Aureus dem Kölner Stempelschneider als Bildvorlage gedient hat, nur daß anstelle der Familienangehörigen der Sonnengott Sol in dreifacher Gestalt erscheint. Vermutungen, daß es sich bei den Sol-Büsten des Postumus ebenfalls um Bilder der Gattin und zweier Söhne handele – die ebenfalls vorhandene inhaltliche Übereinstimmung läßt durchaus zunächst daran denken – halten wir jedoch für wenig wahrscheinlich. Die Familienverhältnisse des Postumus sind überdies sehr unklar und die Quellen liefern uns keinerlei Anhaltspunkte für einen zweiten Sohn.
Jedoch erscheint Sol, neben einer ganzen Reihe anderer Götter, noch öfter als Garant der CLARITAS AVG(usti) (Elmer 457) – und macht so eindringlich deutlich, wie eng gerade das Gallische Sonderkaisertum mit den Vorstellungen der Götterwelt verknüpft ist. Die Zustimmung der Götter ist ja in der römischen Gedankenwelt eine der wichtigsten Voraussetzungen für eine glückliche und erfolgreiche Regierungszeit. Eine durch Gewalt errungene Herrschaft, der eine staatsrechtliche Legitimation völlig fehlt, mußte daher in vornehmlichem Maße bestrebt sein, sich die Zustimmung und Unterstützung der Götter zu sichern.
Aus der großen Zahl der römischen Gottheiten erwählte sich der Kaiser in der Regel einen als besonderen Schutzgott, und dies war für Postumus, nach Ausweis der Kölner Münzen, eindeutig Hercules – der Gott also, der in der Antike das Idealbild des Herrschers entscheidend mitgeprägt hat. Ihm hat der Usurpator von Anfang an seine Herrschaft anvertraut, und eine der frühen Prägungen zeigt den Gott in der üblichen Darstellungsweise mit der Rechten

auf eine Keule gestützt, während die Linke einen Bogen hält; über dem Arm hängt ein Löwenfell. Auffallend ist jedoch die Legende, die nicht nur von Hercules, sondern von einem deusonischen Hercules – HERC(uli) DEVSONIENSI (Elmer 118a) – spricht, d. h. der römische Gott nimmt hier die Züge einer lokalen keltischen Gottheit an (Abb. 6). Offensichtlich hat es für den Kult dieses Hercules Deusoniensis in Köln einen eigenen Tempel gegeben, denn auf einem späteren Antoninian steht Hercules in einem Giebeltempel mit vier Säulen auf der Frontseite; jedoch läßt sich ein solcher Tempel bisher archäologisch nicht nachweisen. Außer auf den Münzen aus Köln ist der deusonische Hercules bisher nicht weiter belegt, anders dagegen etwa HERCVLI MAGVSANO (Elmer 287), der auch auf Inschriften mehrfach erwähnt ist.
Die Betonung der lokalen Kulte in der Anfangsphase der Regierung sowie die gleichzeitige Prägung von Münzen mit dem Bilde des gekrönten Rheingottes und der Legende SALVS PROVINCIARVM – Wohl der Provinzen (Elmer 117) – heben offensichtlich Grundzüge des politischen Programms des Postumus hervor (Abb. 7). Er betont damit nämlich anfangs eine bewußte Beschränkung seiner Regierung auf den westlichen Reichsteil. Der Usurpator versteht sich lediglich als Retter und Schützer der Provinzen – RESTITVTOR GALLIAR(um) (Elmer 202) – und denkt noch nicht daran, seinen Machtanspruch über die Grenzen des Teilreiches hinaus zu erweitern.
Diese Haltung schloß natürlich nicht aus, daß eine andauernde Auseinandersetzung, auch propagandistischer Art, mit Gallienus stattgefunden hat, wie besonders K. Kraft an Hand der sogenannten „Virtuskontroverse" beider Kaiser aufgezeigt hat. Bei Gallienus und Postumus erscheinen nämlich zum ersten Mal Münzdarstellungen der Kaiser mit Helm, verbunden mit der Legende VIRTVS AVG oder VIRTVS POSTVMI AVG (Elmer 285; Abb. 8). Die Gestalt der Virtus stand für die wichtigste Herrscherqualifikation. Es ist hier eindeutig ein „Münzkrieg" um diese Herrscherqualifikation festzustellen, der übrigens auch eine im Bezug

auf Gallienus negative literarische Entsprechung hatte. Anhand dieser läßt sich zeigen, daß der „Typus des feigen Gallienus bereits im Propagandakampf seiner eigenen Lebenszeit entstanden sein muß, und zwar als die negative Seite der in den Münzen positiv überlieferten Virtuskontroverse zwischen Gallienus und Postumus" (Kraft).

Obwohl es sich um eine Regierung gegen den legitimen Kaiser Gallienus in Rom handelte, brachte die Herrschaft des Postumus letzten Endes eine Phase der Konsolidierung sowohl der politischen als auch der wirtschaftlichen Verhältnisse im Gallischen Sonderreich mit sich. Diese positive Entwicklung war jedoch wesentlich auch dadurch begünstigt, daß Gallienus in der Frühzeit ganz an den Grenzen im Osten gebunden war und noch nicht daran denken konnte, gegen den Usurpator im Westen und Mörder des Kaisersohnes vorzugehen. Dies gelang ihm erst im Jahre 265, jedoch ohne greifbaren Erfolg, denn als er Postumus bereits eingeschlossen hatte und belagerte, wurde Gallienus, wie uns die Quellen berichten, durch eine Verwundung gezwungen, den Kampf abzubrechen.

Die Ereignisse dieses Krisenjahres spiegeln sich auch in den Münzen: eine außergewöhnliche Serie von Prägungen hat den Charakter einer „Festprägung". Dabei wird neben dem Wohl des Kaisers – SALVS POSTVMI AVG(usti) (Elmer 402–404) – der Schutzgott Hercules in auffallender Weise hervorgehoben (Abb. 3). Auf einem Medaillon (Elmer 424) ist z. B. auf der Rückseite ein Dankopfer des Postumus an seinen Schutzgott dargestellt: der Kaiser, mit der Toga bekleidet, die er über das Haupt gezogen hat, um damit seine priesterliche Würde anzuzeigen, steht rechts. In der rechten Hand hält er eine Opferschale, mit der er über einem Dreifuß das Opfer für den links stehenden Hercules darbringt. Der Gott ist in der üblichen Weise dargestellt. Links von Hercules führt ein Diener den Opferstier herbei (Abb. 9).

Die Umschrift bezeichnet den Hercules als Begleiter des Kaisers – HERCVLI COMITI AVG(usti) – und macht damit nochmals die enge Verbindung zwischen Kaiser und Schutzgottheit deutlich. Die auf anderen Prägungen wiedergegebene Verbindung von „Wohl des Kaisers“ – SALVS POSTVMI AVG(usti) – mit dem Heilgott Aesculap (Abb. 3) sowie das Dankopfer an Hercules lassen an ein Ereignis denken, das das Leben des Kaisers bedroht hatte, wohl die schwere Auseinandersetzung mit Gallienus. Nach der glücklichen Rettung opfert Postumus seinem Retter Hercules. Auf der Vorderseite dieser Prägung sind es die gestaffelten Porträts von Herrscher und Gott, die die Aufmerksamkeit des Betrachters auf sich ziehen und die die enge Verknüpfung zwischen Postumus und Hercules deutlich hervorheben, der Kaiser identifiziert sich mit seinem Schutzgott.

In einer ersten Serie von Prägungen mit den gestaffelten Porträts von Herrscher und Gott auf der Vorderseite findet sich eine jeweilige Entsprechung gestaffelter Porträts anderer Gottheiten auf der Rückseite, und zwar Gottheiten, die jeweils eine wesentliche Funktion des Herrschers ausdrücken:

a) Mars und Victoria sind die CONSERVATORES AVG(usti) (Elmer 437) – (Abb. 10).
b) Sol und Luna verkörpern die CLARITAS AVG(usti) (Elmer 457) – (Abb. 11).
c) Victoria und Felicitas verheißen die FELICITAS AVG(usti) (Elmer 452) – (Abb. 12).

Diese gestaffelten Porträts stellen ein weiteres Beispiel für die außergewöhnliche Kunstfertigkeit der Kölner Stempelschneider dar und werden in der Folge zum Kennzeichen einer Serie von Goldmünzen, die keine Entsprechung in der römischen Münzprägung kennt.

Die Motive der Rückseiten dieser Prägeserie bilden die Taten des Hercules:

HERCVLI ARCADIO (Elmer 467) kniet auf der Hirschkuh von Keryneia – HERCVLI ARGIVO (Elmer 473) im Kampf mit der Hydra von Lerna – HERCVLI AVG (Elmer 481) schießt die Stymphalischen Vögel ab – HERCVLI CRETENSI (Elmer 488)

hält den Kretischen Stier an den Hörnern – HERCVLI ERYMANTINO (Elmer 492) trägt den Erymanthischen Eber auf der Schulter – HERCVLI GADITANO (Elmer 497) kämpft gegen den Riesen Geryoneus – HERCVLI INMORTALI (Elmer 504) mit dem Höllenhund Cerberus – HERCVLI INVICTO (Elmer 511) raubt den Gürtel der Amazonenkönigin – HERCVLI LIBYCO (Elmer 517) erdrückt den Antheus – HERCVLI NEMAEO (Elmer 522) bezwingt mit bloßen Händen den Nemeischen Löwen – HERCVLI PISAEO (Elmer 530) reinigt mit der Spitzhacke den Augiasstall – HERCVLI ROM (Elmer 534) steht vor dem Hesperidenbaum – HERCVLI THRACIO (Elmer 541) bändigt das Pferd des Diomedes.
Mit dieser Motivwahl verliert der Gott gleichzeitig jeglichen Zug eines lokalen Kultes und bietet sich dem Betrachter als die bekannte klassische Gottheit an. Damit wird in deutlicher Form ein Wechsel in der Politik des Usurpators signalisiert, der nun nach der unmittelbaren Bedrohung seiner Herrschaft durch Gallienus seine ursprüngliche politische Beschränkung auf das Teilreich zumindest propagandistisch aufgibt. Aus der Lokalität wird Universalität: Der RESTITVTOR GALLIAR(um) wird zum REST(itutor) ORBIS (Elmer 592) und erhebt so ebenfalls Anspruch auf die alleinige Herrschaft im Römischen Reich. Postumus versteht sich als der Friedensbringer der Welt – PACATOR ORBIS (Elmer 595), und bezeichnenderweise erscheint nun wieder Sol, der ja schon zu Beginn der Kölner Prägungen als Garant der Herrschaft des Postumus dem Volk vorgestellt worden war (Abb. 13).
Die Antoninianprägung mit Sol (wie Abb. 13) wird allgemein als Beginn einer Festprägung im Jahr der Dezennalien 268 gewertet. Diese Prägung bricht jedoch plötzlich ab, so daß man mit Recht annehmen darf, daß der Tod des Postumus unmittelbar nach dem Beginn dieser Dezennalienfeier eingetreten sein muß. Die Quellen berichten dazu, daß er auf einem Feldzug gegen den Trierer Usurpator Laelianus die Stadt Mainz eingenommen habe. Als Postumus sich nach dieser Eroberung weigerte, die Stadt den Soldaten zur

9

10 11 12

13 14 15

Plünderung freizugeben, sei er von diesen ermordet worden. Mit seinem Tod begann gleichsam der Abstieg des Gallischen Sonderreiches. Charakteristisch dafür ist, daß mit dem politischen ein wirtschaftlicher Niedergang einhergeht. Dies läßt sich auch in der Münzprägung erkennen. Die für die Anfangsphase der Kölner Prägungen auffallende Qualität in Feingehalt und Stil – insbesondere der Goldmünzen – verschlechterte sich teilweise schon gegen Ende der Regierungszeit des Postumus, erreichte dann aber unter seinen Nachfolgern bis auf wenige Ausnahmen ein ähnlich niedriges Niveau wie die übrige Prägung im Römischen Reich.
Eine weitere, für die Kölner Münzstätte folgenschwere Entscheidung hatte Postumus bereits gegen Ende seiner Regierungszeit getroffen, indem er einen Teil der Kölner Münzwerkstatt nach Trier verlegte. Diese Maßnahme war notwendig geworden, da die Sicherheit an der von Franken zunehmend bedrohten Rheingrenze gefährdet schien. Unter den Nachfolgern des Postumus, Marius, Victorinus und Tetricus arbeiteten dann beide Prägestätten parallel, jedoch ist die Silberprägung aus Köln gegenüber der Trierer Prägung relativ schwach und typenarm ausgefallen.

### *Marius*

Unter Marius, der nur ganz kurze Zeit in Köln als Nachfolger des Postumus regiert hat, werden in der Kölner Münzstätte nur sehr

---

Abb. 9–15 9 Bronzemedaillon: IMP C M CAS LATI POSTVMVS P F AVG / HERCVLI COMITI AVG COS III (Elmer 424). – 10 Aureus: POSTVMVS PIVS FELIX AVG / CONSERVATORES AVG (Elmer 437). – 11 Aureus: POSTVMVS PIVS FELIX AVG / CLARITAS AVG (Elmer 457). – 12 Aureus: POSTVMVS PIVS FELIX AVG / FELICITAS AVG (Elmer 452). – 13 Antoninian: IMP C POSTVMVS P F AVG / PACATOR ORBIS (Elmer 599). – 14 Antoninian IMP C M AVR MARIVS P F AVG / CONCORDIA MILITVM (Elmer 632). – 15 Aureus: IMP CAES VICTORINVS P F AVG / PROVIDENTIA AVG (Elmer 692). – Die Münzen Abb. 9, 12, 13 und 14 befinden sich im Röm.-Germ. Mus. Köln. – M = ca. 3:2.

wenige Aurei und Antoniniane geprägt, wobei Marius die Rückseitentypen von Postumus weitgehend übernimmt. Als einziger der gallischen Kaiser läßt er allerdings auch eine Rückseite mit CONCORDIA MILITVM (Elmer 632) prägen, die mit dem Bild der verschränkten Hände die Eintracht zwischen Kaiser und Heer dokumentieren soll. Auf diese Weise legt der Kaiser ein beredtes Zeugnis dafür ab, wem er seine unerwartete Herrschaft verdankt, nämlich dem Heer (Abb. 14).

*Victorinus und Tetricus*

Nachfolger des Marius wird Victorinus, dessen Prägeprogramm in Köln wieder umfangreicher ist, zumal für ihn etwa drei Jahre lang geprägt wird. Bei seinen ersten Aurei und Antoninianen, die auf der Vorderseite noch die volle Titulatur des Kaisers, nämlich IMP C M PIAVVONIVS VICTORINVS P F AVG tragen, gleicht das Porträt noch deutlich dem des Marius, wodurch zugleich die zeitliche Abfolge der Prägungen und damit auch der Herrschaft gesichert ist.

Bei den Rückseitentypen führt Victorinus im wesentlichen die Typen des Postumus fort, ohne daß besonders erwähnenswerte Neuerungen auftauchen.

Allerdings findet sich auch bei Victorinus ein sehr schönes Beispiel für die Darstellung frontaler Porträts auf einem Aureus, der auf der Rückseite ein Gorgoneion zeigt (Elmer 692); das Vorbild ist ganz sicher bei Septimius Severus (RIC 285) zu finden. Die Entwicklung der Frontalbilddarstellung, die durch die ganze Kaiserzeit zu verfolgen ist, setzt sich also über Postumus hinaus mit weiteren gut gelungenen Beispielen fort (Abb. 15).

Die Antoninian-Prägung aus Köln ist im Gegensatz zur Trierer Prägung relativ schwach und typenarm ausgefallen. Es zeigt sich hier bereits eine deutliche Rangverlagerung zwischen den beiden Münzstätten, die noch gravierender unter Tetricus und seinem Sohn wird. Beide setzen ebenfalls die Prägungen des Postumus fort, ein neuer Impuls fehlt völlig. Bei Tetricus geben dann lediglich Prägungen mit PAX AETERNA (Elmer 816) und VIRTVS AVG(usti) (Elmer 820) erste Hinweise auf die kriegerischen Auseinandersetzungen der beiden Tetrici mit eingefallenen Germanenstämmen.

Die große Zahl vergrabener Münzschätze läßt diese Unruhen offenkundig werden. Bei den Münzfunden aus dieser Zeit fällt auch auf, daß in sehr großer Zahl sogenannte barbarisierte Prägungen auftauchen, die vermutlich aus gallischen Münzstätten stammen und deutlich das Ergebnis einer nun auch im Gallischen Sonderreich sichtbaren inflationären Entwicklung aufzeigen.

Für die Kölner Münzstätte ist der Höhepunkt ihrer Tätigkeit längst überschritten, was ja schon unter Victorinus deutlich wurde. Ihre ehemals vorherrschende Funktion wird nun von Trier übernommen, das wohl auch politisch den entscheidenden Vorrang gewonnen haben dürfte. Mit der Übergabe der Herrschaft an Aurelian im Jahre 274 endet die Epoche des Gallischen Sonderreiches und damit auch die Prägetätigkeit der Münzstätte Köln.

Sicherlich hatte die Stadt während dieser Epoche einen ihrer wirtschaftlichen und politischen Höhepunkte erreicht, wie es gerade die Münzprägung zeigt. Die Kölner Prägungen bewegen sich dabei zwar in den Bahnen traditioneller Themen der römischen Kaiserzeit, werden aber vielfach mit neuen Bildern und Legenden versehen, um so spezifische Eigenheiten, wie etwa lokale Kulte, deutlich werden zu lassen. Als Quelle bieten die Kölner Münzen dieser Zeit dem Historiker entscheidende Anhaltspunkte für die Erforschung der Stadtgeschichte, jedoch sollte man aus der Vielfalt der Prägungen und ihrem künstlerischen Reichtum keine übertriebenen Schlüsse auf den politischen Rang der Stadt im 3. Jh. ziehen, solange dies nicht durch andere Quellengattungen in ausreichemdem Maße gesichert erscheinen kann.

*Literatur:*

J. de Witte, Recherches sur les empereurs qui ont regné dans les Gaules au III siècle de l'ère chrétienne (1868). – A. Stein, Zur Chronologie der römischen Kaiser von Decius bis Diocletian. Archiv f. Papyrusforsch. 7, 1924, 30 ff. – A. Alföldi, Die Besiegung eines Gegenkaisers im Jahre 263. Zeitschr. f. Numismatik 40, 1930, 1 ff; jetzt in: Ders., Studien zur Geschichte der Weltkrise des 3. Jahrhunderts nach Christus (1967) 57 ff. – St. Bolin, Die Chronologie der gallischen Kaiser (1932; Bulletin de la société royale des lettres de Lund 1931–1932, V). – H. Mattingly u. E.A. Sydenham, The Roman Imperial Coinage, V, 2, hrsg. v. P.H. Webb (1933). Im Text zitiert „RIC". – R. Delbrueck, Die Münzbildnisse von Maximinus bis Carinus (1940). – G. Elmer, Die Münzprägung der gallischen Kaiser in Köln, Trier und Mailand. Bonner Jahrb. 146, 1941, 1 ff. Im Text zitiert „Elmer". – H. Koethe, Zur Geschichte Galliens im dritten Viertel des 3. Jahrhunderts. Ber. Röm.-Germ. Komm. 32, 1944, 199 ff. – O. Doppelfeld, Von Postumus zu Konstantin. Wallraf-Richartz-Jahrbuch 18, 1956, 7 ff. – K. Kraft, Der Helm des römischen Kaisers. Wissenschaftliche Abhandlungen des Deutschen Numismatikertages in Göttingen 1951 (1959) 47 ff. – J. Lafaurie, La chronologie des empereurs gaulois. Bulletin de la Société française de Numismatique 1963, 279 ff. – Ders., La chronologie des empereurs gaulois. Revue numismatique 1964, 91 ff. – H.-J. Willger, Studien zur Chronologie des Gallienus und Postumus. (Diss. Saarbrücken 1966). – H. Volkmann, Römische Kaiser in Köln. Gymnasium 74, 1967, 119 ff. – P. Bastien, Le monnayage de bronze de Postume (1967). – J.-P. Callu, La politique monétaire des empereurs romains de 238 à 311 (1969). – J.F. Drinkwater, Coin Hoards and the Chronology of the Gallic Emperors. Britannia 5, 1974, 293 ff. – J. Lafaurie, L'empire Gaulois. Apport de la numismatique. In: Aufstieg und Niedergang der römischen Welt II, 2 (1975) 853 ff. – G. Biegel, Die Münzstätte Köln in der Zeit des Gallischen Sonderreiches. In: Aufstieg und Niedergang der römischen Welt II, 4 (1975) 751 ff.

*G. Biegel*

## *Die Vorgebirgswasserleitung*

Schon vor der Gründung der CCAA gab es eine Frischwasserleitung, die aus den Quellen des Vorgebirges (Ville) gespeist wurde. Daneben flossen vier Bäche, nämlich der Hürther, Stotzheimer, Gleueler und Frechener Bach nach Köln, die wahrscheinlich ausgereicht haben, um die wasserverbrauchenden Gewerbebetriebe zu

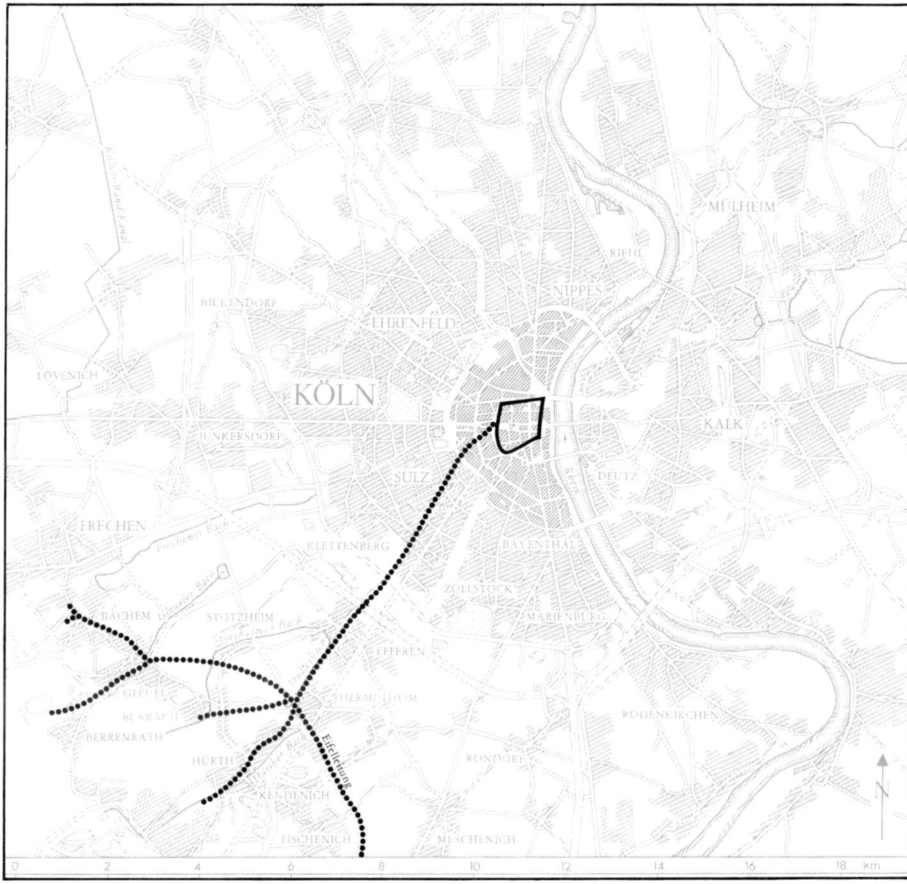


Abb. 1 Situationsplan der Vorgebirgswasserleitung (nach W. Haberey).

versorgen, die in der Frühzeit entlang den Bächen (Rothgerberbach, Blaubach, Mühlenbach) lagen. Gutes Trinkwasser für den täglichen Bedarf mußte man jedoch aus 10 km Entfernung vom nördlichen Vorgebirgsrand her beziehen. Dies geschah durch einen Kanal, der das Frischwasser aus mehreren Strängen erhielt.

Abb. 2 Querschnitt durch die unterirdisch verlegte ältere Leitung bei Hürth-Efferen. Die lichte Höhe beträgt 1,40 m (nach W. Haberey).

Eine dieser Leitungen kam aus dem Hürther Tal, ein anderer Strang war die Burbacher Leitung. Oberhalb der Aldenrather Burg lag das Quellgebiet der Gleueler Leitung, in die noch ein weiterer Zufluß von Frechen-Bachem her zugeleitet wurde (Abb. 1).

Alle drei Quellstränge des Vorgebirges vereinigten sich beim Burggelände von Hermülheim zu einer einzigen Hauptleitung, die in gerader Linie nach Köln führte. Der Kanal bestand aus einer im Querschnitt U-förmigen Rinne, die oben mit einem Tonnengewölbe abschloß. Das Gewölbe war über einem Lehrgerüst errichtet, während die Rinne innen mit Wandverputz aus Ziegelsplitt verkleidet und in den Kanten, also den Übergängen von der Sohle zum Aufgehenden, mit Viertelrundstäben versehen war (Abb. 2). Um die Wasserleitung reinigen zu können, hatte man in größeren Abständen Einstiegschächte geschaffen, die mit Platten verschlossen waren. Ehe jedoch das Frischwasser aus dem Vorgebirge in Köln ankam, konnte es noch ein letztes Mal geklärt werden. Zu diesem Zweck hatte man eine Entschlammungsanlage gebaut, die heute südlich der Berrenrather Straße im äußeren Grüngürtel besichtigt werden kann (s. Bd. 39).

Nachdem Köln im Jahr 50 n. Chr. rechtlich zur Stadt erklärt worden war, reichte allmählich die Hürther Wasserleitung aus dem Vorgebirge nicht mehr aus. Offenbar war durch das Aufblühen der Stadt infolge von Handel und der Gründung von Manufakturen die Einwohnerzahl stark angestiegen. Auch gab es nun sicherlich zweistöckige Häuser, so daß das Frischwasser so hoch wie möglich in der Stadt ankommen mußte. Man entschloß sich daher, das Wasser durch einen Aquädukt höher zu legen. Als Unterbau diente der Kanal der alten Leitung, dessen tonnenförmige Decke entfernt wurde. Die Pfeiler des Aquädukts wurden in die alte Kanalrinne hineingesetzt, so daß das Frischwasser dem Zug der alten Leitung folgte, nun aber auf wesentlich höherem Niveau als ursprünglich nach Köln floß. Daß diese neue Wasserleitung in direktem Zusammenhang mit der Eifelwasserleitung steht, ist zwar sehr wahrscheinlich, bisher jedoch nicht mit Sicherheit zu beweisen.

*Literatur:*

P. La Baume, Colonia Agrippinensis. Kurzer Rundgang durch das römische Köln (3. Aufl. 1964) 34 ff. – W. Haberey, Die römischen Wasserleitungen nach Köln. Führer Rhein. Landesmus. Bonn 37 (1971). – Ders., Die römische Eifelwasserleitung nach Köln. In: Führer z. vor- u. frühgeschichtl. Denkmälern 25 (1975) 69 ff.

*P. La Baume*

Als Hauptstadt der Germania Inferior und Zentralort an der Reichsgrenze war die CCAA in das römische Reichsstraßennetz fest eingebunden. Sternförmig führten die Straßen nach Norden, Süden und Westen und banden die Stadt in das Verkehrssystem der nordwestlichen Provinzen ein (Abb. 1).

Die älteste Verbindung, gründend auf einem hochwasserfreien vorgeschichtlichen Naturweg, führte von Süden nach Norden am Hochufer des Rheines entlang und kreuzte das Kölner Siedlungsplateau. Sie verband zugleich die frühen festen Militärlager von Obergermanien bis zur holländischen Nordseeküste. Ihrer Trasse entsprechen heute im Kölner Stadtgebiet die Neußer Straße im Norden und die Bonner Straße im Süden.

In die Frühphase römischer Erschließung gehören die Fernstraßen von Köln über Iuliacum (Jülich) – Aduatuca Tungrorum (Tongern) – Bagacum (Bavai) bis zur Kanalküste und in südwestlicher Richtung über Tolbiacum (Zülpich) nach Augusta Treverorum (Trier). Für das Kölner Umland nahmen diese Fernverbindungen den Hauptanteil des örtlichen Personen- und Güterverkehrs auf. Beide Straßen entsprechen heute im städtischen Nahbereich der Aachener und der Luxemburger Straße.

Um den Gesamtbereich der Civitas zu erschließen, bedurfte es der Anlage weiterer Straßen zweiter Ordnung. Die Dürener Straße, die die Stadt südwestlich der Straße nach Iuliacum verließ und sich vermutlich bis Maastricht fortsetzte, ist anhand archäologischer Zeugnisse ein gutes Beispiel dafür: ihre Trasse war schmaler und im Gegensatz zu den Kunststraßen der Hauptverbindungen stärker an das topographische Relief gebunden.

Neben den archäologisch gesicherten Straßen werden weitere angenommen, die von Köln nach Nordwesten in das Erftland führten. Das Lager der römischen Rheinflotte auf der Alteburg war durch mehrere, in ihrem genauen Verlauf unbekannte Kleinstraßen mit der Rheintalstraße nach Bonn und dem umgebenden, landwirt-

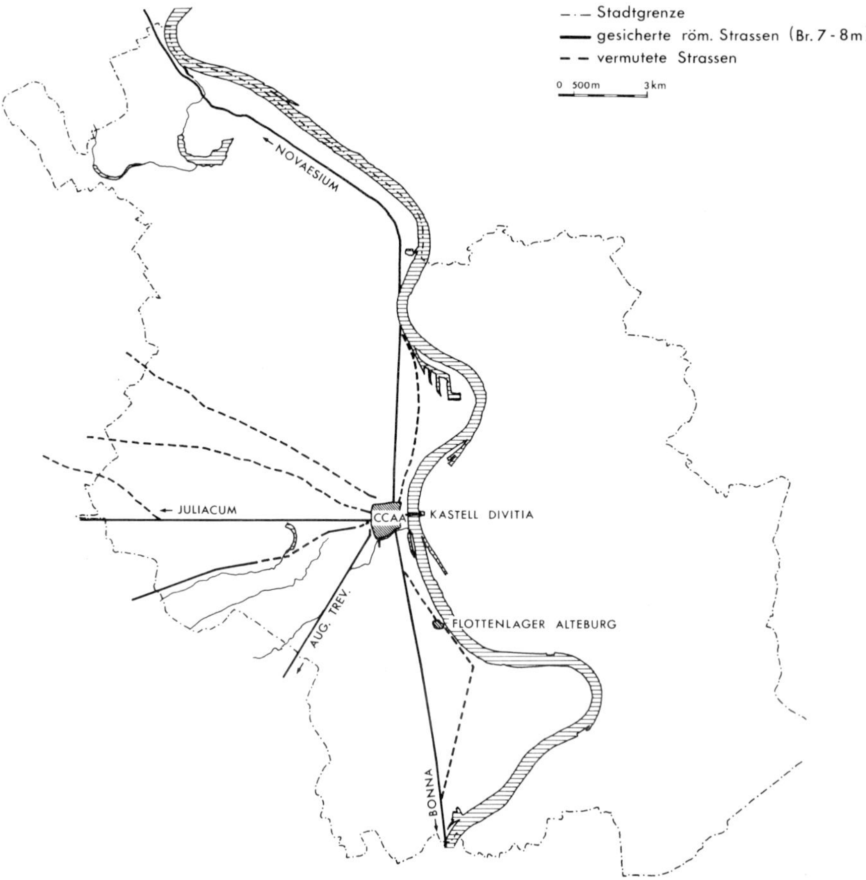


Abb. 1 Plan der römischen Straßen in der Umgebung von Köln.

schaftlich genutzten Gebiet verbunden. Im Norden Kölns erschloß vermutlich eine der Rheintalstraße östlich vorgelagerte Nebentrasse das Gelände des Niehler Rheinbogens. Auch vom römischen Tor an der Kaygasse führte eine Straße ins nahe Umland. Die ehemals sicher vorhandenen Querverbindungen sind freilich heute

nicht mehr nachzuweisen; ebenso haben sich auch die Spuren der zahlreichen Pfade und Wege, die von Landgütern und Weilern zu den übergeordneten Verkehrswegen führten, verloren.
Die alte Rheintalstraße wurde in der Zeit der Erhebung der Kolonie zu einer der beiden Hauptachsen der römischen Stadt, dem Cardo maximus. An ihren Endpunkten im städtischen Verkehrsnetz standen zwei Torburgen, im Mittelalter Porta Paphia–Pfaffentor und Porta Alta–Hohe Pforte genannt. Vor dem mit Brücken überspannten Stadtgraben wurde die Hauptstraße von den Portiken vorstädtischer Wohnhäuser und Gewerbebetriebe gesäumt (z. B. unter St. Georg/Ecke Waidmarkt). An den vier großen Ausfallstraßen – heute Neußer, Aachener, Luxemburger und Severin-/Bonner Straße – lagen außerhalb der vorstädtischen Bauzonen die Nekropolen der Stadt (s. S. 123); ebenso waren Grabanlagen der ländlichen Bevölkerung teilweise nach den Straßenrändern ausgerichtet, z. B. die Weidener Grabkammer (s. Bd. 39).

*Literatur:*

J. Hagen, Die Römerstraßen der Rheinprovinz (2. Aufl. 1931) 51 ff. u. passim.

*Elisabeth M. Spiegel*

## *Kölner Gräberfelder*

Die Anlage der weitläufigen Nekropolen der CCAA orientiert sich seit Gründung der Kolonie an den großen Ausfallstraßen (Abb. 1), nachdem offenbar in frührömischer Zeit die Belegung vornehmlich in einem geschlossenen Bezirk im Nordwesten (Gräberfeld Gereonsdriesch) ohne deutliche Bindung an eine überregionale Straße erfolgt ist. In Stadtnähe liegen die Gräber teilweise bis weit über 100 m tief gestaffelt seitlich der Straßen; oft ist die Belegung so dicht, daß sich Gräber aus verschiedener Zeit gegenseitig überschneiden. Vielfach lassen sich geschlossene Friedhofsareale, die über Generationen hinweg belegt wurden, erkennen.
Während die Begräbnisformen – Brand- und Körperbestattung – sich – im allgemeinen oder auch bei einzelnen Bevölkerungsgruppen

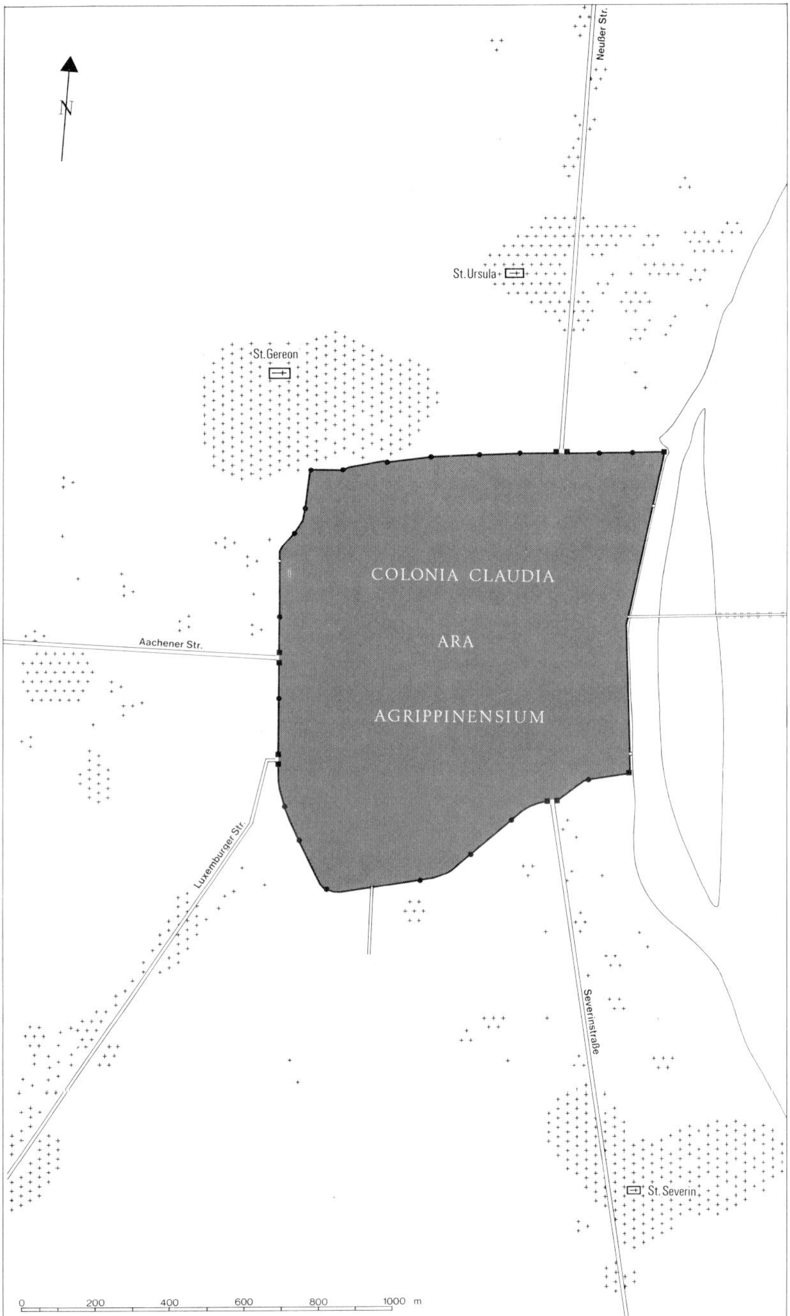


Abb. 1 Lageplan der Gräberfelder des römischen Köln (Entwurf: E. M. Spiegel).

– nach den gerade üblichen Bestattungssitten richten, hängt der Typ der Grabanlage von Geschmack und finanziellen Möglichkeiten des Auftraggebers ab. Innerhalb von Grabbezirken bzw. -gärten, aber auch als Einzelgrabstätten kommen Grabhäuser, Grüfte, Pfeilergrabmäler sowie Stelen und schließlich einfache Erdbestattungen vor. Je aufwendiger die Architektur, desto stärker erscheint die Bevorzugung von Grablegen unmittelbar an den Rändern der Straßen nach Bonn und Trier.

Im 2. Jh. scheinen Gewerbebezirke stadtnahe Randzonen der Nekropolen zu überlagern. Im 3. Jh. werden zahlreiche Grabbauten aufgegeben oder zerstört; das Steinmaterial findet zum Teil für die Pfeilerfundamente der konstantinischen Rheinbrücke weitere Verwendung. Nach der Aufgabe einer Reihe von Gewerbebezirken im 4. Jh. werden einzelne freigewordene Flächen unmittelbar vor den Mauern der Stadt wieder als Friedhofsbezirke genutzt.

*Literatur:*

Bearbeitungen von geschlossenen Gräberfeldern fehlen; der Kartenentwurf (Abb. 1) von E. M. Spiegel (1979) erfaßt die Flächenausdehnung der Nekropolen anhand der verstreuten Literatur und der Fundakten, vgl. die Karte Wachstumsphasen der Stadt 1:5000. In: Deutscher Städteatlas Lieferung II 6. Köln (1979).

J. Klinkenberg, Die Gräberfelder. Die Kunstdenkmäler der Stadt Köln 1, 2 (1906) 269 ff. – A. van Doorselaer, Repertorium der römerzeitlichen Gräber in Nord-Gallien 2 (1964) 67 ff.

*H. Hellenkemper*

## *Zur Grabplastik im römischen Köln*

Unter den so zahlreich in Köln gefundenen Steindenkmälern nimmt die Grabplastik den breitesten Raum ein. Hinter ihr treten die Weihesteine nach Zahl und Aufwand deutlich zurück, eine Feststellung, die auch für das übrige Niedergermanien und die angrenzenden Provinzen gilt. Das Bild ändert sich jedoch, wenn man das Material chronologisch differenziert. Während die Votivplastik im 1. und frühen 2. Jh. n. Chr. nur eine untergeordnete Rolle spielte, dominiert sie seit antoninischer Zeit gegenüber der

Sepulkralplastik, auch dies ein Befund, der sich an anderen Plätzen Nieder- und Obergermaniens wiederholt, aber noch nicht schlüssig erklärt ist. In der Kölner Grabplastik lassen sich mehrere, z. T. gleichzeitige Gattungen unterscheiden: Stelen, Altäre, Grabbauten, Freiplastiken sowie Reliefsarkophage. Sie sind ihrerseits wieder nach dem tektonischen Aufbau und dem Bildschmuck in eine Vielzahl von Typen zu untergliedern.

*Stelen*

Den Hauptteil der Überlieferung machen rechteckige mehr oder minder schmale Platten, also Stelen, aus. Da sich z. T. mehrere Platten, meist zwei, aus einem angelieferten Block sägen ließen (s. u. S. 147 f.), war ihre Herstellung besonders ökonomisch. Völlig schmucklose, nur mit der Inschrift versehene Stelen begegnen relativ selten und meist erst im 3. Jh. Auch die schlichten von uns als Schriftstelen bezeichneten Steine bleiben gegenüber den figürlich gestalteten in der Minderzahl. Folgende Stelentypen lassen sich unterscheiden:

1. Als *Schriftstelen* werden hier die Grabsteine bezeichnet, bei denen der Schwerpunkt der Gestaltung auf der Inschrift liegt (Abb. 1). Die oblongen Platten sind meist dreigeteilt: glatt gelassener Fuß, sieht man von vereinzelten Kränzen, Girlanden etc. ab (Abb. 1,4); Inschrift-Tabula, die durch ein Profil (Abb. 1,1.3.4), seltener durch ein Ornament gerahmt ist (Abb. 1,2); schließlich die Bekrönung. Diese besteht aus einem Giebel (Abb. 1,1.2), vereinzelt aus einem Bogen (Abb. 1,3), die aber zumeist nicht freistehend gearbeitet, sondern einem schmalen Feld eingeschrieben sind. Giebel- oder Bogenfeld sind mit einer Blattrosette, vereinzelt auch mit einem Gorgoneion gefüllt. Die Zwickel sind entweder – akrotermäßig – mit geflammten Palmetten und „Flatterbändern" geschmückt oder rein ornamental mit einer Blattrosette ausgefüllt (Abb. 1,1.2). Schriftstelen sind in Köln seit tiberischer Zeit überliefert und im ganzen 1. Jh. beliebt. Im Verlauf des 2. Jhs. wird die Ornamentik

Abb. 1 Typen römischer Grabstelen aus Köln (Nachweis am Schluß des Aufsatzes). M = 1:12,5.

der Stelen zunehmend kursorischer und unplastischer. Das klare Gliederungssystem löst sich allmählich auf und kommt ganz abhanden.
Von diesen Steinen zu unterscheiden ist ein weiterer Typus der Schriftstele: er schließt mit einem figürlichen, wappenartig angelegten Fries ab, der einen Tierkampf oder um einen Krater gruppierte Adlergreifen zeigt (Abb. 1,4). Er ist bislang nur in Köln bezeugt, während die anderen Typen auch im übrigen Niedergermanien sowie in der Germania Superior verbreitet sind.

2. Die Grabsteine mit einem weiteren in Köln sehr verbreiteten Motiv seien als *Protomenstelen* (Abb. 2, 1) bezeichnet. Die Darstellung des oder der Verstorbenen beschränkt sich auf Maske, Büste oder Halbfigur in frontaler Stellung. War der Stein für eine ganze Familie gesetzt, so wurden mehrere Protomen neben- und hintereinander gereiht, gelegentlich sogar auf zwei Bildzonen verteilt. Die Zivilisten und Veteranen sind in bürgerlicher Tracht in Tunika und Toga, die Frauen in Stola und Palla dargestellt. Die aktiven Soldaten erscheinen gleichfalls in ziviler Kleidung. Ein ‚Instrument' in der Hand verdeutlicht manchmal ihre Zugehörigkeit zum Militär, ihren Rang und ihre Aufgabe. Sie können auch in militärischer Montur dargestellt werden. Hierzu liegt aus Köln jedoch kein Beispiel vor.
Die Protomenstelen setzen – wie der Grabstein des M. Caelius aus dem Xantener Raum beweist – schon in augustischer Zeit ein. Das früheste Kölner Beispiel, der Bella-Stein (s. Abb. S. 57) ist freilich erst in tiberische Zeit zu datieren. Diese Typen laufen bereits in der zweiten Hälfte des 1. Jhs. aus. Als Herkunftsgebiet der Protomenform ist seit langem Oberitalien erwiesen.
Die anspruchsvolleren Gegenstücke zu den Protomenstelen sind Reliefs mit ganzfiguriger Darstellung des oder der Verstorbenen in frontaler ruhiger Haltung. Wie bei den Protomenstelen variieren je nach Familienstand und Status Anzahl und Ausstattung der Personen.

1 2 3 4

Abb. 2 Typen römischer Grabstelen aus Köln (Nachweis am Schluß des Aufsatzes). M = 1:20.

Abb. 3 Grabstele des C. Iulius Verecundus aus Köln. Kalkstein. Röm.-Germ. Mus. Köln. H 84 cm. C(aius) Iulius Adv[enti f(ilius)] / Verecundu[s Iulio] / Lardario et I[uliae] / f(iliae) Tattae uxor[i eius]. Gaius Iulius Verecundus, Sohn des Adventus, [hat den Stein] für Iulius Lardarius und dessen Ehefrau Iulia Tatta, Tochter des . . ., [gesetzt].

3. Stelen bürgerlichen Gepräges sind in Köln vereinzelt nachzuweisen, allerdings bislang nicht für Einzelpersonen, sondern nur für *Familien* (Abb. 3). Die erhaltenen Fragmente sind in claudische Zeit bzw. in das 2. Jh. zu datieren.

4. Ein beträchtlicher Teil der ober- und niedergermanischen Grabsteine zeigt als Motiv einen frontal stehenden, mehr oder

minder gerüsteten Infanteristen. Für Köln ist der Typus der *Infanteristenstele* bislang nur durch ein Bruchstück zu erschließen (Galsterer Nr. 267). Einer der Gründe für das Zurückstehen Kölns wird darin zu suchen sein, daß in der Blütezeit dieses Typs, unter Claudius und Nero, die Legionen bereits von Köln nach Neuss und Bonn verlegt worden waren. In engem typologischen Zusammenhang mit den Infanteristenstelen steht ein Grabstein, der dem Freigelassenen eines Kohortenpräfekten gesetzt worden ist (Abb. 2,2).

5. Auch ein weiteres militärisches Motiv, der bewaffnete galoppierende Kavallerist im Angriff ist in Köln kaum bezeugt (Abb. 2,3). Hauptverbreitungsgebiet dieser *Reiterstelen* sind die Kastellorte des Rheinlimes zwischen Worms und Bonn. Die beiden Kölner Stelen gehören zum einfachsten und frühesten Typus, der sich auf den Reiter beschränkt, und zum aufwendigsten und spätesten Typus, bei dem der Reiter von seinem Burschen begleitet wird und über einen besiegten Barbaren hinweggaloppiert. Die zwei anderen Typen – Reiter und Bursche, Reiter und Barbar – sind in Köln nicht überliefert. Die Kölner Steine sind jeweils späte Vertreter ihres Typus und datieren in die neronische bzw. in die flavische Zeit (also in die zweite Hälfte des 1. Jhs.).

6. Das weitaus beliebteste Motiv der rheinischen Grabstelen war das sogenannte Totenmahl, wobei in Köln die größte Fundkonzentration zu beobachten ist (Abb. 2,4). Der Tote, bekleidet mit Tunika und Toga, lagert stets nach rechts (vom Betrachter aus) auf der Kline. Geht man von der Haltung der Arme aus, so lassen sich drei Typen dieser *Totenmahlstelen* unterscheiden:

a) der Gelagerte hat seinen rechten Unterarm vor dem Oberkörper angewinkelt und hält einen Trinkbecher;
b) er hält den Becher auf dem linken Handteller;
c) die Rechte ist abgestreckt; sie kann einen Gegenstand halten, z. B. einen Becher; die Linke ist gesenkt.

Abb. 4 Grabstele des C. Iulius Maternus aus Köln. Kalkstein. Röm.-Germ.Mus. Köln. H. 91 cm. D(is) M(anibus) C(aius) Iul(ius) Maternus / vet (eranus) ex leg(ione) I M(inervia) vi(v)us sibi / e͡t Marie Marcellinae / coiiugi dulcissime / [et] castissim͡e obitae f(ecit). Den Manen. Gaius Iulius Maternus, Veteran der I. Legion Minervia hat [diesen Stein] zu Lebzeiten für sich und für Maria Marcellina, seine verstorbene zärtliche und züchtige Gattin gesetzt.

Vor dem Bett ist stets ein dreibeiniger Tisch aufgestellt, der mit zwei Bechern sowie häufig mit einem Fruchtschälchen gedeckt ist. Ein (zuweilen zwei) kleiner proportionierter Sklave steht als Mundschenk bereit. Wenn das Grabmal für eine Frau, etwa die Gattin oder Schwester, miterrichtet war, ist diese am Fußende thronend dargestellt (Abb. 4). Gilt die Stele einem im aktiven Dienst gestorbenen Kavalleristen, so ist in der unteren Bildzone sein Bursche mit dem aufgezäumten Pferd wiedergegeben (Abb. 2, 4). Von wenigen Ausnahmen abgesehen (keine in Köln) ist das Totenmahlmotiv nur für Soldaten und Veteranen verwendet worden.

Die Totenmahlstelen setzen im Rheinland erst in der Epoche der Flavier ein und wandeln sich im Laufe des 2. Jhs. ins Genremäßige (Abb. 4). Sie finden – gerade auch in der Kombination mit der ‚Pferdevorführung' – ihre engsten Entsprechungen im nordgriechisch-thrakischen Raum. Von dort werden sie durch thrakische Auxiliarsoldaten den Werkstätten der Rheinzone und zwar zuerst wohl denen in Mainz vermittelt worden sein. Dieselbe Herkunft ist für die Infanteristen- und Reiterstelen zu vermuten, die freilich schon in augustisch-tiberischer Zeit einsetzen.

Eine Weiterentwicklung stellen die sogenannten *Familienmahlreliefs* dar. Auf ihnen sind meist mehrere, in einheimische Tracht gekleidete, locker bewegte Personen um einen Tisch gruppiert, auf dem jetzt nur Speisen serviert sind. Aus dem Kölner Raum ist bislang erst ein Beispiel bekannt, das aber wohl zu einem ‚Grabpfeiler' gehörte. Ihre volle Entfaltung erfuhren die Familienmahlreliefs in der Gallia Belgica.

Von diesen Stelentypen, deren Anfänge sämtlich im 1. Jh. n. Chr. liegen, ist ein kleinerer Komplex von Kölner Grabsteinen zu trennen, der nach den Frisuren der Verstorbenen nicht vor dem späten 2. Jh. einsetzt und bis in die zweite Hälfte des 3. Jhs. reicht. In der Hauptsache handelt es sich um Protomenstelen; ganzfigurige Darstellungen bleiben vereinzelt.

7. Bei diesen *mittelkaiserzeitlichen Protomenstelen* sind zwei Grundtypen zu unterscheiden:

a) Im Oberteil einer unprofilierten waagerecht (oder giebelförmig) abschließenden Stele ist ein langrechteckiges (oder giebelförmiges) Bildfeld ausgespart. Auf Zahl und Status der Verstorbenen abgestimmt sind ein, zwei oder oftmals drei Personen in bürgerlicher oder militärischer Tracht dargestellt. Die Köpfe sind leicht aus der Frontalität gelöst und einander zugewendet (Abb. 5,1).

b) Die Verstorbenen sind in einem eingetieften Medaillon dargestellt, das schmucklos gehalten, aber auch einfach oder mehrfach profiliert sein kann. Galt der Stein zwei oder drei Personen (Abb. 5,2), so ist die entsprechende Anzahl Medaillons nebeneinander oder giebelförmig gestaffelt angeordnet (zu verwandten Grabaltären s. u. S. 137).

In der handwerklichen Qualität können sich die Steine in keiner Weise mit den frühkaiserzeitlichen Protomenstelen messen. Ob diese typologisch als Anregung gewirkt haben, ist unklar. Zumindest die Medaillontypen hatten keine Vorbilder in der Rheinzone und müssen neu übernommen worden sein.

8. In der Art der Rahmung wie im Stil schließen sich einige Stelen an, die in Köln u. a. eine *Frau in Stola und Palla* mit einem Schmuckkästchen in der Linken zeigen.

Auch die Schmalseiten der Kölner Grabstelen tragen seit claudischer Zeit häufig, aber durchaus nicht immer, plastischen Schmuck. Dieser ist stets in Flachrelief gehalten und inhaltlich untergeordnet. Es überwiegen bei weitem pflanzliche Motive: Ranken, seit flavischer Zeit bis in das 3. Jh. hinein zumeist Lorbeerbäumchen, vereinzelt auch Akanthuskandelaber. Figürliche Darstellungen begegnen selten, darunter die im 1. Jh. beliebten Darstellungen des Attis und der Schleiertänzerin.

Besonders aufwendig wurden in Köln die Stelenbekrönungen ge-

Abb. 5 Typen römischer Grabstelen und -altäre aus Köln (Nachweis am Schluß des Aufsatzes). M = 1:20.

staltet. Seit claudischer Zeit sind sie zuweilen separat gearbeitet und der Stele aufgesetzt oder angedübelt. Bei oblongen Stelen sind es Giebel, deren Feld etwa mit Rosetten oder Gorgoneia gefüllt und die von Akroterien flankiert werden. Zu unterscheiden sind Bekrönungen, bei denen Giebel und Seitenakroterien freiplastisch gearbeitet sind und solche, die nur als Relief gegeben sind (Abb. 6). Für die breiteren und monumentaleren Stelen, z. B. die Totenmahlreliefs wurde eine horizontale, profilierte Gesimsplatte entwickelt, die die meist freiplastischen Akroterien trägt – eine hockende Sphinx, die von zwei sprungbereit kauernden Löwen flankiert wird (Abb. 7). Neben Akroterfiguren, die aus einem Block mit dem Gesims gearbeitet sind, lassen sich auch separat gemeißelte nachweisen.

### *Grabaltäre*

Der Begriff Grabaltar beruht nicht nur auf den formalen Analogien dieser Grabmale zu den Götteraltären, er kann sich auch auf die Beobachtung stützen, daß einige italische Vertreter der Gattung Vorrichtungen für Trankopfer etc. besitzen. Ein Mainzer Grabaltar wird zudem in der Inschrift ara genannt (CIL XIII, 6808). Obwohl Grabaltäre in der frühkaiserzeitlichen Grabkunst Italiens sehr beliebt waren und bald auch in den angrenzenden Provinzen übernommen wurden, erreichen sie die Rheinzone nicht vor dem zweiten Viertel des 2. Jhs. Sie erlangen dann jedoch rasch Beliebtheit und drängen die Stelen in den Hintergrund. Ein Schwerpunkt der Verbreitung liegt in Köln. Auch in dieser Gattung sind mehrere Typen zu unterscheiden:

1. Monumentale Altäre von langrechteckigem Querschnitt, die aus mehreren Teilen aufgebaut sind: Der Altar schließt mit einem ornamentierten Fries nebst Gesims ab und wird von separat gearbeiteten geschuppten Polstern (Pulvini) und einem Giebel bekrönt, deren Frontseiten mit Rosetten oder apotropäischen Masken, wie

Abb. 6 Bekrönung einer Grabstele aus Köln. Kalkstein. Röm.-Germ.Mus. Köln. H. 89,5 cm.

Abb. 7 Bekrönung einer Grabstele aus Köln. Kalkstein. Röm-Germ.Mus. Köln. H. 63 cm.

Abb. 8 Pulvini eines Grabaltars aus Köln. Kalkstein. Röm.-Germ.Mus. Köln. L. 1,05 m.

Gorgoneia und Ammonsköpfen, geschmückt sind. Die Kölner Funde erlauben aber leider keine Rekonstruktion (Abb. 8).

2. Altäre von hochrechteckigem Querschnitt und beträchtlichen Abmessungen, die z. T. aus mehreren Elementen zusammengesetzt sind. Ähnlich wie bei der erstgenannten Gruppe schließt der Altarkörper meist mit einem Ornamentfries, besonders mit einem Mäander ab. Auf den Schmalseiten ist den bekrönenden Pulvini zuweilen ein Giebel vorgeblendet (Abb. 5,3).

3. Altäre von bescheidenen Abmessungen, zumeist aus einem Block gearbeitet, und bescheidener Ornamentierung an Pulvini, Giebeln, Schmalseiten. Sie entsprechen voll und ganz dem ‚Standardtypus' der Votivaltäre: Basis aus Standplatte und Profil, Altarkörper, Gesims, Bekrönung aus Deckplatte, Pulvini, Giebel und Opferplatte (Focus) (Abb. 5,4).

4. Der Aufbau der Altäre gleicht in den Grundzügen jenen der Gruppe 3, doch sind sie um ein Medaillon mit der Büste des Verstorbenen bereichert (Abb. 5,5). Es ist zumeist in den Altarkörper eingetieft, greift bei einigen Steinen aber auch in die Bekrönung über.

*Grabbauten*

Unter dem allgemeinen Begriff Grabbau können alle Grabmale größeren Formats zusammengefaßt werden, die Architekturcharakter besitzen. Hier sollen nur die sogenannten Turm- und Pfeilergrabmale behandelt werden, wobei diese wenig glücklichen Begriffe nur aus Mangel an besseren verwendet werden. Auf den bekannten Grabtempel mit dem Geburtsgestirn des Augustus im Giebelfeld sei lediglich hingewiesen; er steht in Köln bislang isoliert da, und auch in der übrigen Rheinzone spielte der Typus nur eine geringe Rolle. Erst nach der Aufarbeitung des gesamten einschlägigen Kölner Steinmaterials, die jetzt möglich geworden ist, und nach der Durchmusterung der Grabungsbefunde wird sich zeigen, mit welchen weiteren Typen von Grabbauten in Köln zu rechnen ist.

Bereits Klinkenberg hat auf das Vorkommen von ‚Turm- und Pfeilergrabmalen' in Köln hingewiesen. Durch die Entdeckung entscheidender Teile eines ‚Grabturms' am Chlodwigplatz und ihre zeichnerische wie bauliche Rekonstruktion zum Grabmal des L. Poblicius seitens G. Prechts ist die Forschung auf eine neue Grundlage gestellt worden (s. Bd. 39). Weitere Diskussion und die noch zu bergenden Blöcke lassen Modifizierungen erwarten, doch können schon jetzt als gesichert gelten: die wesentlichen Züge des Aufbaues, die Datierung in die Jahre um 40 n. Chr., die Zuweisung an eine rheinische Werkstatt und die Herleitung der architektonischen und plastischen Vorbilder aus Oberitalien.

Freilich ist das Grabmal des Poblicius nur der bis jetzt am besten überlieferte und besonders monumental dimensionierte Repräsentant eines großen Komplexes von Zeugnissen dieser Gattung in Köln. Dazu gehören Fundamentierungen, z. T. zusammen mit denen der Einfriedung, und in einem Befund vom Waidmarkt/Ecke Blaubach sogar verbunden mit Resten der plastischen Ausstattung (Abb. 9). Vor allem ist aber ein Großteil der in Köln gefundenen Architekturteile auf Grabbauten zurückzuführen. Im einzelnen sind zu erwähnen: *Friese* – mehrere Bruchstücke von mindestens fünf Waffenfriesen, ein Friesfragment mit Adler, mehrere Rankenfriese; *Reliefausstattung* – mehrere Reliefs u. a. mit Hirtendarstellungen; *Statuen* – lebensgroße Kopf- und Körperfragmente von männlichen und weiblichen Bildnisstatuen in bürgerlicher Tracht (Abb. 10); *Dächer* – Blöcke von mehreren ‚Schuppendächern', darunter eines mit angearbeitetem bekrönendem Kompositkapitell; *Seitenakroterien* – Tritone, Satyrköpfe, Gorgoneia und Theatermasken (Abb. 11); hockende Sphingen, Greifen sowie kauernde Löwen, die für Stelen zu groß sind, könnten gleichfalls hierher, aber auch zu seitlichen Einfassungen von Grabbezirken

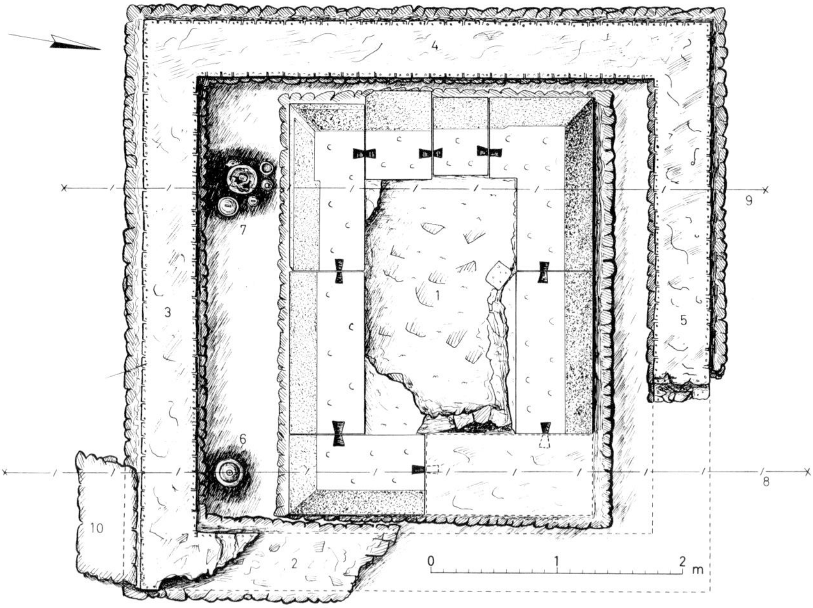


Abb. 9 Plan eines Grabbezirks mit Brandbestattungen und Grabbau in Köln, Waidmarkt, Ecke Blaubach.

gehört haben; die zahlreichen Pinienzapfen dienten als *Mittelakroterien.*

Aussagen über die typologische Entwicklung, die Chronologie der Kölner ‚Turm- und Pfeilergrabmale' sowie ihre Stellung innerhalb der rheinischen Grabkunst werden sich erst nach der Bearbeitung dieses reichen Materials machen lassen.

## *Grabstatuen*

Unter der Bezeichnung Grabstatuen seien die Steindenkmäler zusammengefaßt, die rein äußerlich darin übereinstimmen, daß sie

Abb. 10 Kalksteinkopf einer Männerstatue von einem Grabbau aus Köln. Röm.-Germ.Mus. Köln. H. 35 cm.

Abb. 11 Theatermaske aus Kalkstein. Akroter von einem Grabbau aus Köln. Rhein. Landesmus. Bonn. H. 51 cm.

Abb. 12 Kalksteinstatue des Ganymed aus Köln. Rhein. Landesmus. Bonn. H. 84 cm.

Abb. 13 Grabstatue eines Todesdämons aus Köln. Kalkstein. Röm.-Germ. Mus. Köln. H. 39 cm.

rundplastisch gearbeitet sind (wobei die Neben- und Rückseiten mehr oder minder vernachlässigt sind) und zur Ausstattung von Grabbezirken gehörten. Innerhalb dieses heterogenen Materials lassen sich in der Hauptsache drei Komplexe unterscheiden: Mythische Gruppen, ‚Grabgenien', Löwengruppen:

1. An *Mythischen Gruppen* sind bislang die folgenden Darstellungen bekannt geworden:
Aeneas auf der Flucht aus Troja mit Anchises auf der Schulter und Ascanius-Iulus an der Hand, Ganymed, den Adler des Jupiter fütternd, sowie Hercules im Löwenkampf (Abb. 12). Die Gruppen sind von der Forschung verschiedentlich als Bekrönungen von ‚Turm- und Pfeilergrabmalen' angesprochen worden. Der Verfasser konnte jedoch zeigen, daß diese Skulpturen wesentlich später als die in Frage kommenden ‚Grabtürme' entstanden sind und von der antoninischen bis in die severische Zeit reichen. Außerdem fehlen ihnen die notwendigen technischen Vorkehrungen zur Befestigung auf Grabbauten. Die etwa in halber Lebensgröße gehaltenen Gruppen werden eher in den Grabbezirken selbst Aufstellung gefunden haben, doch mangelt es in Köln an Befunden.
Mythische Sepulkralstatuen begegnen auch andernorts, doch scheint in Köln ein Schwerpunkt der Verbreitung gelegen zu haben. So stammen von sieben bekannt gewordenen Aeneasstatuen vier aus Köln. Ikonographisch stehen die Gruppen ganz in der griechisch-römischen Tradition. Die Aeneasstatuen z. B. werden letztlich auf die berühmte Gruppe vom Augustus-Forum in Rom zurückgehen. Auch die Adaption mythischer Themen für die Grabkunst wird nicht in der Rheinzone, sondern in Italien selbst erfolgt sein.

2. Von geringerem Rang als die mythischen Gruppen ist ein kleiner Komplex von Statuen, die hier hilfsweise als *Grabgenien* bezeichnet werden. Unter den puttoartigen Figuren sind zwei, die einen Korb mit Früchten geschultert haben und als Personifikatio-

Abb. 14 Grabstatue eines Löwen aus Köln. Kalkstein. Rhein. Landesmus. Bonn. H. 93 cm.

nen von Jahreszeiten interpretiert werden können. Ein kauernder, trauernd den Kopf aufstützender Putto nimmt deutlich Bezug auf den Tod. Er wird als Todesdämon aufzufassen sein (Abb. 13). Eng verwandte Figuren sind in Bonn gefunden worden. Die Typen gehören zum gängigen Repertoire der kaiserzeitlichen Grabplastik.

3. Zu den rundplastischen Grabstatuen sind schließlich auch die *Löwengruppen* zu rechnen (Abb. 14). Anders als die schon bespro-

chenen Akroterlöwen (s. o. S. 138), die sprungbereit kauernd und häufig ohne Beute dargestellt sind, steht hier der Löwe abwehrbereit und drohend über einem geschlagenen Tier, meist einem Eber oder Widder. Das Format schwankt zwischen Statuetten- und Lebensgröße. Während die Akroterien in Tiergestalt bereits in der ersten Hälfte des 1. Jhs. n. Chr. einsetzen und in ihrer Mehrzahl diesem Jahrhundert angehören, sind die Grabstatuen in die zweite Hälfte des 2. und die erste Hälfte des 3. Jhs. zu datieren. Das Motiv ist in der provinzialrömischen Grabplastik sehr geläufig, doch ist es in Köln besonders häufig und qualitätvoll vertreten.

*Reliefsarkophage*

Die große Masse der Steinsarkophage ist in der CCAA – wie in der übrigen Rheinzone – entweder nur roh scharriert oder im sogenannten Gardinenschlag bearbeitet. Vereinzelt ist die Frontseite mit der Grabinschrift versehen, oder die Ecken des Deckels sind mit plastischen Masken besetzt. Nur ein relativ kleiner Komplex von Kölner Sandsteinsarkophagen trägt Reliefschmuck. Zwei Gruppen sind zu unterscheiden: Erotensarkophage und Sarkophage mit szenischen Darstellungen.

1. Die Frontseite der *Erotensarkophage* wird beherrscht von einer Tabula ansata mit der Grabinschrift (Abb. 15). Ihre Ansae werden von zwei Eroten gehalten, deren Haltung leicht variiert. Zunächst sind sie in heftiger Bewegung, weit ausschreitend mit zurückgewendetem Kopf dargestellt, auf den späteren Sarkophagen erscheinen sie in Schrittstellung, den Blick geradeaus zur Mitte gerichtet. Die Nebenseiten dieser Sarkophage sind nicht reliefiert. Den Deckeln in Form eines Walmdaches kann auf der Schauseite ein Giebel vorgeblendet sein, in dessen Mitte eine Nische für die Büsten des oder der Verstorbenen ausgespart ist (Haus- oder Medaillonform). Als Eckabschluß dienen zuweilen kubische Akroterblöcke mit Büsten von Personifikationen in den Reliefnischen.

Abb. 15 Sandsteinsarkophag aus Köln. Röm.-Germ.Mus. Köln. H. 1,66 m. D(is) M(anibus) / Verecundiniae Placide / sive Soiioni coniugi / dulcissimae quae vixit / ann(os) XXVIII et Verecundinio De/siderio fil(io) eiius Desideratus / Curmilli (servus) neg(otiator) artis lapidariae / vivus sibi et iis obitis fecit. Den Manen. Der Verecundinia Placida bzw. Soio, der zärtlichsten Gattin, die 28 Jahre gelebt hat, und dem Verecundinius Desiderius, ihrem Sohn. Desideratus, Sklave des Curmillus, Händler in Steinmetzarbeiten hat zu seinen Lebzeiten [diesen Sarkophag] für sich und jene, die schon verstorben waren, anfertigen lassen.

Abb. 16 Sandsteinsarkophag aus Köln. Röm.-Germ. Mus. Köln. H. 78 cm. D(is) M(anibus) / C(aio) Severinio Vit{e}ali vet͡erano / hon͡este missionis ex b(ene)f(iciario) co(n)s(ularis) / leg(ionis) XXX U(lpiae) v(ictricis) Sev͡erin͡ia Sev͡erina / filia pa͡tri karissimo adseren/t͡e Vitalinio Hila͡rion͡e liberto / faciundum curavit. Den Manen. Dem Gaius Severinius Vitalis, Veteran nach ehrenvoller Entlassung, zuletzt Beneficiarius im Stab des Statthalters, aus der XXX. Legion Ulpia Victrix. Die Tochter Severinia Severina hat dem teuersten Vater mit Hilfe des Freigelassenen Vitalinius Hilario [den Sarkophag] machen lassen.

Neben einigen Sarkophagen gleichen Typs aus Niedergermanien, die von den Kölner Werkstätten abhängig sein werden, finden sich Parallelen in Gallien, besonders in Trier, Britannien, in Raetien sowie in den Donauprovinzen. Doch dürften die Vorbilder letztlich aus Kleinasien stammen. – Eine ungefähre Zeitbestimmung ist durch die Porträtbüsten und zuweilen durch die Grabbeigaben gegeben: die Gruppe gehört im wesentlichen in das 3. Jh.

2. Sarkophage lokaler Manufaktur mit *szenischen Darstellungen* begegnen in den Nordprovinzen des Reiches nur selten. Zum Teil handelt es sich dabei um Kontaminationen mit den Erotensarkophagen, indem szenische Darstellungen auf den Schmalseiten des Troges oder Deckels angebracht sind. Neben Darstellungen aus dem gesellschaftlichen Bereich finden sich mythologische Szenen. Auf einem leider nur in einer Zeichnung überlieferten Kölner Sarkophag sind beide Bereiche kombiniert: im Mittelfeld der Frontseite ist eine Mahlszene, auf den beiden schmaleren flankierenden Feldern sind Szenen der Alkestissage wiedergegeben. Der bekannte Kölner Sarkophag des C. Severinius Vitalis (Abb. 16) wird dagegen von mythischen Themen bestimmt: Theseus im Minotauruskampf, Hercules im Streit mit Apollo um den delphischen Dreifuß, Hercules bei der Errettung der Hesione. Nur die linke Schmalseite zeigt ein allgemeines Motiv römischer Grabsymbolik – zwei dionysische ‚Schleiertänzerinnen'. Die Mitte der Frontseite wird von der Inschrift-Tabula eingenommen, dies – wie auch die Profilrahmung der Felder der Frontseiten – ist gleichfalls eine Übernahme aus dem Osten. – Die beiden Kölner Sarkophage sind in die spätantoninische bis severische Epoche (zweite Hälfte 2. Jh., Anfang 3. Jh.) zu datieren und dürften etwas früher oder gleichzeitig mit den ersten Erotensarkophagen entstanden sein.

3. In deutlichen Kontrast zu den Sandsteinsarkophagen lokaler Manufaktur treten vereinzelte *aus Rom importierte Marmorsarkophage*. Das bekannteste und zugleich befundmäßig am besten abge-

sicherte Beispiel ist der aus dem späten 3. Jh. stammende Jahreszeitensarkophag der Grabkammer von Köln-Weiden (s. Bd. 39). Dagegen sind die Provenienzen von Bruchstücken dreier weiterer Marmorsarkophage nicht über jeden Zweifel erhaben, eine Feststellung, die leider auch für weitere angeblich in den Nordprovinzen gefundene Fragmente stadtrömischer Reliefsarkophage gilt.

*Werkstätten*

Signaturen von Bildhauern sind im Imperium Romanum und speziell in seinen Nordprovinzen äußerst selten. Aus der CCAA ist denn auch kein Beispiel überliefert, doch ist durch einen Erotensarkophag (Abb. 15) ein negotiator artis lapidariae namens Desideratus inschriftlich bezeugt. Daß dieser Desideratus, ein Sklave, nicht nur mit Steinmetzarbeiten handelte, sondern auch selbst produzierte, wird durch ein auf dem Deckel unterhalb seiner Büste wiedergegebenes Eisengerät, vielleicht einen Meißel, angedeutet. Aus der ungewöhnlichen Länge des Eisens, das sich aber für die Arbeit an großen Steinblöcken, etwa für die Aushöhlung von Sargtrögen eignete, darf vielleicht geschlossen werden, daß Desideratus gerade auch solche Sarkophage hergestellt hat.
Auf mehreren Kölner Grabsteinen sind Steinmetzzeichen zu beobachten, doch sind sie noch nicht ausgewertet worden. Gelegentlich konnten in der Rheinzone Steinmetzbetriebe auch durch Grabungen nachgewiesen werden; aus Köln stehen entsprechende Befunde leider noch aus. Trotzdem darf vermutet werden, daß die Grabmalwerkstätten ihre Standorte extra muros an den ‚Gräberstraßen' hatten.
Anhand von technischen wie stilistischen Indizien ist es der Forschung wenigstens gelungen, in drei Fällen mehrere Arbeiten einem Betrieb zuzuweisen. So entdeckte J. Röder, daß von den vier aus einem Grabbezirk stammenden und von einer Familie errichteten Schriftstelen (Abb. 1,4) jeweils zwei aus einem Kalksteinblock gesägt worden sind. Jedes Plattenpaar zeigt als bekrönenden Fries

eine Tierkampfgruppe oder zwei um einen Krater gruppierte Greifen. Da sich die entsprechenden Darstellungen auch stilistisch weitgehend gleichen, stammen die vier Stelen mit Sicherheit aus einer Werkstatt.

An zwei Protomenstelen hat P. La Baume nachgewiesen, daß sie aus einem Block gesägt sind, sich in der Gestaltung des Rahmens wie der Büste, besonders der Köpfe fast gleichen und so als Arbeiten desselben Bildhauers oder einer Werkstatt anzusprechen sind. Obwohl sie für Soldaten zweier verschiedener Legionen errichtet wurden, dürften sie von demselben Gräberfeld, wenn nicht aus demselben Grabbezirk stammen. Zu einem ähnlichen Ergebnis gelangte H. Gabelmann bei der Analyse eines weiteren Paares von Protomenstelen, die wohl für zwei Soldaten der Rheinflotte gesetzt worden sind. Die Steine ähneln sich nicht nur in den Abmessungen und der Wiedergabe der Büsten, sondern auch in der Schmückung der Schmalseiten mit Weinranke bzw. Akanthusstaude. Die Stelen besitzen denselben Fundort und dürften zum selben Grabbezirk gehört haben.

Durchmustert man einen reich überlieferten Komplex von Kölner Grabsteinen gleichen Motivs, wie ihn die Totenmahlstelen darstellen, so lassen sich sogar mehrere gleichzeitig tätige Werkstätten unterscheiden. Ihre Arbeiten sind zudem mit bestimmten Gräberfeldern zu verbinden. Andererseits zeichnet sich die Geschlossenheit des Kölner Materials schon gegenüber den Bonner und erst recht gegenüber den Mainzer Steindenkmälern ab. Es wird deutlich, daß man von einer Kölner Schule sprechen darf, die der Grabplastik Niedergermaniens wichtige Impulse gab und die sich – bei gewissen Gemeinsamkeiten und Abhängigkeiten – klar von Obergermanien abhebt.

Als bevorzugtes Bildhauermaterial dienten den Kölner wie den anderen rheinischen Werkstätten Jurakalke aus Lothringen. Zu Blöcken bestimmter Größe zugesägt, wurden sie per Schiff auf Mosel und Rhein herangeschafft. Anders als z. B. in Trier gewannen Weißsandsteine seit dem 2. Jh. nur bedingt an Bedeutung;

noch weniger wurden die geringwertigeren Buntsandsteine verwendet. Allerdings wurden beide Sandsteinsorten durchgängig für die neuaufkommende Gattung der Reliefsarkophage herangezogen. Die Verwendung der Sandsteine des Mittelrhein- und Mittelmoselgebietes brachte den Kölner wie den übrigen am Niederrhein gelegenen Betrieben eben keine erheblichen Transportkostenersparnis. Die Verarbeitung des Hartgesteines Trachyt vom nahegelegenen Drachenfels bei Königswinter ist in Köln bislang nur für Weihaltäre bezeugt, während er in Bonn auch in die Grabplastik Eingang fand. An beiden Orten stand der Drachenfelstrachyt wohl nur Militärs zur Verfügung. Marmorskulpturen sind in Köln wie im übrigen Niedergermanien verhältnismäßig selten und vornehmlich in den Gattungen Porträt-, Ideal- und Dekorationsplastik anzutreffen. Neben Importen aus dem Mittelmeergebiet ist auch mit in Köln gearbeiteten Marmorplastiken zu rechnen, doch befinden sich darunter keine Grabsteine.

*Literatur:*
J. Klinkenberg, Die römischen Grabdenkmäler Kölns. Bonner Jahrb. 108/109, 1902, 80–184. – B. u. H. Galsterer, Die römischen Steininschriften aus Köln. Wiss. Kataloge d. Röm.-Germ. Mus. Köln 2 (1975). – P. La Baume, Oppidum Ubiorum und Zweilegionenlager in Köln. Gymnasium 80, 1973, 333–347. – H. Gabelmann, Die Typen der römischen Grabstelen am Rhein. Bonner Jahrb. 172, 1972, 65–140. – W. Binsfeld, Zwei neue Inschriften zum Kölner Amphitheater. Bonner Jahrb. 160, 1960, 161–167. – G. Rodenwaldt, Ein Typus römischer Sarkophage. Bonner Jahrb. 147, 1942, 217–227. – J. Röder, Sägespuren an römischen Kalksteindenkmälern. Kölner Jahrb. 5, 1960/61, 38–50. – P. Noelke, Unveröffentlichte ‚Totenmahlreliefs' aus der Provinz Niedergermanien. Bonner Jahrb. 174, 1974, 545–560. – Ders., Aeneasdarstellungen in der römischen Plastik der Rheinzone. Germania 54, 1976, 409–439. – Ders., Grabsteine aus dem römischen Neuss. Neusser Jahrb. 1977, 5–21.

*Nachweis zu den Typentafeln Abb. 1, 2 und 5*

Die auf diesen Tafeln wiedergegebenen Monumente sind bei B. u. H. Galsterer, Die römischen Steininschriften aus Köln. Wiss. Kataloge d. Röm.-Germ.Mus. Köln 2 (1975) unter folgenden Nummern behandelt:

| | | |
|---|---|---|
| Abb. 1,1: Nr. 345 | Abb. 2,2: Nr. 201 | Abb. 5,3: |
| Abb. 1,2: Nr. 304 | Abb. 2,3: Nr. 252 | Röm.-Germ.Mus. |
| Abb. 1,3: Nr. 383 | Abb. 2,4: Nr. 255 | Köln Inv. Nr. 704 |
| Abb. 1,4: Nr. 346 | Abb. 5,1: Nr. 227 | Abb. 5,4: Nr. 303 |
| Abb. 2,1: Nr. 310 | Abb. 5,2: Nr. 404 | Abb. 5,5: Nr. 330 |

*P. Noelke*

## *Heidnische Kulte und Christentum im römischen und fränkischen Köln*

Die Auskunft der literarischen Quellen zur Kölner Religionsgeschichte in spätantiker Zeit ist so spärlich, daß allein die archäologischen Denkmäler eine Abhandlung über Götter und Religionen im römischen Köln ermöglichen. So sind die Bodenfunde als Zeugen repräsentativer wie volkstümlicher Kunst – Kultheiligtümer, Weihesteine, Devotionalien und kultisches Gerät – die hauptsächliche Quelle. Zwar ist dieses Bild zur frühen Kölner Religionsgeschichte lückenhaft, aber trotzdem noch immer recht aufschlußreich.

Die genannten Fundgattungen erlauben es, die spätantike Religionsgeschichte Kölns in vier Abschnitte zu gliedern: Römische Kulte und Götter, Einheimische Gottheiten, Mysterienkulte und Frühes Christentum (vgl. Übersichtskarte Abb. 9).

### *Römische Kulte und Götter*

Älteste Quelle zur römischen Staatsreligion im Kölner Raum ist der Bericht zur Ara, den Tacitus überliefert (Annalen 1,57 u. 59). Danach war der Schwager des Cheruskerfürsten Arminius Priester

an der Ara Ubiorum, die beim Oppidum Ubiorum, bei der Ubierstadt, lag, und die hier vor dem Jahre 9 n. Chr. erbaut wurde. Sie war entsprechend der Ara Romae et Augusti in Lyon als zentrales Kaiser- und Reichsheiligtum für Germanien errichtet. Ihre Lokalisierung ist bis heute nicht gelungen (s. S. 40).
Ein anderer Tempel gibt über den Kaiserkult der augusteisch-claudischen Zeit Auskunft. Er war, wie aus einer Inschrift hervorgeht, dem Mercurius Augustus geweiht, dem im römischen Kaisertum personifizierten Mercur. Dieser Tempel, der um 69. n. Chr. erneuert wurde, ist vielleicht identisch mit dem kleinen, fast quadratischen Podiumstempel, der in der Nordostinsula der Colonia stand, dort, wo sich heute der Dom erhebt. Seine älteste Bauphase könnte vielleicht bis in die Zeit des Oppidum Ubiorum zurückreichen (Nr. 12*; vgl. auch Beilage 8, Nr. 4).
Eine ganze Insula im Süden der Colonia wurde vom Tempel für die Capitolinische Trias beherrscht. Er stand auf dem Plateau vor dem Rheinauegelände, auf dem im frühen Mittelalter die Kirche St. Marien im Kapitol (Nr. 18) unter Verwendung von Spolien eben dieses Tempels erbaut wurde (s. Bd. 39). Von dem 33 m × 30 m großen Säulentempel und seinem 95 m × 69 m weiten Tempelhof führte eine Freitreppe zum Rheinauegelände hinunter. Die drei Kultnischen dieser Anlage konnten unter der heutigen Kirche St. Marien im Kapitol nachgewiesen werden.
Mitten zwischen diesen beiden Anlagen an der Rheinfront der Stadt, südlich des Praetorium und östlich des Forum hatte sicherlich ein Marstempel seinen Platz. Davon berichtet Sueton in Zusammenhang mit der Erhebung des Vitellius zum Kaiser (Vitellius 7–10). Aus jenem Tempel soll das Schwert Caesars herbeigeholt worden sein, das Vitellius trug, als er im Triumph durch die Stadt geführt wurde.
Selbstverständlich nahmen im öffentlichen wie im privaten Kult der Bürger die alten Reichs- und Hausgötter des römischen Götter-

* Diese Nummern beziehen sich jeweils auf die Karte Abb. 9

Abb. 1 Jupiterpfeiler aus Köln, Neumarkt. Kalkstein. Röm.-Germ.Mus. Köln. H. 1,18 m.

himmels den Vorrang ein. Das belegen die vielen Jupitersäulen- bzw. Jupiterpfeilerfragmente (Abb. 1) in Köln, die Weihesteine wie die fast unübersehbare Menge der Götterstatuetten neben den häuslichen Kultgeräten. Unterschiedlich war jedoch ihre Gewichtigkeit innerhalb der Götterhierarchie, die sich immer stärker differenzierte. Es galt letztlich die römische Praxis, die Tacitus mit „Interpretatio Romana" beschreibt: Fremde Götter wurden römisch interpretiert, römische Götter überlagerten einheimische Kulte und gaben ihnen oft Namen, Gestalt und Funktion.

Neben Jupiter Optimus Maximus, dem „Höchsten und Größten", dem Himmelsgott und Göttervater (Abb. 2), erfuhr Mercur, der Gott des Handels und Wandels, der Kaufleute, ihres Gewerbes und ihrer Wege, auch in der römischen Colonia die größte Verehrung. Einheimische Hauptgötter, wie der keltische Esus, der ostgallische Cissonius oder der Stammesgott der Arverner fanden in der Gestalt des Mercur ihren Platz innerhalb der römischen Religion. Mercur, zugleich in Zusammenhang mit Fruchtbarkeits- und Muttergöttinnen, wurde Fülle und Segen spendender Gott auf dem Himmelsthron.

Außer Mercur waren für breite Bevölkerungsschichten Mars und Victoria Schutz- und Segensgottheiten, allerdings wohl nicht so ausgeprägt wie in Obergermanien und im Trevererland. In Köln standen Apollo mit Diana und Hercules im Vordergrund der Verehrung: Der Heils- und Sonnengott Apollo und Diana als Heils-, Gesundheits- und Waldgottheit oder Hercules, der Sieghafte, als Abbild der Arbeit, der Kraft und strahlender kaiserlicher Macht.

Zwei weibliche Gottheiten waren Juno, die himmlische Herrin des Opfers, die bisher in Köln jedoch weniger nachgewiesen werden konnte, und Minerva, die Patronin städtischen Lebens und segensreichen Fleißes; gleichgestellt waren, zumindest im häuslichen Kult, Fortuna und Venus. Die Fülle der Devotionalien zeugt von ihrer breit gefächerten Funktion als Segens-, Schutz- und Fruchtbarkeitsgöttinnen.

PRO SALVTE IMP N
392
I O M
CETERISQVE DIIS
ET GENIO LOCI
M VERECVNDINI
VS SIMPLEX 7 LEG
XXX VLP CVRAM
AGENS STRATO
RVM ET PEDITVM
SINGVLARIVM COS
VS M L
MACRINO ET CELSO
COS

Den Vegetationsgöttern überhaupt gehörte ein weiter Raum im kultischen Denken und Handeln, den Göttern um Liber Pater – Bacchus und Ceres, Pan oder Silvanus. Sie waren allerdings, als sie an den Rhein gelangten, bereits weitgehend ihrer religiösen Bedeutung entkleidet, wenn nicht schon unter griechisch-orientalischen Einflüssen mit den ehemals ostmittelmeerischen Fruchtbarkeitsmysterien unentwirrbar verbunden.
Nicht anders als überall im Römischen Reich verbanden sich schließlich alle Lebensäußerungen mit den entsprechenden göttlichen Personifikationen oder Schutzgeisterwesen, mit Vesta und Vulcan, Genien und Laren, Flußgöttern und Quellnymphen oder den Göttinnen der Wege. Am Stadtrand fanden sich Weihungen für alle Straßengattungen, an die Quadruvien (Kreuzwege) und Trivien (Wegegabelungen), Viae (Straßen) und Semites (Wege).

*Einheimische Gottheiten*

Die einheimische Götterwelt, welche die Römer im Rheinland kennenlernten, ist wegen der vielen ortsgebundenen Gottheiten durch eine gewisse Uneinheitlichkeit ausgezeichnet. Dennoch wurde die Mehrzahl der Kulte in der Praxis den römischen angeglichen und so in ihrem Eigenwert und speziellen Charakter eingeschränkt. Die Angleichung geschah in einem ähnlichen Prozeß wie

---

Abb. 2 Weihestein von der Südseite des Kölner Domes. 164 n. Chr. Kalkstein. Röm.-Germ.Mus.Köln. H. 99 cm. Pro salute Imp(eratoris) n(ostri) / I(ovi) O(ptimo) M(aximo) / ceterisque Diis / et Genio loci / M(arcus) Verecundini/us Simplex 7(centurio) leg(ionis) / XXX Ulp(iae) curam / agens strato/rum et peditum / singularium co(n)s(ularis) / v(otum) s(oluit) m(erito) l(ibens) l(aetus) / Macrino et Ce‹l›so / co(n)s(ulibus). Für das Wohl unseres Kaisers, dem besten und größten Jupiter, den übrigen Göttern und dem örtlichen Schutzgenius. Marcus Verecundinius Simplex, Centurio der XXX. Legion Ulpia, der für die Stallmeister und die Leibwache des Statthalters zuständig ist, erfüllte dankbar, gern und freudig im Jahr als Macrinus und Celsus Konsuln waren, sein Gelübde.

etwa in der Frühzeit des römischen Staates die italischen oder griechischen Götter dem römischen Kult zugeordnet wurden.
Im Rheinland wurden die römischen mit den einheimischen Göttern so eng verbunden, daß Gestalt und Name eines römischen Gottes einerseits und eines oder mehrerer keltisch-germanischer Götter andererseits die Form schufen, in der sie fortlebten: so der ostgallische Hauptgott Cissonius als Mercur, der keltische Stammesgott der Arverner als Mercurius Arvernus, der keltische Heil- und Waldgott Grannus als Apollo oder der niedergermanische kriegerische Gott Magusanus als Hercules. Nur dem einheimischen Namen nach ohne Spur weiterer Identität werden die keltischen Götter Bacurdus und Haviasa in Weiheinschriften erwähnt, von denen sich in Köln je eine erhalten hat, oder die germanische Sunuxsal, deren Name vom Stamm der den Ubiern benachbarten Sunucer herrührt.
Die interessantere Reihe einheimischer Götter aber bilden die Gottheiten, deren Wesen mit Namen, Gestalt oder Attribut eigenständig neben dem römischen Götterkreis weiterlebte. Zunächst sind es die keltischen Götter, die heute nach ihrem Attribut bezeichnet werden. Ein mit Jupiter identifizierter und mit einem Speichenrad dargestellter Gott ist der „Radgott". Diesem wohl als Himmels- und Donnergott verehrten einheimischen Jupiter war sicherlich im südwestlichen Wohngebiet der Colonia auch ein Tempel geweiht (Nr. 17). Als chthonische Gottheit stand ihm der Gott mit dem langstieligen Hammer gegenüber, der keltische Sucellus, der im ganzen gallisch-germanischen Raum verehrt wurde. Der „Schlägelgott", der oft einen Becher als weiteres Attribut mit sich führte, war in seiner Verwandtschaft mit Volcanus, mehr noch mit Silvanus bekanntlich Unterwelt- und zugleich Vegetationsgott.
Unübersehbar bleiben die weiblichen Segensgottheiten. Ihre Fruchtbarkeit und Schutz spendende Mütterlichkeit zeigen Früchtekorb, Hündchen oder ein Kind an. Aus dem großen Kreis der Muttergöttinnen, wie er durch Statuetten und Weihesteine überliefert ist, heben sich auch in Köln einige durch Namen und Gestalt

Abb. 3 Weihestein für die Dea Vagdavercustis aus Köln, Wolfstraße. Um 160 n. Chr. Kalkstein. H. 1,20 cm. Röm.-Germ.Mus. Köln. Deae / Vagdavercusti / Titus Flavius / Constans praef(ectus) / praet(orio) em(inentissimus) v(ir). Der Göttin Vagdavercustis. Titus Flavius Constans, seine Eminenz der Praetorianerpräfekt [hat den Stein gesetzt].

heraus: die bis nach Rom hin verehrte keltische Segens- und Erdgöttin Epona, die „Pferdegöttin“, die von der Rheinmündung bis in die Gegend von Köln nachweisbare keltisch-niedergermanische Seefahrer- und Handelsgöttin Nehalennia, deren Hauptheiligtum auf der Insel Walcheren lag, und die Dea Vagdavercustis (Abb. 3), eine niedergermanische Göttin kriegerischer Tugenden. Weitere Namen weisen auf jeweils Gruppen von Göttinnen, wie etwa die Malvisien, Sulevien, Medicinen und viele andere romanisierte Gottheiten zumeist keltischen Ursprungs.

Bezeichnend für den niedergermanischen Raum wie auch speziell für das römische Köln waren die in der Dreizahl begegnenden Matronengöttinnen, denen der Kopfschmuck – die große Matronenhaube – gemeinsam ist. Die Weihesteine mit dem Relief der drei Matronen geben sicherlich das Hauptkultbild in den Matronentempeln wieder. Typisch sind ihre keltogermanischen Namen: Axsingenehische oder Aumenahenische, Vacallinehische oder Mahlinehische Matronen. Sie werden einheimischen Großfamilien und ihren ursprünglichen Siedlungsbezirken entstammen. Westlich des heutigen Kölner Doms wurden gleich zwei Weihungen für die Boudunnehischen Matronengöttinnen geborgen (Abb. 4). Allein in Köln sind über 15 verschiedene Namen von Matronen bekannt geworden (Nr. 8, 13).

Neben dem Genius loci, dem jeweiligen anonymen Ortsgott, lassen sich weitere stadtbezogene Götter bestimmen: die keltische Apadeva, eine Wassergöttin aus dem Gebiet nördlich der Stadt und zwei Göttergruppen, die Lucretien und die Gantunen. Die lucretischen Göttinnen waren Schirmgottheiten eines lucretischen Bezirkes, der nach dem Fundort von zwei Weihungen zu schließen nördlich des Kölner Doms, nordöstlich der Stadtmauer, gelegen haben könnte. Ein Bezirk, der den Gantunen – wohl Flurgöttinnen – seinen Namen gab, ist von den Kölner Töpfern Lucius und Vindex genannt. Sie hatten ihre Werkstatt im neuen gantunischen Bezirk. Das teilen uns Firmenstempel auf der Rückseite ihrer Terrakotten mit.

Abb. 4 Weihestein für die Boudunnehischen Matronen aus Köln, Unter Fettenhennen. 2. Jh. n. Chr. Kalkstein. Röm.-Germ.Mus. Köln. H. 1,01 m. Matronis / Boudunneihis / Dossonia Paterna. Den Boudunnehischen Matronen. Dossonia Paterna [hat den Stein gesetzt].

Mit dem 2. Jh. n. Chr. kommen über Oberitalien und Gallien, sicherlich aber ebenso über Raetien und den Donauraum die hellenistischen Kulte aus dem Ostmittelmeerraum an den Rhein. Sie lösen den alten römischen Götterhimmel weitgehend auf. Es sind vorwiegend Mysterienkulte, die im Synkretismus der griechisch-orientalischen Länder des Römischen Reiches, im Zusammentreffen griechischer und orientalischer Orts- und Vegetationsmythen ihren Ursprung haben. Diese ursprünglich mittelmeerischen Erlösungs- und Heilsreligionen gliedern sich auch in Köln nach ihren geographischen und sachlichen Zusammenhängen in drei Gruppen: die kleinasiatisch-griechischen Mysterien, die ägyptischen Kulte und die syrisch-persischen Mysterienreligionen.
Der ehedem kleinasiatisch-griechische und am frühesten romanisierte Kult um Dionysos-Bacchus, der in nachchristlicher Zeit bereits stark veräußerlicht war, galt breiten Volksschichten als Abbild der Einheit irdischer und jenseitiger Lebensfreude. Die ihm verbundenen Themen der Weinernte und des bacchischen Reigens mit Silen, Satyrn und Mänaden bis zu den Eroten, zu Pan oder Ceres-Libera spielen auf den in Köln gefundenen Denkmälern eine große Rolle. Selbst von einem Priester und einer heiligen Mutter im Kult um Semele, der legendären Mutter des Dionysos, berichtet eine Kölner Weiheinschrift.
Die kleinasiatische Göttermutter Kybele (s. S. 98) und ihr Kultpartner Attis waren in Köln ebenso Träger der Wiedergeburtsverheißung wie der ursprünglich thrakisch-phrygische Jupiter Sabazios. Für den Göttermutterkult gab es in Köln sogar eine Devotionalienindustrie in der Werkstatt des Töpfers Servandus. Auf Tonlampen wurde das Antlitz des Attisknaben zum Abbild des Lichtes und des Lebens, auf Grabreliefs wurde seine Gestalt zum Zeichen des Todes und zugleich der Todesüberwindung. Für den Sabazioskult, in dem die vielen Mysterienkultströmungen des Ostmittelmeerraumes synkretistisch zusammenfanden, ist aus Köln aller-

dings nur ein Zeuge bekannt: eine Votivhand im lateinischen Segensgestus, wie sie vielerorts im rheinischen und gallischen Gebiet gefunden wurde.

Den Kult um die ägyptische Himmelsgöttin Isis und ihren Partner, den Allgott Jupiter-Osiris-Serapis belegen wiederum zahlreiche Funde. An mehreren Orten befanden sich Isis-Kultstätten, wie es Weihungen an die Isis-Panthea, die Allgöttin Isis erweisen, oder Weihungen etwa für die Isis Myrionyma, mit den tausend Namen, oder für die Isis Invicta, die Sieghafte. Sie werden sich im Bereich der Friedhofskomplexe befunden haben, u. a. dort, wo später die Kirchen St. Ursula und St. Gereon errichtet wurden (Nr. 3, 5, 6). Weihungen an Jupiter Serapis, Lampen mit seinem Kopf und Amulette des zur Wiedergeburt führenden göttlichen Kindes, des Harpokrates, sind Beweis für die Lebendigkeit dieses ägyptischen Heilskultes in Köln.

Vom alten syrischen Baal von Doliche, dem Licht- und Heilsgott Jupiter Dolichenus der Römer, gibt eine Kölner Inschrift Kenntnis. Sie berichtet von der Restaurierung des ihm geweihten Tempels im Jahre 212. Will man vom Fundort auf die ungefähre Lage dieses Tempels schließen, so ergibt sich für ihn als Standort der Wohnbezirk nördlich des Forum, zwischen der heutigen Breitestraße und dem Appellhofplatz (Nr. 9).

Für die jüngste und bedeutendste Heilsreligion unter den spätantiken Kulten, für den vom Iran vorgedrungenen Licht- und Erlösergott Mithras, sind bisher drei Zentren festgestellt, alle drei im Norden der Stadt (Nr. 7, 14, 15). Zwei davon waren eindeutig Mithräen, die nach der üblichen Praxis in Kellerräumen eines Wohnhauses in der nordwestlichen und in der nordöstlichen Wohn-Insula eingerichtet wurden. Von der Kultstätte im Nordwesten, zwischen heutiger Richmod- und Breitestraße, wurden die Liegebänke mit Nischen für Nebenaltäre bekannt. Vom Mithräum im Nordosten, südlich des heutigen Doms, war noch eine eingehende Rekonstruktion möglich. Aus einer Nische der südlichen Liegebank des Kultraumes stammt das Relief eines Nebenal-

Abb. 5 Die Felsgeburt des Mithras. Sandsteinrelief von einem Nebenaltar des Mithräums südlich des Kölner Doms. Röm.-Germ.Mus. Köln. H. 36 cm.

tares mit dem Bild der Felsgeburt des Gottes (Abb. 5). Das dritte mithräische Zentrum bezeichnet der Fund mithräischer Kultgeräte direkt nördlich der Stadtmauer an der heutigen Komödienstraße/Ecke Kattenbug. Sie waren in der Ecke eines Raumes vergraben, der vielleicht als Vorraum einer Kultanlage diente. Zu ihnen gehören zwei heute rekonstruierte mithräische Kultgefäße mit den typischen Schlangenhenkeln bzw. mit Schlange, Löwe und zentralem Relief des opfernden Mithras zwischen Cautes und Cautopates.

Wie die romanisierten hellenistisch-orientalischen Mysterienkulte gelangte letztlich auch das Christentum über Südgallien oder auch über den in der Spätantike mit Oberitalien und Noricum verbundenen Donauraum an den Rhein. Es blieb Träger der griechisch-römischen Zivilisation und Kultur am Rhein und in Köln und bildete den Abschluß römischer Religionsgeschichte.

*Frühes Christentum*

Die erste Nachricht über christliche Gemeinden gibt der kleinasiatische Bischof Irenaeus von Lyon, der bekannte Kirchenlehrer und -schriftsteller im letzten Drittel des 2. Jhs. (Adv. haeres. I, 10,2). Ob er dabei auch eine christliche Gemeinde in der alten niedergermanischen Hauptstadt Colonia Agrippinensium im Auge hatte, bleibt freilich der Phantasie überlassen. Seitdem wird die christliche Religion jedoch in steter Mission die Rheinlande durchdrungen haben.

Nachweisbar wird das Christentum in Köln erst seit dem beginnenden 4. Jh., als sich sein Sieg über die heidnischen Staatskulte abzeichnete und Kaiser Konstantin nach seinem Sieg an der Milvischen Brücke bei Rom im Jahre 313 im Mailänder Edikt den Christen Gleichberechtigung mit allen Reichsreligionen und darüber hinaus Bevorzugung einräumt. Das gleiche Jahr 313 bringt die erste Nachricht über einen Kölner Bischof: Für 313 und 314 werden Bischof Maternus und sein Diakon Macrinus als Teilneh-

mer an Synoden in Rom und in Arles erwähnt (Optatus, De schism. Donat. 1, 23; Konzilsakten, Conc. Galliae 314–506).
In den vierziger Jahren des 4. Jhs. war Euphrates, seinem Namen nach ein Grieche, Bischof in Köln (Athanasius, Historia Arianorum 20). Im Verlaufe der dogmatischen Auseinandersetzungen um die theologische Formulierung zum Wesen Christi soll er durch seine rechtgläubigen gallischen Amtsbrüder auf einer Sondersynode in Köln seines Amtes enthoben worden sein (Konzilsakten, Conc. Galliae 314–506).
Um diese Zeit – so überliefert Ammianus Marcellinus (Rerum gest. 15,5,31) – gab es in der Stadt ein „conventiculum ritus christiani". Dieser christliche Versammlungsraum, in den sich der Usurpator Silvanus im Jahre 355 zu flüchten suchte, lag in der Umgebung des Praetoriums und ist wahrscheinlich mit der Bischofskirche identisch (Nr. 11).
Seit der konstantinischen Epoche belegen auch archäologische Funde und Befunde das Christentum in Köln. Es sind Grabbeigaben, Reste von Gottesdiensträumen, zumeist als Vorgänger heutiger Kirchenanlagen, und Grabinschriften (Abb. 8).
Unter den Friedhofsfunden – Gläser, getriebene bronzene Kastenbeschläge (Abb. 6) und Silberlöffel – sind die Glasbecher und Glasschalen in Schliff- und Blattgoldtechnik von besonderer Bedeutung. In ihrer Technik sowie in ihrer alt- und neutestamentlichen Typologie der Programme frühchristlicher Heilssymbolik gehören sie in den Bereich der mittelmeerischen spätantiken Kunst. Zwei der bedeutendsten Fragmente, eine Goldglasschale aus St. Severin und eine Goldglasschale aus St. Ursula mit Darstellungen aus dem Alten und Neuen Testament gelangten im 19. Jh. in den Besitz des Britischen Museums in London, während die berühmte blaue Halbkugelschale konstantinischer Zeit aus Köln-Braunsfeld als ein Prunkstück der Schliff- und Goldglastechnik in Kölner Besitz verblieb (Abb. 7). Sie zeigt auf ihrer Wandung zwischen Palmettenornamenten vier große Kreismedaillons und ein dazugehörendes am Boden mit alttestamentlichen Errettungsthemen:

Abb. 6 Bronzener Kastenbeschlag mit Darstellung der Auferstehung des Lazarus aus Köln, Aachener Straße. Röm.-Germ.Mus. Köln. H. 4,1 cm.

Noah in der Arche, Daniel in der Löwengrube, Moses spendet Wasser in der Wüste und den Jonaszyklus. Die Zwickel zwischen den großen Medaillons werden von vier kleinen Medaillons gefüllt, in denen die Büsten der Söhne Kaiser Konstantins dargestellt sind: Crispus, Constantinus II., Constantius II. und Constans.
Die früheste Kölner Bischofs- und Gemeindekirche befand sich am Ort des heutigen Doms (Nr. 11; vgl. Beilage 8). Seit 1945 konnte im Verlaufe der Kölner Domgrabung (O. Doppelfeld, W. Weyres und

Abb. 7 Goldglas aus Köln-Braunsfeld, Stolberger Straße. Unten die abgerollte Zeichnung. Röm.-Germ.Mus. Köln. H. 8,6 cm

A. Wolff) ihre Lage und Anlage bestätigt und in den Entwicklungsstufen weitgehend gesichert werden. Die frühchristliche Kirche war ein gewesteter, sicherlich basilikaler Bau des 4. Jhs. mit Ostatrium und östlich davon gelegener Taufkapelle. In einer Kapelle im Atrium der ersten Anlage unter dem Chor des heutigen gotischen Doms wurden zwei Frankengräber gefunden, die Bestattungen einer Fürstin und eines Knaben aus der Zeit vor 550 (s. S. 191, 201 ff.). Bald erfolgte nach Abriß der Totenkapelle unter Einschluß des Atriums die entscheidende Erweiterung. Die etwa 70 m messende Anlage wurde mit östlichem Chor und Bema (Pultpodium mit Schranken) ausgestattet. An ihrer Stelle errichtete schließlich der erste Kölner Erzbischof und Berater Karls des Großen Hildebold den nach ihm benannten „Alten Dom", den Vorgängerbau des gotischen Doms.

Seit Kaiser Konstantin übte die christliche Gemeinde ihren Kult auch in den Vorstädten, auf den Gräberfeldern aus. Neben den nichtchristlichen Kultstätten stehen in Köln seit dem letzten Drittel des 4. Jhs. die Friedhofskirchen. Auf den Gräberfeldern, die das römische Köln umgeben, sind drei frühchristliche Anlagen nachgewiesen: die Märtyrergedächtniskirche „Ad sanctos aureos" (St. Gereon) auf dem Gräberfeld an der nordwestlichen Ausfallstraße (Nr. 4), die Friedhofskapelle auf dem Gräberfeld an der südlichen Ausfallstraße nach Bonn (St. Severin, Nr. 21) und die „Basilika der Heiligen Jungfrauen" auf dem Gräberfeld an der nördlichen Ausfallstraße nach Neuss (St. Ursula, Nr. 2).

Die Kirche „Zu den goldenen Heiligen" ist seit der Frühzeit durch ihre großzügige Zentralbauarchitektur ausgezeichnet, die noch heute im Kern von St. Gereon erhalten ist. Seit Ende des 6. Jhs. wird in ihr der Kult der legendären Märtyrer der thebäischen Legion nachgewiesen (Gregor von Tours, In gloria martyrum 61). Erst seit dem 7. Jh. nennen die Quellen sie in Zusammenhang mit deren Anführer, dem Heiligen Gereon. In fränkischer Zeit diente sie bevorzugt als Versammlungs- und Bestattungsort.

Die von Bischof Severin unter der Kirche St. Severin erbaute

Grabkapelle war zunächst ein längsrechteckiger Saal mit Westapsis. Vielleicht noch in spätrömischer Zeit wurde er durch Seitenräume und eine östliche Vorhalle zu einer Kirche erweitert, in der vom 5. bis zum 6./7. Jh. bestattet wurde. Im 7. Jh. wurde diese Anlage, ob nach kontinuierlichem Fortbestand, ist ungeklärt, durch einen westlichen Vorhof oder Anraum über die volle Breite der Kirche nochmals vergrößert. Aus diesem frühchristlichen Kern erwuchsen in der zweiten Hälfte des 8. Jhs. und im Mittelalter Stift und Kirche St. Severin.
Die heutige Kirche St. Ursula steht über einer geosteten dreischiffigen Anlage, die ihrerseits über Bestattungen des 4. Jhs. errichtet wurde. Wenn man der neuerdings wieder umstrittenen Inschrift des Clematius, die in der Kirche aufbewahrt wird, folgen will, war diese nach einer Zerstörung erneuerte spätantike Anlage den legendären heiligen Jungfrauen geweiht. Die mehr als 22 m lange Kirche erhielt bei ihrer Erneuerung neben einem auf 5,40 m verbreiterten südlichen Seitenschiff gegenüber dem nur 2,50 m messenden nördlichen eine Bema-Anlage. Für zwei weitere Neubauten in karolingischer und ottonischer Zeit ist seit dem 9. Jh. der Zusammenhang mit den legendären Märtyrerinnen, erst elf dann elftausend heilige Jungfrauen, eindeutig belegt. Erst seit dem 10. Jh. ist auch der Name der heiligen Ursula überliefert.
Wie die Kirchenbauten, so zeigen auch die christlichen Grabsteine einen „lautlosen“ Übergang von der römischen in die römisch-fränkische Umbruchszeit und von der Übergangsepoche in die fränkische Zeit. Ihrer Entstehungszeit entsprechend gliedern sie sich auch in drei Gruppen. Sie wurden zumeist bei den genannten Friedhofskirchen gefunden: bei St. Geron, St. Severin und St. Ursula. Die bekanntesten frühchristlichen Grabsteine sind die in der Nikolauskapelle von St. Gereon eingemauerten Platten, leider ohne Fundort die Inschrift für Rusufula, deren Grab „den Märtyrern beigesellt“ war, aus St. Severin die Inschrift für das Kleinkind Concordia (Abb. 8), aus St. Ursula jene für das kleine Mädchen Ursula und aus St. Gereon die Inschrift für Martinianus.

Abb. 8 Grabinschrift der Concordia aus Köln, St. Severin. 4./5. Jh. n. Chr. Sandstein. Röm.-Germ.Mus. Köln. H. 73 cm. Concordia hic iac[et] / pia paren‹t› ib(us). Vixi[t] / annum (unum) semis(sem). Inno/cens in caelis habetur. Hier liegt Concordia, Liebling der Eltern. Sie lebte ein und ein halbes Jahr. Unschuldig weilt sie im Himmel.

Seit dem 6. Jh. festigen die fränkischen Eroberer ihre Macht durch die Bindung an die römische Kirche. Aber noch zu Beginn des 6. Jhs. gab es in Köln heidnische Kultstätten: um 520 wurde unter dem Schutz des Königs Theudebert ein heidnisches Wallfahrtsheiligtum verbrannt (Gregor von Tours, Vitae Patr. 6,2). Erst in der zweiten Hälfte des 6. Jhs. entfaltete sich die Kölner Christengemeinde: Kirchen wurden restauriert oder ausgebaut, so durch

Bischof Carentinus (Venantius Fortunatus, Carmina 3,14), und der erste Kölner Bischof fränkischen Namens, Ebrigisil, ist wieder, wie der Bischof zur Römerzeit, als Richter begehrt (Gregor von Tours, Hist. 10,15).

In diese Zeiten weisen Funde mit christlichen Kreuzeszeichen aus Frankengräbern, z. B. aus den Fürstengräbern unter dem Dom, aus dem sog. Grab der reichen Frau aus St. Severin, der eine Kette mit den goldenen almandinverzierten Kreuzanhängern gehörte, und auch in den fränkischen Gräbern in Köln-Müngersdorf fanden sich Schmuckstücke mit Symbolen, die möglicherweise christlichen Sinngehalt besaßen.

Nachdem der fränkische Adlige Kunibert im Jahre 623 Bischof der Kölner Christengemeinde geworden war, gewann die Kölner Kirche an Bedeutung. Die enge Interessenbindung mit den Merowin-

---

Abb. 9 Heidnische Weihungen und Kultstätten sowie Kirchen im römischen und fränkischen Köln auf der Grundlage des Stadtplans um 1250 (Kartengrundlage nach N. Nußbaum, B. Helmes u. A. Wiedenau in: G. Binding u. B. Löhr, Kleine Kölner Baugeschichte [1976] S. 10).

1 St. Kunibert (St. Clemens)
2 St. Ursula
3 Isis-Weihungen in St. Ursula
4 St. Gereon
5 Isis-Weihung in St. Gereon
6 Isis-Weihung, Maria-Ablaß-Platz
7 Mithras-Funde, Kattenbug
8 Matronen-Weihungen, An der Burgmauer
9 Jupiter Dolichenus, Tempelinschrift Elstergasse
10 Frühchristliches Gebäude mit eingezogener Apsis
11 Bischofskirche und Taufkapelle seit dem 4. Jh.
12 Podiumstempel unter dem heutigen Dom
13 Matronen-Weihungen westlich des heutigen Doms
14 Mithras-Weihung und Mithras-Kultstätte südlich des heutigen Doms
15 Mithras-Kultstätte und Mithras-Funde, Wolfstraße/Richmodstraße
16 St. Peter
17 Jupiter-Radgott, Griechenmarkt
18 Tempel für die Capitolinische Trias
19 St. Maria im Kapitol
20 St. Georg
21 St. Severin

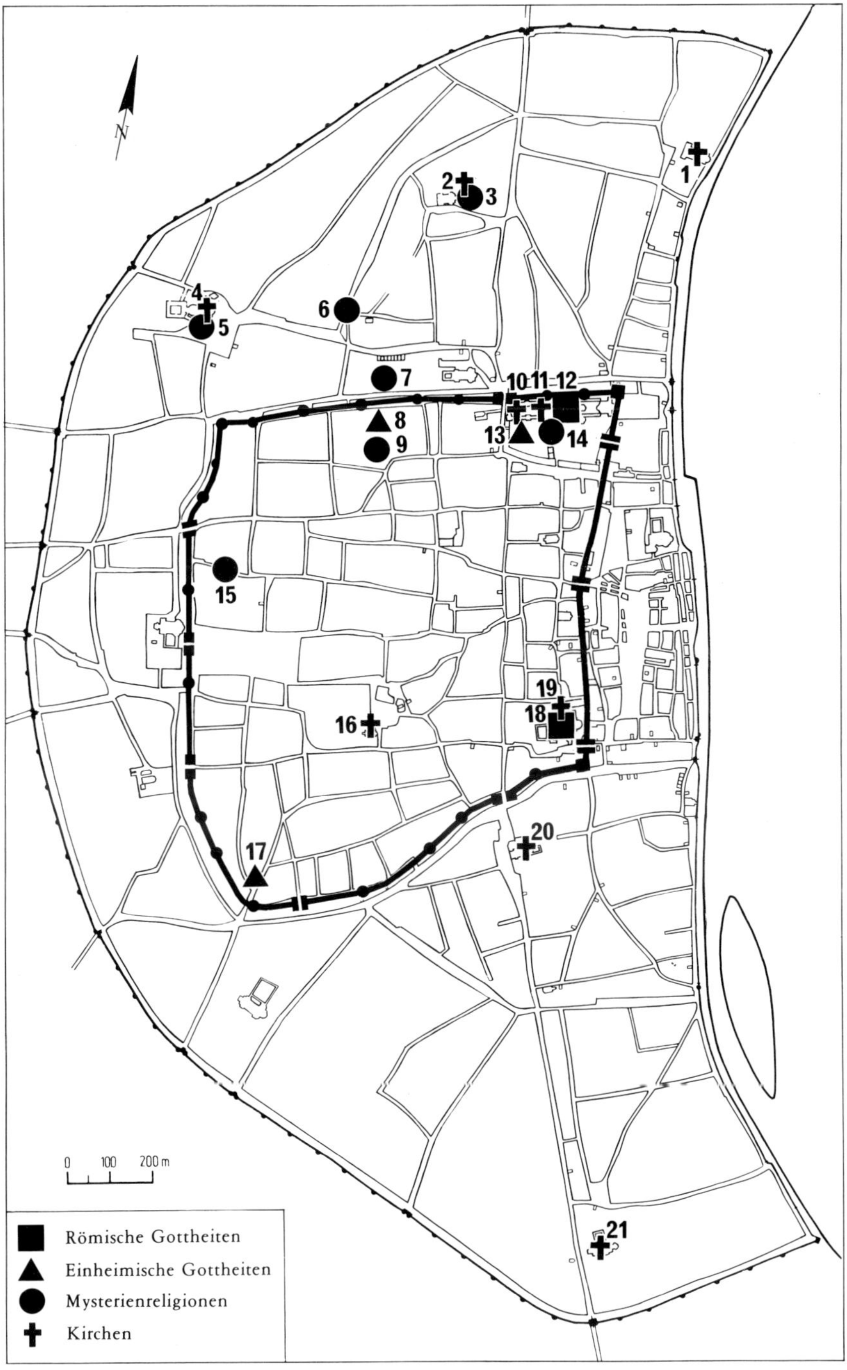
N
1
2
3
4
5
6
7
8
9
10
11
12
13
14
15
16
17
18
19
20
21
0 100 200 m
Römische Gottheiten
Einheimische Gottheiten
Mysterienreligionen
Kirchen

gern und besonders ihren Hausmeiern, den Pippiniden, die später selbst die Königsmacht übernahmen, diente Kirche und Staat. Bischof Kunibert führte als Berater des fränkischen Königs mit dem Herzog Adalgisil sogar die Hof- und Regierungsgeschäfte (Fredegar 4,58,7584). Mehrere Kirchengründungen werden auf ihn zurückgeführt, eindeutig allerdings nur die Clemenskirche (Nr. 1), die Kirche, in der Bischof Kunibert auch bestattet wurde und die nach ihm heute St. Kunibert heißt (Vita S. Cuniberti 6). Weitere frühchristliche, nicht sicher zu datierende Kirchenbauten waren St. Peter neben dem römischen Thermenbezirk, eine Stützenhalle unter St. Georg (St. Caesarius), eine längsrechteckige Anlage mit eingezogener Apsis westlich des heutigen Doms am Rande des Cardo maximus der römischen Stadt, sowie die Kirche St. Marien im Kapitol (Nr. 10, 16, 19, 20). Letztere wurde durch Plectrudis, die Gemahlin des Hausmeiers Pippin II., zwischen 689 und 717 im Bezirk des alten capitolinischen Tempels errichtet, direkt über jenem und gewiß, wie auch die spätere Anlage, unter Verwendung von Spolien dieses verfallenen römischen Tempels. Der „Princeps Francorum" Pippin II. verband im späten 7. Jh. mit der Friesen- und besonders der Sachsenmission der angelsächsischen Mönche politischen Anspruch und kirchlichen Auftrag des Reiches. Mit der Erhebung Kölns zum Erzbistum im Jahre 745 und der fränkischen Hausmeier auf den Königsthron im Jahre 751 endet die spätantike und nachantike Entwicklung. Es beginnt ein neuer Zeitabschnitt. Das junge Christentum und besonders das aufstrebende Mönchtum waren bewußte Erben antik-spätantiker Kontinuität und geschichtstragende Kräfte zum europäischen Mittelalter hin.

*Literatur:*

G. Binding u. a., Das spätrömische Atrium und mittelalterliche Stift von St. Gereon in Köln. Kölner Jahrb. 13, 1972/73, 140 ff. – W. Binsfeld, Zu den frühchristlichen Grabinschriften in Köln. Germania 45, 1967, 105 ff. – H. Borger, Beiträge in: Kirche und Burg in der Archäologie des Rheinlandes. Führer Rhein. Landesmus. Bonn 8 (1962), 67 ff.; 74 ff. – Deae Nehalenniae. Katalog Middelburg (1971). –

O. Doppelfeld, Eine frühchristliche Kirche unter St. Peter. Kölner Domblatt 18. u. 19. Folge, 1960, 37 ff. – Ders. u. E. Kühnemann, Fundbericht 56. 36, St. Maria im Kapitol. Kölner Jahrb. 7, 1964, 67 ff. – E. Ewig, Beobachtung zur Frühgeschichte des Bistums Köln. In: Festschrift für W. Neuss. Studien zur Kölner Kirchengeschichte 5 (1960) 13 ff. – F. Fremersdorf, Ergebnisse der Forschungen bei der Severinskirche in Köln. In: Neue Ausgrabungen in Deutschland (1958) 329 ff. – Frühchristliches Köln. Hrsg. Röm.-Germ. Mus. Köln (1965). – B. u. H. Galsterer, Die römischen Steininschriften aus Köln. Wiss. Kataloge d. Röm.-Germ. Mus. Köln 2 (1975). – G. Grimm, Die Zeugnisse ägyptischer Religion und Kunstelemente im römischen Deutschland (1969). – E. Hegel, Zur Entstehung der Kultstätte und Pfarrei St. Columba in Köln. In: Colonia Sacra 1. Festgabe für Wilhelm Neuss (1947) 19 ff. – Ders., Die Entstehung des mittelalterlichen Pfarrsystems der Stadt Köln. In: Die Kunstdenkmäler im Landesteil Nordrhein. Beih. 2: Kölner Untersuchungen (1950) 69 ff. – Ders., Die rheinische Kirche in römischer und frühfränkischer Zeit. In: Das erste Jahrtausend, Textband 1 (1962) 93 ff. – H. G. Horn, Mysteriensymbolik auf dem Kölner Dionysosmosaik. Bonner Jahrb. Beih. 33 (1972). – W. Neuss, Die Anfänge des Christentums im Rheinland. Rheinische Neujahrsblätter 2 (2. Aufl.) 1933. – F.W. Oediger, Das Bistum von den Anfängen bis zum Ende des 12. Jahrhunderts. In: E. Hegel (Hrsg.), Geschichte des Erzbistums Köln 1 (2. Aufl 1972). – F. Oswald, L. Schäfer u. H. R. Sennhauser, Vorromanische Kirchenbauten. Katalog der Denkmäler bis zum Ausgang der Ottonen (1969) 139 ff. – F. Prinz, Frühes Christentum im Frankenreich (1965). – G. Ristow, Religionen und ihre Denkmäler im antiken Köln (1975, daselbst weitere Literatur). – H. Schoppa, Römische Götterdenkmäler in Köln. Die Denkmäler des römischen Köln 21 (1959). – E. Schwertheim, Die Denkmäler orientalischer Gottheiten im römischen Deutschland (1974). – A. Verbeek, Kölner Kirchen (1969). – J. M. Vermaseren, Der Kult des Mithras im römischen Germanien. Limesmus. Aalen. Kl. Schriften z. Kenntnis d. röm. Besatzungsgesch. Deutschlands 10 (1974). – W. Weyres, Die Domgrabung XVI. Die frühchristlichen Bischofskirchen und Baptisterien. Kölner Domblatt 30. Folge, 1969, 121 ff. – Ders., Die Domgrabung XVII. Die Baptisterien östlich des Domchores. Kölner Domblatt 31. u. 32. Folge, 1970, 81 ff.

*G. Ristow*

## *Die römische Besiedlung im Stadtkreis Köln*

Das heutige Stadtgebiet von Köln bietet nur einen zufälligen Ausschnitt der römerzeitlichen Besiedlung des Rheinlandes. Innerhalb der modernen Verwaltungsgrenzen treffen Bereiche unterschiedlicher Verwaltungs-, Rechts- und Siedlungsformen der römischen Zeit aufeinander: das zivile, der CCAA zugeordnete Umland (ager coloniae), die militärisch gesicherte linksrheinische Uferzone und das ungeschützte Grenzland im rechtsrheinischen Gebiet.

Das Nutzland der CCAA war aus dem Gebiet der Ubier (civitas Ubiorum) hervorgegangen. Um ihrem eigentlichen Gründungsauftrag – der Versorgung von Veteranen mit Land – entsprechen zu können, war die CCAA von Anfang an auf ein großes Territorium angewiesen. Gleichzeitig mit der Erhebung des Zentralortes zur Kolonie ging deshalb wohl auch das Territorium der ubischen Civitas ganz oder teilweise in die Verwaltung der CCAA über. Aufgrund der Funde von Inschriften und Ziegelstempeln, aber auch mit Hilfe der Ergebnisse der Sprachforschung läßt sich seine Ausdehnung folgendermaßen grob umschreiben: im Westen bis in den Raum zwischen Rur und Erft, bis zur Rheinbacher und Mechernicher Voreifel im Süden und im Norden bis nach Gelduba (Krefeld–Gellep). Ob und wo das Zivilland im Osten bis an den Rhein reichte, läßt sich nicht genau sagen[1]). Das Territorium der Kastelle (u. a. Dormagen im Norden und Alteburg im Süden der CCAA) und wohl auch das der Limesstraße gehörten zum Militärland.

Das Hinterland der CCAA zeigt ein Bild ländlicher Besiedlung (Beilage 5). In unregelmäßiger Streuung überziehen Trümmerstellen das Gebiet der Mittel- und Niederterrasse. Die großflächigen Talböden des Niehl-Riehler und Weißer Rheinbogens blieben wegen Hochwassergefahr weitgehend siedlungsfrei. Die Wahl des Siedlungsplatzes scheint in erster Linie an das Geländerelief gebunden. Bevorzugte Lagen waren die Ränder der Rheinterrassen, erhöhte Hang- und Kuppenlagen an verlandeten Altrheinarmen und beiderseits kleiner Wasserläufe, wo das Gelände eine natürliche Begrenzung des einzelnen Gutsbezirks bot. Nur die Gräber richteten sich teilweise nach den Straßen aus, während die Wohn- und Wirtschaftsbauten in einiger Entfernung dahinter lagen. Eine Bevorzugung bestimmter Bodenqualitäten läßt sich nur insofern feststellen, als gerade die ältesten Ansiedlungen auf den fruchtbaren Lößböden der Mittelterrasse westlich der römischen Stadt liegen. Neben Einzelgehöften inmitten ihres Besitzes gab es wohl vereinzelt auch dörfliche Ansiedlungen.

Die Gutshöfe auf der Jahnwiese in Müngersdorf (Nr. 99*; zum Gutshof von Müngersdorf vgl. auch Bd. 39) und an der Stolberger Straße in Braunsfeld (Nr. 100) wurden zwischen 1925 und 1930 systematisch ausgegraben. Der Grundriß eines Hauses am Worringer Bruch (Nr. 11) ist durch Luftbildaufnahmen bekannt. Alle drei Anlagen gehören zum Bautypus der Porticusvilla mit vorgezogenen Eckrisaliten, der in den westlichen Provinzen vorherrschend war. Bei weiteren zehn ländlichen Ansiedlungen sind Teilbereiche der Wohn- und Wirtschaftsbauten archäologisch erschlossen. Die Mehrzahl der römischen Trümmerstellen ist nur durch unzusammenhängende Siedlungsreste sowie Oberflächen- und Grabfunde bekannt.

Als Sitz der Provinzialverwaltung und städtischer Ballungsraum an der Reichsgrenze war die CCAA auf ein intensiv bewirtschaftetes Hinterland angewiesen. In Köln wurden die landwirtschaftlichen Produkte des Umlandes, vor allem Getreide, Fleisch, Obst, Gemüse, Wolle und Daunen abgesetzt. Ein Großteil der römerzeitlichen Oberschicht verdankte dem Grundbesitz Reichtum und Ansehen. Die Besitzer der Villenbauten stellten wohl nicht nur einen Teil der höchsten städtischen Würdenträger (decuriones), sondern sie bildeten auch einen zahlungskräftigen Kundenkreis für Handel und Handwerk in der Stadt. Obwohl kleine Pächter, abhängige Arbeiter, Sklaven und Saisonarbeiter wahrscheinlich die zahlenmäßig größere Gruppe der ländlichen Bevölkerung darstellten, fehlen konkrete Hinweise auf ihre Lebensverhältnisse im Gebiet der CCAA.

Archäologische Zeugnisse einer Besiedlung des Hinterlandes setzen im wesentlichen mit der Gründung der CCAA (50 n. Chr.) in

*) Diese Nummern beziehen sich auf Beilage 5 und auf die zugehörige Liste.

der Mitte des 1. Jhs. ein. Über die Siedlungsverhältnisse der Spätlatènezeit, insbesondere der unter Agrippa im linksrheinischen Bereich angesiedelten Ubier, ergibt sich noch kein zusammenhängendes Bild. Nur in Müngersdorf ist ein wohl älterer, einheimischer Bautradition verpflichteter Fachwerkbau bekannt. Auch die Höfe der ersten Siedlergeneration von Veteranenbürgern und einheimischen Grundbesitzern, die römisches Bürgerrecht erwarben, sind bislang schwer zu fassen. Der Gutshof in Müngersdorf, Gräber im äußeren Grüngürtel an der Dürener Straße (Nr. 110), in Lindenthal (Nr. 109), Lövenich (Nr. 83) und Junkersdorf (Nr. 91) könnten zeitlich in diesen Zusammenhang gehören. Das 2. Jh. brachte, wohl verbunden mit planmäßigen Aufsiedlungen, eine dichtere Erschließung des Hinterlandes. Ein Großteil der landwirtschaftlichen Betriebe im Umland der römischen Stadt nahmen in dieser Zeit ihre Arbeit auf. Die lange Friedenszeit bis zur Mitte des 3. Jhs. ermöglichte einen wirtschaftlichen Aufschwung, der auch den Besitzern kleinerer Betriebe einen soliden Wohlstand garantierte. Die Wohn- und Wirtschaftsgebäude wurden erneuert und ausgebaut, Geschmack und Komfort der Innenausstattung (Nr. 78, 99, 100) standen vergleichbaren städtischen Wohnbauten kaum nach.

Wirtschaftlicher Niedergang als Folge der Frankeneinfälle in der zweiten Hälfte des 3. Jhs. sind in der Umgebung der CCAA archäologisch nicht nachweisbar. Reiche Grabausstattungen (Nr. 86, 99, 106) und Grabkammern (z. B. Nr. 64) des späten 3. Jhs. lassen vermuten, daß die landwirtschaftlichen Produzenten die Krisenzeit offenbar besser überstanden als die Stadtbevölkerung, ihren Besitz vielleicht sogar vermehrten. Diese Entwicklung setzte sich nach dem allgemeinen Aufschwung in konstantinischer Zeit bis zum Ende des 4. Jhs. fort. Neben den Zeugnissen bedeutenden Wohlstands finden sich Hinweise auf die Unsicherheit der Zeit: in Müngersdorf und Braunsfeld entstehen neue Bestattungsplätze in der Nähe der Wohnhäuser, ein Eckrisalit des Gutshauses an der Stolberger Straße in Braunsfeld wird zum Wehrturm ausgebaut.

355 plünderten einfallende Franken die Stadt. Dabei wurden wohl auch die villae suburbanae auf dem Pantaleonshügel (Nr. 158) und am Apostelkloster (im Westen vor der Stadtmauer) zerstört, während im Hinterland bisher keine Zerstörungshorizonte dieser Zeit bekannt sind. Die letzten datierbaren Gräber gehören dem Ende des 4. Jhs. an. Vermutlich verließen zahlreiche Grundbesitzer und Pächter damals Haus und Hof, bevor die Franken das Land in Besitz nahmen.

Im Süden und Norden des Stadtgebiets heben sich unweit des Rheins zwei Zonen militärischer Nutzung ab. Auf der Alteburg in Köln-Marienburg lag das Kastell der römischen Rheinflotte (s. Bd. 39 und Beilage 4). Einer tiberischen Holz-Erde-Anlage mit Doppelpalisade und Spitzgraben folgte nach Zerstörungen während des Bataveraufstands in frühflavischer Zeit ein Steinkastell. Es war bis in die zweite Hälfte des 3. Jhs. belegt und wurde wohl infolge von Germaneneinfällen aufgelassen. Im Osten des Flottenkastells lag der Hafen; an den drei Landseiten war es von einem Lagerdorf umgeben. Unmittelbar dahinter schlossen an den Verbindungswegen Gräberfelder an, deren Schwerpunkte im Süden und Südwesten lagen. Das Territorium der Rheinflotte näherte sich im Norden wohl den städtischen Gräberfeldern an der Severinsstraße/Bonner Straße. Wo die Grenze im Süden und Westen verlief, bleibt ungewiß[2]). Das südliche Stadtgebiet jenseits von Bonner Straße und Militärring ist mit Trümmerstellen von villae rusticae (Landgütern) überzogen.

Im Norden Kölns zeichnet sich zwischen Feldkassel – Fühlingen – Blumenberg – Worringen – Dormagen und dem Rhein ein Kerngebiet mit zahlreichen militärischen Funden ab. Beim Schwimmbad der Bayerwerke in Dormagen deckte G. Müller unmittelbar nördlich der Stadtgrenze eine vorflavische Militärziegelei der legio I Germanica (Nr. 1) auf. Vier Öfen und ein Trockenspeicher wurden ausgegraben. Wo das Arbeitslager der zur Ziegelei abkommandierten Vexillation lag, ist noch nicht geklärt.

Bei Fühlingen arbeitete wohl gleichzeitig eine Ziegelei der Xante-

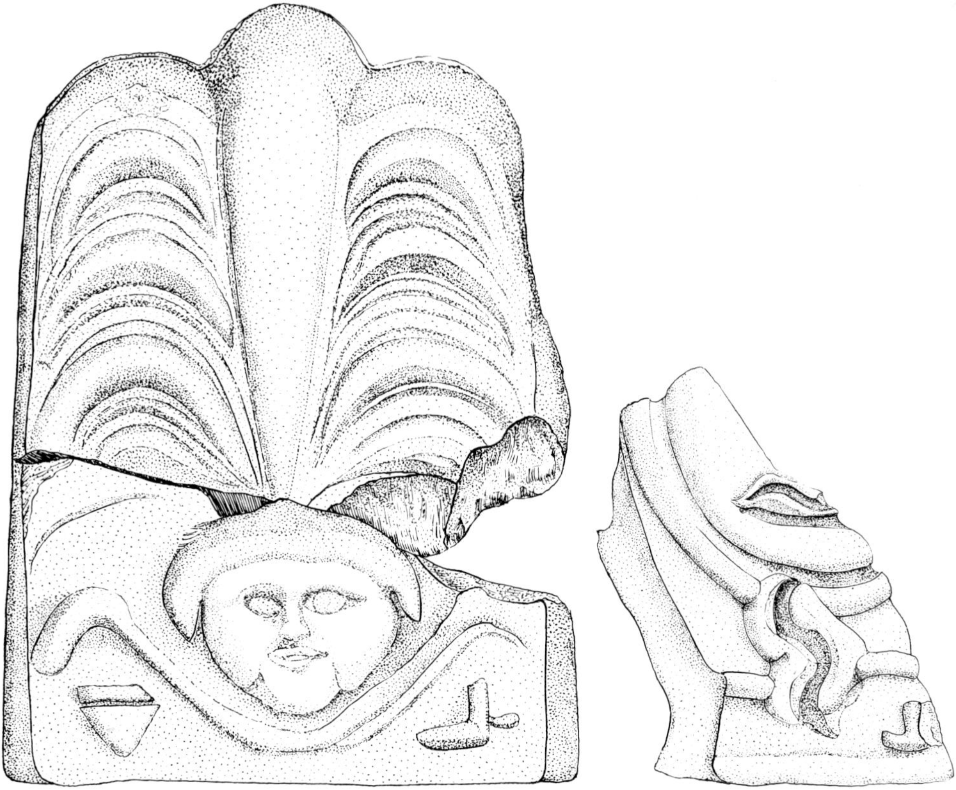

Abb. 1 und 2 Antefixe mit Medusenhaupt aus Köln-Fühlingen. Röm.-Germ.Mus. Köln. H. des linken Exemplars 20 cm.

ner legio V Alauda (Nr. 28), von der bisher nur ein Ofen bekannt ist. Neben gestempelten Dach- und Mauerziegeln wurden hier auch Antefixe mit Medusenhaupt (Abb. 1 u. 2) gebrannt, die mit Funden aus dem vorflavischen Legionslager Vetera übereinstimmen. 2 km südwestlich der Fühlinger Fundstelle fand sich bei einer Trümmerstelle am Südwestrand des Worringer Bruchs ein Ziegel mit TRA-Stempel (Nr. 21), der in Sinzig und Vetera I zusammen mit Ziegeln

der vorflavischen Xantener Legionen belegt ist. In den militärischen Zusammenhang der Frühzeit könnten darüber hinaus zwei Öfen am Ostende des Blumenbergwegs (Nr. 24) gehören, die nur ungestempeltes Material enthielten.
Die günstige Mittellage zwischen Tonvorkommen und Verkehrsverbindungen nutzte auch eine officina, die mit MLB stempelte. Reste dieser als Privatbetrieb angesprochenen Ziegelei fanden sich dem Ofen der V. Legion benachbart in Feldkassel[3]) (Nr. 36). Die gesicherten Legionsbetriebe in Fühlingen und Dormagen liegen knapp 7 km voneinander entfernt. Es ist unwahrscheinlich, daß auf so engem Raum getrenntes Territorium verschiedener Militärsprengel lag. Die Befunde im verkehrsgünstig gelegenen Norden Kölns mit nahen Tonvorkommen deuten eher auf ein überregionales Produktionszentrum für Baumaterial unter der Aufsicht des in Köln residierenden Oberkommandeurs des Niedergermanischen Heeres.
Nach Geländebegehungen im Kölner Norden zeichnet sich ab, daß der gesamte Uferstreifen schon im 1. Jh. n. Chr. erschlossen wurde, als die Besiedlung des Hinterlandes noch in den Anfängen stand. Die beiden Legionsziegeleien arbeiteten bis spätestens 70 n. Chr. Die legio V Alauda ging während des Bürgerkrieges mit Vitellius nach Rom und wurde anschließend nach Moesia verlegt, die legio I Germanica wegen Feigheit vor dem Feind aufgelöst. Aus späterer Zeit fehlen Belege für Truppen, die Ziegel herstellten.
Jenseits, unmittelbar nördlich, der heutigen Kölner Stadtgrenze entstand in Durnomagus (Dormagen) vermutlich während des Bataveraufstands ein kleines, nur kurze Zeit belegtes Militärlager: eine einfache Wall-Graben-Anlage ohne Innenbebauung. Im letzten Jahrzehnt des 1. Jhs., vielleicht schon 83 n. Chr., wurde hier ein Hilfstruppenkastell errichtet, in dem die ala Noricorum bis in das 3. Jh. stationiert war. Nach den Frankeneinfällen, die weite Teile des Niedergermanischen Limes verwüsteten, erhielt es eine neue, noch unbekannte Garnison. Münzfunde belegen, daß das Kastell bis zum Beginn des 5. Jhs. gehalten wurde. Die ältere Forschung

suchte auch in Worringen ein Kastell, das archäologisch jedoch bis heute nicht gefaßt ist.
Die militärische Nutzung des Gebietes schloß zivile Besiedlung nicht aus. Vermutlich gab es auch außerhalb der Lagerdörfer mit einem ganzen Troß von Handwerkern, Gewerbetreibenden und Händlern, die ihre Geschäfte mit der Truppe machten, zivile Ansiedlungen. Von einer Dorfgemeinschaft zeugt ein Weihestein der vicani Segorigienses, der bei Worringen gefunden wurde (Nr. 6).
Das rechtsrheinische Stadtgebiet blieb weitgehend frei vom dauerhaft prägenden Einfluß römischer Zivilisation und nahm einen eigenen, vom linksrheinischen Gebiet völlig verschiedenen Siedlungsablauf. Der Versuch, die Reichsgrenze bis an die Elbe vorzuschieben, brachte für das rechtsrheinische Gebiet im Bereich des Flusses eine fast ein Jahrhundert andauernde Siedlungsunterbrechung. Nachdem Tiberius auf weitere rechtsrheinische Unternehmungen verzichtete, blieb ein breiter Sicherheitsstreifen unter Heeresaufsicht. Dies geht nicht nur aus den Annalen des Tacitus (13, 54 f.) hervor, sondern ist auch durch Befunde außerhalb des Stadtgebiets mehrfach bestätigt. Eine Inschrift aus Menden, Rhein-Sieg-Kreis, bezeugt, daß die Bonner Legion in der ersten Hälfte des 3. Jhs. ihr Weideland an der Siegmündung vergrößerte. Der Trachyt des Drachenfels wurde von der Truppe abgebaut und auf dem Rhein verschifft. In flavischer und trajanischer Zeit arbeitete eine ‚tegularia transrhenana' im rechtsrheinischen Gebiet. Innerhalb des Kölner Stadtgebietes deuten nur einige Ziegel – einer davon mit DVS-Stempel in Tabula ansata – auf römische Präsenz am rechten Ufer. Sie wurden 1936 bei der Kirche in Niederzündorf gefunden (Nr. 171). Hatte das Militär zunächst keine einheimischen Ansiedlungen im ‚cordon sanitaire' geduldet, so brachte die Konsolidierung römischer Herrschaft gegen Ende des 1. Jhs. eine Wende. Bis zum 3. Jh. drangen germanische Siedler bis unmittelbar ans rechte Rheinufer vor und setzten sich in Poll (Nr. 167) und wohl auch in Deutz (Nr. 166) fest. Nach Lage der Gräber zu schließen, behielt

das Militär dennoch die Kontrolle über dieses Gebiet. Die ufernahen Siedlungen lagen wohl kaum zufällig gegenüber der römischen Stadt und dem Kastell der Rheinflotte, wo sie jederzeit ohne Schwierigkeit zu überwachen waren. Der Schutz des Rheines als unverzichtbare Nachschubverbindung und Handelsweg nach Britannien sowie zur Nord- und Ostseeküste blieb vorrangiges Ziel. Dies galt um so mehr, als Köln vermutlich die zentrale Reichszollstation für die ganze niederrheinische Grenze der Provinz war. Zahlreiche Importstücke in einheimischen Gräbern und Gruben bezeugen rege Handelsbeziehungen über den Fluß hinweg. Römisches Kunsthandwerk – vor allem Glas und Keramik – wurde bis tief ins freie Germanien ausgeführt, während Pelze, Häute, Pferde, Daunen und germanisches Frauenhaar in der römischen Provinz absetzbar waren. Der Tauschhandel, nach Tacitus bei unmittelbaren Grenznachbarn üblich, wurde im Laufe der Zeit von Geldgeschäften mehr und mehr verdrängt.
Die Frankeneinfälle des 3. Jhs. erforderten verstärkte Abwehrmaßnahmen. Konstantin I. ließ das linke Rheinufer im Rahmen einer neuen Verteidigungskonzeption sichern. Als Brückenkopf rechts des Rheins entstand gegenüber der CCAA das Kastell Divitia (Deutz)[4]) (s. Bd. 39). Ca. 1300 m südlich der Konstantinsbrücke fanden sich 30-40 m westlich der modernen Kaimauer Reste einer dichten, mit waagerechten Bohlen belegten Pfahlsetzung, die wohl auf eine antike Schiffslände deuten (Nr. 174). Nach dem Anfang des 4. Jhs. sind keine einheimischen Grab- und Siedlungsfunde im Uferstreifen mehr bekannt. Im Bewußtsein der Gefahr hielt das Militär offenbar kompromißloser als zuvor an einem siedlungsfreien Verteidigungsglacis fest.
Als erstes Annäherungshindernis vor dem Rhein und den linksrheinischen Lagern des Niedergermanischen Limes litt auch das rechtsrheinische Grenzland unter den Frankeneinfällen seit der Mitte des 4. Jhs. Ein beredtes Zeugnis ist der Grabstein des Offiziers Viatorinus, der „im Barbarenland bei Deutz" von einem Franken erschlagen wurde (s. S. 49, Abb. 4). Wie später die CCAA,

fiel das Kastell Anfang des 5. Jhs. in die Hände der neuen Machthaber.

*Anmerkungen:*

[1]) Villae rusticae mit aufwendigen Grabkammern und Gräberbezirken, die in Niehl, Riehl und Merkenich das Umfeld der Limesstraße bis zum Rheinufer bestimmen, deuten auf zivile Besiedlung hin.

[2]) Der Grabstein eines Soldaten der Rheinflotte aus Meschenich (Nr. 151) steht so isoliert im Fundgut der Umgebung, daß er für die Ausdehnung des Militärgeländes kaum aussagekräftig erscheint.

[3]) Ziegel mit MLB-Stempel im Bereich des frührömischen Lagers Asciburgium – (Moers-Asberg) deuten an, daß der Betrieb auch das Heer belieferte.

[4]) Bei keiner der zahlreichen Grabungen im Kastell Deutz haben sich Spuren einer vorkonstantinischen Belegung des Platzes gefunden. Zur Erklärung des Namens des im 3. Jh. in Obergermanien und anderen Provinzen nachweisbaren numerus exploratorum Germanicianorum Divitiensium kann daher nicht ein mittelkaiserzeitlicher Vorgängerbau des spätantiken Kastells postuliert werden. Ebensowenig ist das konstantinische Kastell nach dem Numerus benannt worden. Es gilt zu prüfen, ob der Name des Kastells nicht ebenso wie die Herkunftsbezeichnung der Hilfstruppe vom Namen einer dort ansässigen Germanengruppe abzuleiten ist.

*Literatur:*

H. Schmitz, Stadt und Imperium. Köln in römischer Zeit 1 (1948). – Ders., Colonia Claudia Ara Agrippinensium. Veröff. Köln. Geschichtsver. 18 (1956). – C. B. Rüger, Germania Inferior. Bonner Jahrb. Beih. 30 (1968) 76 ff. – F. Fremersdorf, Der römische Gutshof Köln-Müngersdorf. Röm.-Germ. Forsch. 6 (1933). – O. Doppelfeld, Das Diatretglas aus dem Gräberbezirk des römischen Gutshofs von Köln-Braunsfeld. Kölner Jahrb. 5, 1960/61, 7 ff. – W. Lung, Vor- und frühgeschichtliche Funde im Norden Kölns. Kölner Jahrb. 8, 1965/66, 60 ff.; Taf. 27–28. – W. Haberey, Römische Grabkammer bei Rondorf, Ldkr. Köln. Bonner Jahrb. 161, 1961, 333 ff. – J. E. Bogaers u. C. B. Rüger (Hrsg.), Der Niedergermanische Limes. Führer Rhein. Landesmus. Bonn 50 (1974) 151 f., 163 ff., 166 ff. – F. Fremersdorf, Neue Beiträge zur Topographie des römischen Köln. Röm.-Germ. Forsch. 18 (1950) 72. – A. Marschall, K. J. Narr u. R. von Uslar, Die vor- und frühgeschichtliche Besiedlung des Bergischen Landes. Bonner Jahrb. Beih. 3 (1954). – W. Eck, Die Anfänge des römischen Köln und seine politisch-administrative Stellung in der hohen Kaiserzeit. Geschichte in Köln 4, 1979, 4 ff.

*Elisabeth M. Spiegel*

# COLONIA AGRIPPINA

## *Von der spätantiken zur mittelalterlichen Stadt*

Im Dezember 355 fällt die Stadt nach hartnäckiger Belagerung in fränkische Hand. Die Besetzung währt zehn Monate. Der römische Offizier und Historiker Ammianus Marcellinus, der noch im September als Mitglied der kaiserlichen Leibgarde (protector domesticus) an der Ermordung des Usurpators Silvanus in der Stadt beteiligt war, berichtet knapp, daß Colonia Agrippina zerstört worden sei. Das Ausmaß der Kastastrophe läßt sich aus seinem Zeugnis nicht ablesen, doch zeigen archäologische Funde in zunehmendem Maße, daß weite Teile der Stadt schweren Schaden genommen haben.

Das Praetorium, Verwaltungssitz der Germania Secunda, ist wohl in Teilen zerstört worden. Bruchstücke aufgelassener Heiligtümer und Grabstätten werden als Spolien in den Mauern des Urbaues von St. Gereon verwendet. Das Haus mit dem Dionysosmosaik wie auch andere Häuser der benachbarten Baublöcke sind einem Brand zum Opfer gefallen und die Thermen (zumindest teilweise) zusammengestürzt. Funde am Neumarkt, in der Richmodstraße, in der Cäcilienstraße deuten einen Katastrophenhorizont an, der bis vor die Mauern der Stadt im Westen an St. Aposteln und an St. Pantaleon reicht. Die in den Wirren dieser Jahre in der Nähe des Kapitols vergrabenen Münzschätze wurden nicht mehr gehoben (Abb. 1).

Die gewaltsame Zerstörung der Jahre 355/356 bedeutet eine Zäsur in der Geschichte der Stadt. Sie hat sich von diesem Schlag nicht mehr wirklich erholt, auch wenn auf den Trümmern noch einmal eine umfangreiche Bautätigkeit einsetzt.

Das Praetorium (s. Bd. 38) wird in der zweiten Hälfte des 4. Jhs. von Grund auf erneuert. Planung und Ausführung beginnen vielleicht schon unter Julian (Caesar seit 355, Alleinherrscher 361 bis

Abb. 1 Münzschatz aus Köln, Stephanstraße, vergraben während des Frankensturms 355 n. Chr. Röm.-Germ.Mus. Köln.

363), bzw. seinem Nachfolger Valentinian I. (364–375), in einer Zeit, als die Grenze am Niederrhein noch einmal konsolidiert werden kann. Doch die Bautätigkeit gerät ins Stocken und kommt offenbar bald zum Erliegen. Eine Planänderung tritt ein. Der ursprüngliche Entwurf läßt sich nicht mehr sicher rekonstruieren; der zweite Bauabschnitt bringt entscheidende Änderungen. Der letzte überlieferte Bauzustand zeigt keine unmittelbaren Parallelen in der spätrömischen Baukunst: Es ist eine Architektur von kaiserlichem Rang, deren Entwürfe nicht in der Germania Secunda, sondern eher in Oberitalien oder in der Residenz Trier entstanden zu sein scheinen (Abb. 2). Das gleiche gilt für den kühn gestalteten ovalen Raum des Urbaues von St. Gereon mit seinen neun ausschwingenden Nischen (s. Bd. 38). Der Bau, vielleicht von Julian

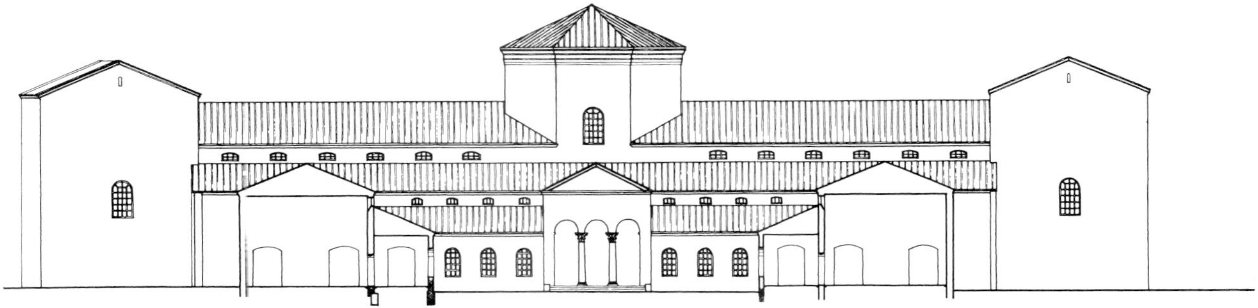

ANSICHT STADTSEITE (WEST)

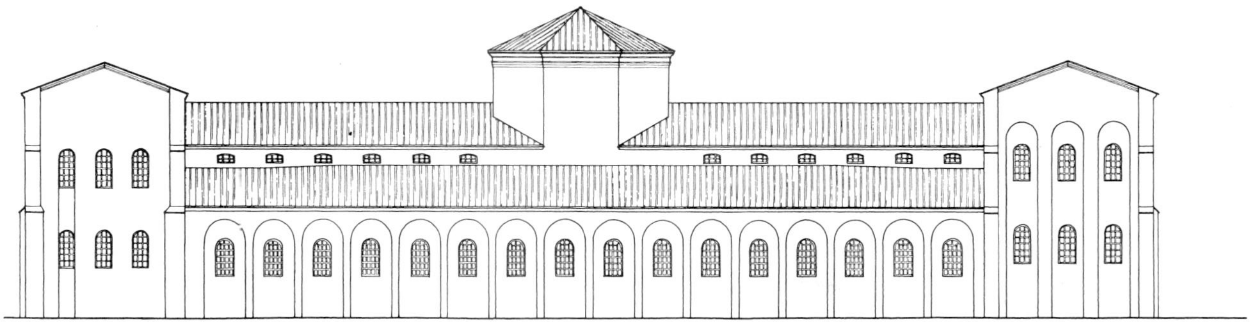

ANSICHT RHEINSEITE (OST)

Abb. 2 Rekonstruktion des Praetoriums, Periode IV (nach G. Precht, Baugeschichtliche Untersuchung zum römischen Praetorium in Köln [1973], Baubestandsaufnahme Nr. 68). M = 1:600.

veranlaßt, steht in der Tradition kaiserlicher Mausoleen des Mittelmeerraumes.

Zu Julians Wiederaufbau- und Sicherungsprogramm gehörte möglicherweise das nach der Katastrophe auf dem Platz des zerstörten Hauses mit dem Dionysosmosaik errichtete Horreum (Speicherbau). Dies paßt zusammen mit den Nachrichten, daß er für die dringend benötigten Getreidelieferungen aus Britannien entlang der Rheingrenze Horrea hat bauen lassen. Die ungeschützten Speicheranlagen auf der Rheininsel vor der Stadt hatten vielleicht Schaden genommen und sind repariert worden. Das jahrhundertealte Straßennetz bleibt nach bisheriger Kenntnis noch unverändert erhalten. Die private Bautätigkeit reicht offenbar nur noch zu den dringendsten Wiederherstellungen. Ehemals aufwendig gestaltete, rückseitig gelegene Hofbereiche einzelner Baukomplexe werden vielfach weder neu angelegt noch in Ordnung gebracht.

Trotz der scheinbaren Festigung der Reichsgrenze leidet Köln in den folgenden Jahrzehnten unter der ständigen Bedrohung neuer fränkischer Beutezüge. Die Befestigung und die hier stationierten Limitantruppen bieten noch Schutz. Die verstärkt einsetzende fränkische Einwanderung am Niederrhein außerhalb der spätrömischen Castra verändert jedoch nun zunehmend die Zusammensetzung der Bevölkerung auf dem flachen Land.

Das letzte sichere Zeichen öffentlicher Bautätigkeit in der Stadt ist die Inschrift des Franken Arbogast, römischer Heermeister des Westens, der auf seinem Heerzug im Winter 392/393 in Köln den Rhein überschreitet und (im Namen des ihm völlig ergebenen Kaisers Eugenius) einen unbekannten öffentlichen Bau wiederherstellen läßt (Abb. 3). Die Franken, deren rechtsrheinische Gebiete er verwüstet, müssen noch einmal mit Eugenius Frieden schließen.

Äußere Ereignisse beschleunigen zu Anfang des 5. Jhs. den inneren Auflösungsprozeß in der Rheinzone. Der Abzug der Grenztruppen zur Verteidigung Italiens öffnet weiteren fränkischen Einwanderern das linksrheinische Gebiet. Reiche römische Pächter und Großgrundbesitzer verlassen wohl im Gefolge der Truppen ihre

Abb. 3 Bauinschrift des Arbogast aus Köln, gefunden zwischen Hohe Straße und Stephanstraße. Kalkstein. Röm.-Germ. Mus. Köln. H. 58 cm. [Salvis domini]s ēt imperatoribus nost/[ris Fl(avio) Theodo]sio Fl(avio) Arcadio ēt Fl(avio) Eugenio / [– – – vetustat]e conlabsam iussu viri cl(arissimi) / [et inl(ustris) Arboga]stis comitis ēt instantia v(iri) c(larissimi) / [– – – co]mitis domesticorum ei(us) / [– – –]s ex integro opere faciun/[dum – – – cura]vit magister pr(ivatae?) Aelius. Zu Lebzeiten unserer Herren und Kaiser Flavius Theodosius, Flavius Arcadius und Flavius Eugenius wurde das aus Altersschwäche zusammengefallene (Gebäude) auf Befehl seiner Exzellenz, des Oberkommandierenden Arbogast und bei Aufsicht seiner Exzellenz . . ., des Kommandanten von dessen Gardetruppen von Grund auf erneuert. Für die Ausführung sorgte Aelius, Inspektor . . .

Landgüter. Der Siedlungsentleerung auf dem Lande entspricht eine partielle Abnahme der Stadtbevölkerung; vor allem Mitglieder der Oberschicht setzen sich ab. Köln ist nur noch nominell eine römische Stadt. Das Amt des Statthalters in der Germania Secunda wird um 425 zuletzt bezeugt. Spätestens um die Mitte des Jahrhunderts erlischt der römische Rechtstitel am Rhein.

In der zweiten Hälfte des 5. Jhs. liegt die Stadt nach dem Zeugnis

des Kosmographen von Ravenna inmitten der Francia Rinensis, einem Gebiet, das die Landschaften vom Rheindelta bis zum Alamannenland und Teile des Mosel- und Maaslandes umfaßt.
Um den Charakter des nachantiken Köln zu umschreiben, bedarf es einer Definition des Stadtbegriffs für das frühe Mittelalter. Die ‚Stadt' im antiken Rechtssinne existiert nicht mehr. Der Zusammenbruch der spätantiken städtischen Verwaltungsorganisation vollzieht sich in der letzten Phase der römischen Herrschaft am Niederrhein zu Anfang des 5. Jhs. Einzelne Verwaltungsämter haben vielleicht in rudimentärer Form noch einige Zeit weitergelebt. Mit der fortschreitenden Umschichtung der Bevölkerung zugunsten der Franken und dem damit verbundenen allmählichen Rückgang des romanischen Bevölkerungselementes war die Stadt als eine von den Bürgern getragene Rechtsinstitution untergegangen.
Eine Stadtverfassung im klassischen Sinne kennt das Frühmittelalter nicht. Für die merowingische Zeit läßt sich ein Bündel anderer Kriterien aufführen, die dazu beitragen, den Begriff ‚Stadt' in dieser Zeit zu definieren: Einwohnerzahl, geschlossene Bebauung, Befestigung, Herrschaftsresidenz, Bischofssitz, arbeitsteilige Gesellschaftsstruktur und Handelsplatz, Münzstätte, stadtbildprägende Bauten. Trotz der beschränkten und unausgewogenen Quellenlage lassen sich für Köln einige dieser Komponenten belegen oder wahrscheinlich machen.
Seit dem beginnenden 4. Jh. ist eine Rezession unter der römischen Bevölkerung bereits spürbar. Die suburbane Bautätigkeit in der Nähe der Hauptstraßen geht zurück; in dieser Zeit sind wieder Grablegen in unmittelbarer Nähe der Stadtmauer zu beobachten. Trotz geringer archäologischer Indizien scheint sich hier ein Bild abzuzeichnen, das der allgemeinen Entwicklung und den Beobachtungen an anderen Plätzen entspricht. Es gibt jedoch keine Anzeichen, daß der frührömische Mauerring in der Spätantike oder im frühen Mittelalter aufgegeben, vernachlässigt oder verkürzt worden ist.

Die zunehmende politische Unsicherheit seit Mitte des 5. Jhs. hat den Abwanderungstrend vielleicht verstärkt. Eine Infiltration, dann ein regelrechter Zuzug fränkischer Gruppen seit Anfang des 5. Jhs. gleicht die stetige Bevölkerungsabnahme der Romanen jedoch nicht aus. „Köln ist voll von Feinden" – so der moselländische Kleriker Salvian um 440 –, besagt wenig über die Einwohnerzahl, sondern charakterisiert eher die Katastrophenstimmung unter den Romanen, ihre Abhängigkeit von den neuen Herren. Die Stadt bietet noch ein intaktes, ausschließlich römisch geprägtes Bild. Doch die privaten, ehemals römischen Wohnbereiche erhalten mit Sicherheit keine Baupflege mehr, ihr allmählicher Verfall erstreckt sich wohl bis in das 6. Jh. Holzbauten oder dürftige Reparaturen an den ehemaligen Stein- und Fachwerkbauten sind archäologisch bislang nicht nachweisbar. Im Bereich zwischen dem Cardo maximus (Hohe Straße) und der westlichen Stadtmauer setzt der endgültige Prozeß der Verödung ein. Damit geht eine weitere Minderung des hier siedelnden Bevölkerungsanteils einher. Dies bedeutet jedoch nicht, daß das Gebiet herrenlos wird, es gerät nur in andere Hände.

Das Ergebnis der Verödung läßt sich noch aus mittelalterlichen und neuzeitlichen Quellen ablesen: Die Schreinskarten des 12. Jhs. verzeichnen im Westteil eine erheblich geringere Baudichte als im Ostteil der Stadt. Stifts- und Klosterbezirke, Hofstellen und Gärten nehmen weite Flächen ein. Bildbelege bieten die Pläne von A. Mercator 1571 und J. V. Reinhardt 1752 (Beilage 10). Das römische Straßennetz geht allmählich unter. Als übergeordnete durchgehende Achse bleibt die Breite Straße erhalten, Schildergasse und Sternengasse führen nur noch mit Unterbrechungen auf die anderen Westtore. Zu erheblichen Abweichungen von den alten Straßenführungen kommt es im Gebiet zwischen St. Cäcilien und der Hohen Straße; hier entwickeln sich neue Siedlungs- und Gehrichtungen (‚Trampelpfade'). Der Zeitraum dieser Entwicklungen läßt sich indes noch nicht näher bestimmen.

Anfang des 6. Jhs. residiert in Köln eine Dynastie fränkischer

Abb. 4 Kölner Goldprägung des Theudebert. Solidus. Röm.-Germ.Mus. Köln
Dm. 1,3 cm.

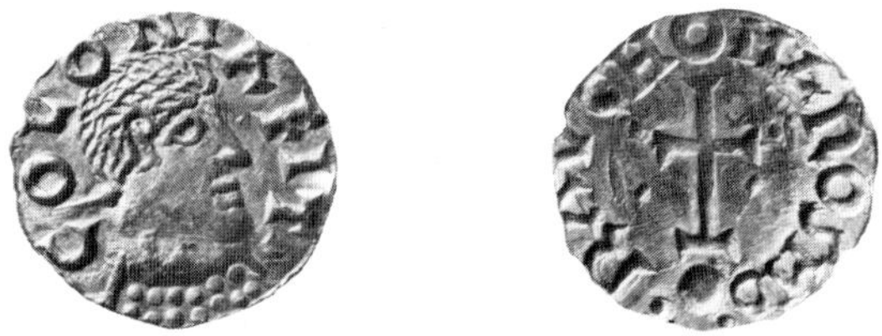

Abb. 5 Goldprägung des Rauchomarus. Triens. Röm.-Germ.Mus.Köln.
Dm. 1,8 cm.

Kleinkönige: Sigibert der Alte und sein Sohn Chloderich. Chlodewech I. (Chlodwig) läßt sie ermorden und bemächtigt sich des Kronschatzes. Offenbar wird er in Köln von den Ribuariern auf den Schild gehoben. Nach seinem Tod fällt das austrasische Reich an seinen Sohn Theuderich I. (511–534), der um 520 zusammen mit dem hl. Gallus, Bischof von Clermont, Köln (Agrippina urbs) besucht. Gallus legt an einen heidnischen Tempel Feuer. Der Volkszorn zwingt ihn, in die ‚aula regia' (Königspalast) zu fliehen. Der Nachfolger, Theudebert I. (534–548), Chlodewechs Enkel, läßt in Köln Münzen mit seinem Bild und Namen prägen (Abb. 4). Die literarische Überlieferung erlaubt die Vermutung, daß die austrasischen Teilkönige bis zu Chlotar IV. (gest. 719) gelegentlich in Köln residieren. Zu dieser Zeit ist Metz die Hauptstadt Austrasiens, Köln der Mittelpunkt Ribuariens. Kölner Prägungen merowingischer Münzmeister zeugen von der Bedeutung der Stadt (Abb. 5).

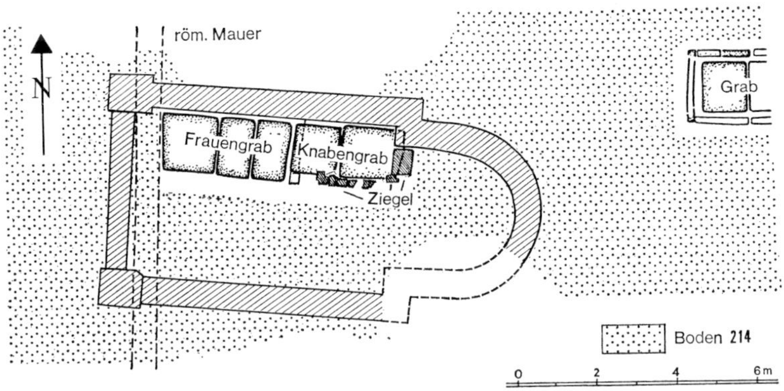


Abb. 6 Plan des Oratoriums unter dem Kölner Dom (nach K. Böhner, Kölner Jahrb. 1967/8). Vgl. Beilage 8, Nr. 10.

Der Urbau von St. Gereon wird Hofkirche der merowingischen Könige und Begräbnisplatz des fränkischen Adels. Das spätrömische Praetorium dient nun als Residenz, vielleicht bis in das 8. Jh. Ein panegyrisches Gedicht des Venantius Fortunatus bezeugt für das 6. Jh. ‚aurea templa' (goldene Kirchen) in der Agrippina Colonia. Welche Kirchen hiermit angesprochen werden, ist nicht sicher. Umfang und Aussehen der merowingischen Kathedrale an der Stelle der heutigen Domkirche bleiben auch nach den bisherigen Forschungen noch unklar. Das Patrozinium St. Petrus ist erstmals für die Zeit Bischof Kuniberts (ca. 626–nach 648) bezeugt. Das kleine Oratorium unter dem späteren Dom (Abb. 6) mit den beiden Grablegen austrasischer Adliger war damals schon untergegangen (s. S. 201 ff.).

Ebensowichtig ist für den Stadtraum innerhalb der Befestigung die Frage nach weiteren Kirchen. Die urkundliche Überlieferung der Altstadtkirchen reicht nur bis an die Jahrtausendwende zurück. St. Maria im Kapitol stellt eine Ausnahme dar: Die Prüfung der Quellen läßt verläßlich auf eine von Plectrudis Anfang des 8. Jhs. begründete Eigenkirche an der Stelle des römischen Kapitols schließen. St. Alban, St. Laurenz und St. Kolumba haben teilweise seltene fränkische Patrozinien, ihre spätere Bedeutung als vornehme Altstadtpfarreien läßt auf vorkarolingisches Alter schließen. Der erste kleine, einschiffige Bau der Kolumbakirche reicht wohl zurück in spätfränkische Zeit. Der Befund deutet an, daß hier ein archäologisches Zeugnis für eine fränkische Eigenkirche vorliegt, die als Mittelpunkt der flächenmäßig größten Altstadtpfarrei bis in das Hochmittelalter wächst. (Zu den einzelnen Kirchen vgl. den Plan S. 229 und die jeweiligen Stichworte in Bd. 38 u. 39.)

Als Ergebnis des sich über zwei bis drei Jahrhunderte hinziehenden Verödungsprozesses im Westen der Stadt erscheinen im Mittelalter an der Stelle der ehemaligen römischen Wohnbereiche agrarisch genutzte Flächen. Das Stift St. Cäcilien und das Kloster St. Klara besitzen nun in ihren Immunitäten Wein- und Gemüsegärten. Über ein römisches Wohnviertel legt sich die Fläche des Neumarktes. Die Wandlung zu einer ‚Gartenlandschaft' hat jedoch nicht zu einem proportionalen Verlust an Einwohnern im Vergleich zur römischen Zeit geführt. Von der in römischer Zeit dicht bebauten Stadt darf nicht zugleich auf eine entsprechende Einwohnerdichte geschlossen werden. Die mittelalterliche Bebauung ist kleinteilig eng an die neuen Straßenzüge gebunden.

Der Bevölkerungsverlust im Westteil der Stadt ist vermutlich zum Teil durch eine stärkere private Aufsiedlung auf der ehemaligen Rheininsel ausgeglichen worden; in römischer Zeit gab es hier offenbar noch keine private Bebauung. Die allgemeine Siedlungsbewegung in Richtung Rheinufer wurde zusätzlich gefördert und gestärkt durch den Umstand, daß der Geländestreifen zwischen Hohe Straße und der Ostmauer der römischen Stadt ursprünglich der privaten Verfügung weitgehend entzogen war.

Das Areal des Königspalastes scheint in karolingisch-ottonischer Zeit endgültig verfallen zu sein, unter dem Schutz des Erzbischofs breitet sich hier das Judenviertel aus. Erzbischof Hildebold (vor 787–818) legt den Grundstein für den Alten Dom. Doch der Bau übersteigt offenbar die Kräfte der christlichen Gemeinde; erst 870 kann Willibert den Dom weihen (Abb. 7).

Abb. 7 Die Westkrypta des Hildebold-Domes.

Der Normannensturm in den Jahren 881/882 hat Köln vielleicht noch einmal in seiner Entwicklung zurückgeworfen. Wie sehr die Stadt gelitten hat, läßt sich bisher aus den widersprüchlichen Indizien nicht ablesen: denn einerseits ist der Verlust des erzbischöflichen Archivs und mancher Reliquien festzustellen, andererseits ist beispielsweise die Dombibliothek erhalten geblieben.

Ein gültiges Bild der mittelalterlichen Stadt sollte sich erst in ottonischer Zeit formen. Unter Erzbischof Bruno (953–965) begann die Blüte der Stadt, wirtschaftlicher Aufschwung und kaiserliche Gunst förderten das neue urbane Leben. Doch es war immer noch eine Siedlung, die von der alten römischen Mauer umgürtet war und deren Häuser und Buden zwischen den noch vorhandenen römischen Ruinen standen.

Die tiefgreifenden Veränderungen des Stadtbildes können wir bis auf Ausnahmen nur an den sakralen Bauten – Köln besitzt gegen Ende des 10. Jhs. mehr als zwanzig Kirchen – ablesen. Es zeichnen sich jedoch Siedlungsbewegungen ab, die nun entscheidend über den alten Stadtrahmen hinausgreifen; die Vorstädte Oversburg, Niederich und St. Aposteln gewinnen eigenes Gewicht. Die nunmehr zweite mittelalterliche Befestigung bindet sie 1106 an den alten ‚römischen' Kern an. Köln war in jener Zeit endgültig die führende Stadt Mitteleuropas geworden.

*Literatur:*

Eine kritische Übersicht und Zusammenfassung der Stadtgeschichte im Frühmittelalter unter Berücksichtigung der archäologischen Ergebnisse der letzten 25 Jahre fehlen bisher. Hier kann nur die wichtigste Literatur genannt werden:
H. Keussen, Topographie der Stadt Köln im Mittelalter, 1, 2 (1910). – E. Hegel, Kölner Kirchen und die Stadtzerstörungen von 355 und 881. In: Die Kunstdenkmäler im Landesteil Nordrhein. Beih. 2: Kölner Untersuchungen (1950) 41 ff. – E. Ewig, Die Civitas Ubiorum, die Francia Rinensis und das Land Ribuarien. Rhein. Vierteljahrsbl. 19, 1954, 1 ff. – F. Steinbach, Der Ursprung der Kölner Stadtgemeinde. Rhein. Vierteljahrsbl. 19, 1954, 273 ff. – F. W. Oediger, Die Regesten der Erzbischöfe von Köln im Mittelalter 1 (1955). – W. Lung, Zur Topographie der frühmittelalterlichen Kölner Altstadt. Kölner Jahrb. 2, 1956, 54 ff. – H. Schmitz, Colonia Claudia Ara Agrippinensium (1956). – C. Brühl, Königspfalz und Bischofsstadt in fränkischer Zeit. Rhein. Vierteljahrsbl. 23, 1958, 161 ff. – O. Doppelfeld, Quellen zur Geschichte Kölns in römischer und fränkischer Zeit. Ausgewählte Quellen zur Kölner Stadtgeschichte 1 (1958). – Ders., Das römische Köln als Grundlage für die mittelalterliche Stadt. Germania Romana I. Gymnasium Beih. 1 (1960) 11 ff. – W. Binsfeld, Eine Brunnenverfüllung aus den Jahren 355–360 n. Chr. Kölner Jahrb. 5, 1960/61, 73 ff. – Ders., Neuere Funde aus dem 4. Jahrhundert in Köln. Kölner Jahrb. 6, 1962/63, 89 ff. – O. Doppelfeld, Theudebert für Köln. In: Festschr. W. Weyres (1965) 139 ff. – Frühchristliches Köln, Hrsg. Röm. Germ. Mus. Köln (1965). – O. Doppelfeld, Das Fortleben der Stadt Köln vom 5. bis 8. Jahrhundert n. Chr. Early Medieval Studies 1. Antikvariskt Arkiv 38 (1970) 35 ff. – E. Ennen, Europäische Züge der mittelalterlichen Kölner Stadtgeschichte. Köln, das Reich und Europa. Mitt. Stadtarchiv 60 (1971) 1 ff. – H. Jakobs, Verfassungstopographische Studien zur Kölner Stadtgeschichte des 10. bis 12. Jhdts. Köln, das Reich und Europa. Mitt. Stadtarchiv 60 (1971) 49 ff. – F. Oswald, L. Schäfer u. H. R. Sennhauser, Vorromanische Kirchenbauten. Katalog der Denkmäler bis zum

Ausgang der Ottonen (1971) 139 ff. – F. W. Oediger, Geschichte des Erzbistums Köln 1 (2. Aufl. 1971). – H. E. Kubach u. A. Verbeek, Romanische Baukunst an Rhein und Maas. Katalog der vorromanischen und romanischen Denkmäler 1 (1976) 496 ff. – S. Seiler, Ausgrabungen in der Kirche St. Kolumba in Köln. Zeitschrift f. Archäologie d. Mittelalters 5, 1977, 97 ff. – H. v. Petrikovits, s. v. Germania (Romana). Reallexikon f. Antike u. Christentum (1978). – Ders., Rheinische Geschichte 1,1. Altertum (1978). – Ein historisch-topographisches Kartenbild der Wachstumsphasen der antiken und mittelalterlichen Stadt bei H. Hellenkemper u. E. Meynen, Deutscher Städteatlas, Lfg. II, 6: Köln (1979).

*H. Hellenkemper*

## *Fränkische Altertümer im Kölner Raum*

Fast ein halbes Jahrtausend Kölner Geschichte wird durch die Franken bestimmt. Schriftliche Überlieferung und archäologische Funde gestatten jedoch nur eine sehr lückenhafte Skizze dieses Zeitraums.

Der Übergang des römischen Reichsgebiets am Rhein im Bereich von Köln in den Herrschaftsbereich der Franken, die seit dem 3. Jh. erwähnt werden, vollzog sich innerhalb eines langsamen Prozesses, der weit über hundert Jahre gedauert hat. Die fränkischen Eroberungs- und Kriegszüge gegen das Reichsgebiet wurden durch tatkräftige römische Kaiser wie Julian (Caesar seit 355; Alleinherrscher 361–363) mehrfach aufgefangen, und die römische Ordnung wurde wiederhergestellt. Schon seit dem 3. Jh. lag die Abwehr der fränkischen Überfälle teilweise ebenfalls in Händen von Franken, die als Foederaten im römischen Reichsverband militärische Dienste leisteten.

Während die Unruhezeiten zu einer fortschreitenden Bevölkerungsabnahme auf dem Lande führten, wurden in Köln noch repräsentative Bauwerke errichtet. Kaiser Julian ließ um 356 eine Rheinflotte bauen, um die Bevölkerung der Germania Secunda ausreichend mit Getreide aus Britannien versorgen zu können, denn die Produktion des agrarisch strukturierten Hinterlandes

reichte dazu nicht mehr aus. Zu viele landwirtschaftliche Betriebe waren aufgegeben worden. Dem Abzug der Romanen scheint die Zuwanderung von Germanen entsprochen zu haben; denn es heißt in einem Brief Julians an die Athener, daß sich in aller Ruhe Germanen, also wohl Franken, in großer Zahl im Umland der römischen Städte niederließen. Demgegenüber wurde in der Colonia Agrippina nach der um 310 errichteten steinernen Rheinbrücke mit dem gegen die Franken gerichteten Kastell Deutz noch das Praetorium weiter ausgebaut und eine so prächtige Grabanlage, wie sie in der Gereonskirche erhalten ist, geschaffen (s. Bd. 38).
Nach dem Abzug der römischen Garnisonstruppen um 407 dürfte römisches Leben weiter zurückgedrängt worden sein. Der Grabstein des Viatorinus, der im 4. Jh. bei Deutz von einem Franken erschlagen wurde (s. 49, Abb. 4), spiegelt deutlich die Unsicherheit der Zeit. Auch der Verwahrfund aus dem Königsforst auf der rechten Rheinseite bei Bensberg aus der zweiten Hälfte des 4. Jhs. mit über 3000 römischen Bronzemünzen und einer großen Zahl eiserner Werkzeuge gehört in diese Unruhezeit. Erst um 450/460 geriet Köln endgültig unter fränkische Kontrolle.
Dieses Bild der politischen Ereignisse läßt sich anhand der wenigen schriftlichen Nachrichten entwerfen. Sehr viel schwieriger jedoch ist es, Spuren der Germanen, der Franken, im archäologischen Material des 4. und 5. Jhs. zu entdecken. Bricht die Besiedlung der auf dem Land von Romanen bewirtschafteten Gutshöfe spätestens um 400 ab, und dünnt auch die Belegung der römischen Gräberfelder immer stärker aus, so ist dennoch mit einer länger am Ort lebenden romanischen Bevölkerung in Köln zu rechnen. Da aber schon um die Mitte des 4. Jhs. die Ausstattung der Gräber mit Beigaben zurückgeht, ist eine Identifikation der Bestatteten nach ihrer Grabsitte als Franken oder Romanen nicht mehr möglich.
Zu den ältesten germanischen Funden gehört die Bestattung eines Kriegers mit Schwert und römischem Gebrauchsgerät. Die Waffenbeigabe ist völlig unrömisch und deutet daher auf einen Germanen. Das Grab aus der Zeit des frühen 4. Jhs. wurde unweit der

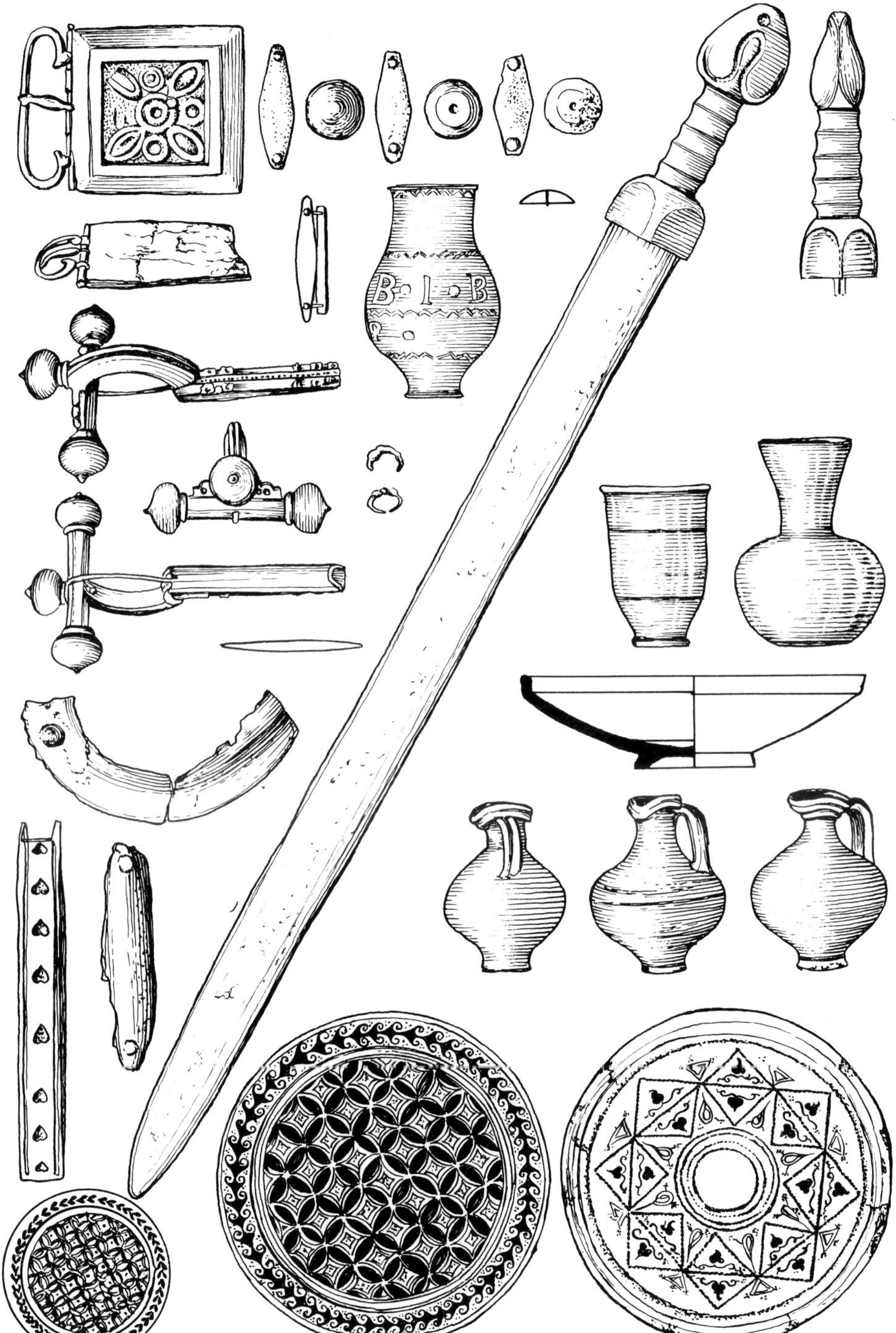


Abb. 1 Waffengrab. Rhein. Landesmus. Bonn (nach F. Fremersdorf). L. des Schwertes ca. 75 cm, der Zwiebelknopffibel 8,8 cm.

Abb. 2 (oben) Gegossene Kerbschnitt-Gürtelgarnitur aus Köln, St. Apernstr. Röm.-Germ.Mus. Köln. Höhe der Platten 7,5 cm. – Abb. 3 (rechts) Bronzene Fibel aus Köln-Deutz. Röm.-Germ.Mus. Köln. L. 5,4 cm.

Severinskirche entdeckt (jetzt im Rheinischen Landesmuseum Bonn, Abb. 1).

In denselben Zusammenhang gehört ein Frauengrab aus der Mitte des 4. Jhs. mit römischen Beigaben, aber mit einer germanischen Fibel, das in der Hofergasse gefunden worden ist (Nr. 1)*. Eine Kerbschnittgürtelgarnitur (Nr. 11) aus der zweiten Hälfte des 4. Jhs. (Abb. 2), eine dreiteilige Gürtelgarnitur aus dem gleichen Zeitraum, eine Tierkopfschnalle aus der Zeit um 400 (Nr. 25) und mehrere Schnallen bzw. Gürtelgarnituren aus der ersten Hälfte des 5. Jhs. (Nr. 22–23) belegen die Anwesenheit von Germanen mit eigener Tracht und eigenen Schmuckelementen im Kölner Gebiet. Auch im Bereich des Kastells Deutz sind Funde aus dem 5. Jh. gemacht worden, darunter eine frühe kreuzförmige Fibel (Abb. 3),

*) Diese Nummern beziehen sich auf Beilage 6 und 7 sowie auf die zugehörige Zusammenstellung.

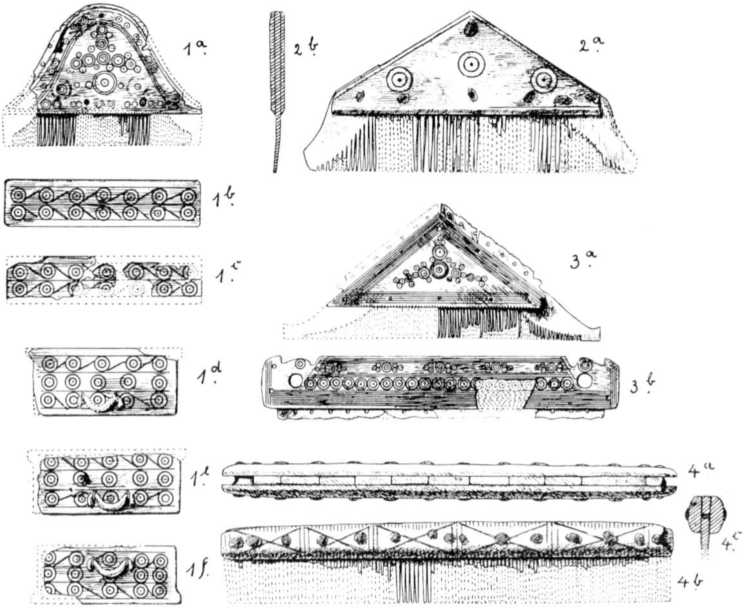


Abb. 4 Germanische Knochenkämme von verschiedenen Fundstellen aus Köln (nach F. Fremersdorf). Röm.-Germ.Mus. Köln. L. zwischen 10 und 18 cm.

die westlich des Osttors ausgegraben worden ist (Nr. 20). Ein weiteres germanisches Element ist in der Beigabe von schön verzierten, dreieckigen Knochenkämmen (Abb. 4) zu sehen, die mehrfach im Stadtgebiet von Köln (Nr. 6, 13, 29) zutage kamen und aus nicht erkannten Gräbern stammen dürften.

Das einzige Gräberfeld im Vorfeld der römischen Stadt, bei der Kirche St. Severin (Nr. 39), das umfangreicher untersucht ist und Bestattungen aus römischer und fränkischer Zeit erbracht hat, weist neben zahlreichen beigabenlosen Gräbern auch einige Bestattungen aus der Mitte des 5. Jhs. auf, die germanische Beigabensitte zeigen. Zwei Knabengräber (Grab 64 und 65) bargen neben ande-

Abb. 5 Franzisken aus den Gräbern 64 und 65 bei St. Severin. Röm.-Germ.Mus. Köln. L. ca. 16 cm.

ren Beigaben in ganz unrömischer Sitte jeweils eine Waffe, und zwar eine Wurfaxt, die Franziska (Abb. 5).
Alle genannten Funde stammen aus einem Zeitabschnitt, in dem Köln zwar noch eine römische Stadt war, aber ohne Germanen nicht mehr existieren konnte. Gerade in die Zeit der endgültigen Übernahme Kölns durch die Franken gehören die zuletzt genannten Waffengräber von St. Severin.
Der zweiten Hälfte des 5. Jhs. lassen sich bisher keine Funde mit Sicherheit zuweisen. Nur die schriftliche Überlieferung belegt, daß die letzten rheinfränkischen Könige Sigibert (ca. 470–ca. 508) und

sein Sohn Chloderich (ca. 507 ff.) in Köln residiert haben, ehe Chlodwig ihr Reich übernahm.
Innerhalb der Stadtmauern durfte in römischer Zeit nicht bestattet werden; auch aus fränkischer Zeit sind Gräber intra muros nicht bekannt. Eine Ausnahme bilden die beiden fürstlich ausgestatteten Gräber, die 6 m tief unter dem heutigen Domchor gefunden wurden (Nr. 7; s. Bd. 38). In einer kleinen Kapelle von 11 m × 6 m wurden zwei flüchtig zusammengefügte Plattensärge (s. S. 191, Abb. 6) hart an die Nordwand gestellt. Sie enthielten die hölzernen Särge einer etwa 25–30 Jahre alten Frau und eines sechsjährigen Knaben, die wahrscheinlich zur gleichen Zeit bestattet worden sind, und zwar in der ersten Hälfte des 6. Jhs. (Abb. 6–9). Außer den beiden Fürstengräbern ist im Atrium mindestens ein weiteres Grab gefunden worden, das auf Grund der Schichtenlage in die fränkische Zeit gehört. Nur wenige Jahre nach der Beisetzung der beiden vornehmen Toten wurde die Kapelle niedergelegt.
Die besondere Lage der Gräber im Atrium der spätantiken Bischofskirche und der Reichtum der Beigaben erlaubten die Vermutung, daß die Toten der westfränkischen Königsfamilie angehört haben könnten. Man sieht in der Frau die langobardische Prinzessin Wisigarde, die später die Frau Theudeberts I. (534–548) wurde, der sich öfter in Köln aufgehalten hat. Wenn man sich aber vergegenwärtigt, daß für die Zeit der Grablegungen Köln als Bischofssitz nicht gesichert ist, erscheint diese Deutung keineswegs zwingend. Die nicht den übrigen Baufluchten entsprechende Ausrichtung der kleinen Kapelle könnte ebenfalls dafür sprechen, daß die alte Bischofskirche zeitweilig keine besondere Rolle mehr spielte. Die Wiedereinrichtung des Bischofssitzes mag dann dazu geführt haben, daß der Bestattungsplatz aufgegeben werden mußte.
Seit Chlodwigs Zeit zum Christentum bekehrt, ließen sich Franken oft in unmittelbarer Nachbarschaft einer Kirche bestatten. Nicht nur bei der Domkirche, sondern auch bei den anderen spätantiken Kirchen, die weiterbenutzt wurden, haben sich ähnlich reiche Bestattungen einer „Adelsschicht“ gefunden.

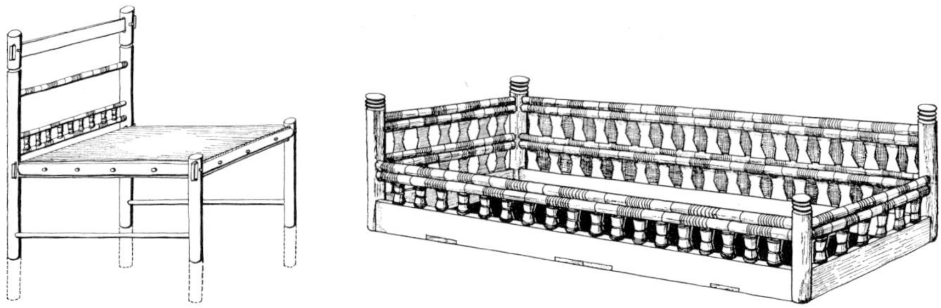

Abb. 6 Rekonstruktion von Stuhl und Totenlade aus dem Knabengrab unter dem Kölner Dom (nach O. Doppelfeld). – M = 1:25.

Abb. 7 Trinkhorn und Holzflasche aus dem Knabengrab unter dem Kölner Dom. Erzbischöfl. Diözesan-Mus.Köln. L. des Trinkhorns 14 cm, H. der Flasche 19,5 cm.

Abb. 8 Helm aus dem Knabengrab unter dem Kölner Dom. Erzbischöfl. Diözesan-Mus. Köln. Dm. 17,6 cm.

Für St. Gereon (Nr. 6) ist überliefert, daß 1069 Erzbischof Anno II. und 1121 der heilige Norbert von Xanten auf der Suche nach den Märtyrern der Thebäischen Legion auf Bestattungen stießen, die Waffen, Sporen und golddurchwirkte Kleidungsstücke enthielten. Ende des 19. Jhs. wurden in der Vorhalle weitere Gräber, darunter

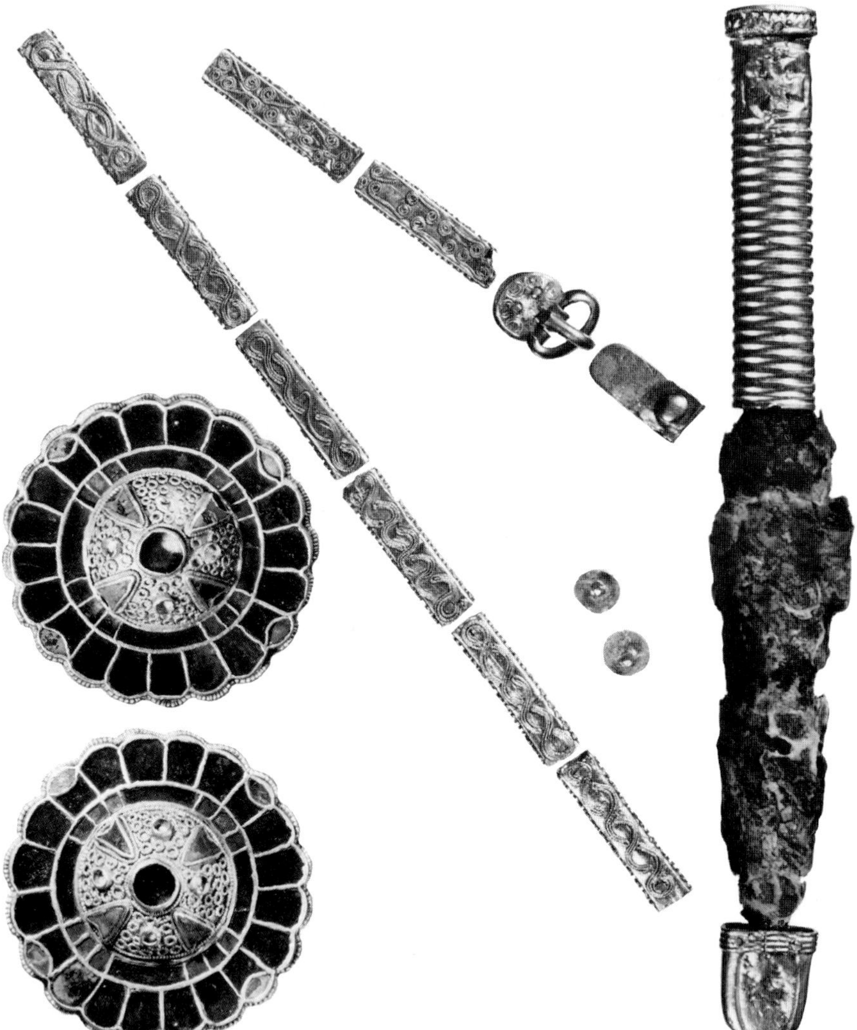

Abb. 9 Scheibenfibel-Paar (unten links) und goldbesetztes Messer mit Gehänge aus dem Frauengrab unter dem Kölner Dom. Erzbischöfl. Diözesan-Mus. Köln. M = 1:1.

Abb. 10 Bronzebeschläge von einem Schwertgehänge aus einem Grab bei St. Gereon. Röm.-Germ.Mus. Köln. H. 5,8 cm.

zwei Sarkophage mit Waffenbeigaben (Abb. 10), gefunden. Auch bei den Grabungen von Gerkans ist ein durch Beigaben datiertes Grab des 7. Jhs. entdeckt worden, während der größte Teil der bei St. Gereon ausgegrabenen gestörten und mehrfach wiederverwendeten Sarkophage und Plattengräber zeitlich nicht näher zu bestimmen ist. Zu den Funden, die der Ausstattung reicher Adelsgräber entsprechen, tritt die Überlieferung, daß sich Theuderich II. (595–612) in St. Gereon huldigen ließ. Demnach könnte auch St. Gereon eine Königsgrabkirche gewesen sein.

Um die zweite Kirche vor der Stadt, St. Severin (Nr. 39), erstreckt sich ein fränkisches Gräberfeld, das die Tradition des römischen aufnimmt. Unter den Gräbern befinden sich einige reich mit Bei-

Abb. 11 Bügelfibel-Paar aus Grab 217 bei St. Severin. Röm.-Germ.Mus. Köln. L. 10,2 cm.

gaben versehene Bestattungen, darunter das Grab 217 (Abb. 11), das in manchem dem Frauengrab unter dem Dom entspricht und auch in die gleiche Zeit gehört. Das Schwert mit Almandinverzierung, das 1957 entdeckt worden ist und ins frühe 6. Jh. gehört, stammt allem Anschein nach aus einem ausgeraubten Fürstengrab (Grab 205), von dem nur noch ein Bratspieß übriggeblieben ist, wie er auch in andern reichen Gräbern gefunden wurde (Abb. 12).
Die genannten Gräber gehören in den gleichen Zeitraum, in das frühe 6. Jh. Sie zeigen zudem im archäologischen Material den Beginn der stärkeren fränkischen Besiedlung des Kölner Gebietes an, die mit „fürstlich“ ausgestatteten Grablegen des frühen fränkischen „Adels“ – nach dem jetzigen Forschungsstand – an drei Stellen in und um Colonia einsetzt: beim Dom, bei St. Gereon und bei St. Severin.
Im ländlichen Umland von Köln bietet sich ein ähnliches Bild. Die

Abb. 12 (links) Schwert mit almandinverzierter Scheide aus Grab 205 bei St. Severin. Röm.-Germ. Mus. Köln. L. des Schwertes 83,5 cm, Br. des Scheidenmundbleches 5,0 cm. – Abb. 13 (rechts) Ostgotische Almandinschnalle aus einem 1845 gefundenen Grab bei St. Severin (nach J. Werner). Pitt-Rivers Mus. Farnham, England. L. 6,3 cm, Br. 5,1 cm.

beiden größeren Gräberfelder von Junkersdorf (Nr. 49) und Müngersdorf (Nr. 50), etwa 5 bis 6 km vor der römischen Stadtmauer gelegen, setzen im frühen 6. Jh. ein. Ihre benachbarte Lage unterstreicht die recht dichte Besiedlung des Kölner Umlandes. Die Belegung der Gräberfelder im rechtsrheinischen Gebiet, so bei Porz-Grengel (Nr. 58) und Köln-Poll (Nr. 53) beginnt sogar erst im 7. Jh.

Der Umfang der Gräberfelder erlaubt in Grenzen den Rückschluß auf die ehemalige Siedlungsgröße. Wenn man berücksichtigt, daß Kinder nicht bestattet worden sind, dann entspricht den 149 Gräbern des Müngersdorfer Friedhofs eine Gesamtzahl von etwa 230 Verstorbenen. Demnach hätten hier etwa 35–45 Leute gleichzeitig gelebt. Das sind die Bewohner von nicht mehr als zwei bis drei Höfen. Die Zahlen für Junkersdorf lauten bei 543 Gräbern und einer geschätzten Gesamtzahl von rund 920 Verstorbenen für das 6. Jh. rund 130 und für das 7. Jh. 150 gleichzeitig lebende Menschen; das sind fünf bis sechs Höfe. Die Anzahl von 120 fränkischen Bestattungen auf dem Gräberfeld im Bereich der Kirche St. Severin aus drei Jahrhunderten entspricht nur einem Gehöft. Doch ist anscheinend bisher nur ein Bruchteil der merowingerzeitlichen Gräber gefunden worden.

Die Gräberfelder um Köln geben durch ihre Beigaben bis in die Zeit um 700 Auskunft über Tracht und Bewaffnung und in gewisser Hinsicht auch über die soziale Stellung der fränkischen Bevölkerung. Auch die „internationalen" Beziehungen der reichen Franken lassen sich an den Beigaben eindrucksvoll ablesen. Helm (Abb. 8) und Pfeile des fürstlichen Knabengrabes kommen aus dem Osten; die prächtigen Bügelfibeln aus dem Frauengrab unter dem Dom lassen thüringischen Einfluß erkennen. Die Amulettkapsel und ein wertvoller Goldring stammen aus dem Mittelmeergebiet. Ein 1845 geborgenes Grab an der Severinstorburg (Nr. 39) enthielt eine ostgotische Almandinschnalle (Abb. 13). Einige Bügelfibeln aus dem Müngersdorfer Gräberfeld sind nordischer Herkunft.

Abb. 14 Saxe mit verzierten Scheiden von verschiedenen Fundorten aus Köln. Röm.-Germ.Mus. Köln.

Kriegerisches Lebensgefühl bringen die zahlreichen Waffenbeigaben zum Ausdruck. Doch haben längst nicht alle Männergräber eine Ausstattung mit Langschwert, einschneidigem Hiebmesser, dem Sax (Abb. 14), Lanze und Schild. Ebenso enthält nur ein geringer Prozentsatz der Frauengräber die für die Tracht des 6. Jhs. typischen Bügelfibelpaare (Abb. 15) oder die das 7. Jh. kennzeich-

Abb. 15 Bügelfibel-Paar aus Grab 127 von Köln-Müngersdorf. Röm.-Germ.Mus. Köln. L. 12,4 cm.

Abb. 16 Scheibenfibel (Vorder- und Rückseite) aus Grab 78 von Köln-Müngersdorf. Röm.-Germ. Mus.Köln. Dm. 4,3 cm.

nenden Scheibenfibeln (Abb. 16). Diese Beigaben der Oberschicht waren häufig Ziel von Grabräubern, die schon in merowingischer Zeit die Bestattungsplätze plünderten. Vieles spricht dafür, daß sie aus derselben Gemeinschaft stammten wie die Toten und die Lage der Beigaben im Grab genau kannten. Strebte man eine standesgemäße Bestattung an, so mußten wertvolle Beigaben beschafft werden. Als dies bei der Verknappung von Edelmetall in der Spätphase der Reihengräbersitte immer schwieriger wurde, scheint der Weg des Grabraubs von den Anwohnern toleriert worden zu sein. 30 Prozent der Gräber von Müngersdorf sind beraubt worden, in Junkersdorf etwa 90 Prozent.

Günstige Erhaltungsbedingungen haben manchmal Beigaben überliefert, die über die Tracht hinaus Schlaglichter auf den Lebenszuschnitt der fränkischen Bevölkerung werfen. An erster Stelle sind die gedrechselten Möbel aus den fürstlichen Gräbern unter dem Dom zu erwähnen (Abb. 6). Dort wurden außerdem hölzerne Flaschen und Schalen gefunden, die sonst immer vergangen sind (Abb. 7). Eine Seltenheit ist auch die in Grab 100 von St. Severin erhaltene Leier, eines der ganz wenigen Musikinstrumente der fränkischen Zeit (Abb. 17). Mit Bronzebeschlägen verzierte Eimer (Abb. 18) und Kästchen ergänzen die Funde aus gehobenem Besitztum, wozu auch die Zierschlüssel aus einem Grab von Junkersdorf gehören (Abb. 19).

Die jüngsten Gräber der Friedhöfe von Junkersdorf und Müngersdorf gehören dem späten 7. Jh. an. Das berühmte Grab des Sängers (Abb. 17) von St. Severin stammt aus der Zeit um 700. Eine kleine Gräbergruppe bei St. Pantaleon (Nr. 34) gehört wohl ebenfalls der spätfränkischen Zeit an. In das 8. Jh. ist eine kleine Kreuzfibel zu datieren, die im Bereich der Luxemburger Straße (Nr. 37) gefunden worden ist (Landesmuseum Bonn). Nach der Überlieferung flüchtete sich Königin Plektrudis nach dem Tode ihres Mannes Pippin des Mittleren 714 und während des Machtkampfes mit ihrem Stiefsohn Karl Martell nach Köln. In der Kirche St. Maria im Kapitol (Nr. 28) wurde sie bei dem von ihr gegründeten Stift beigesetzt.

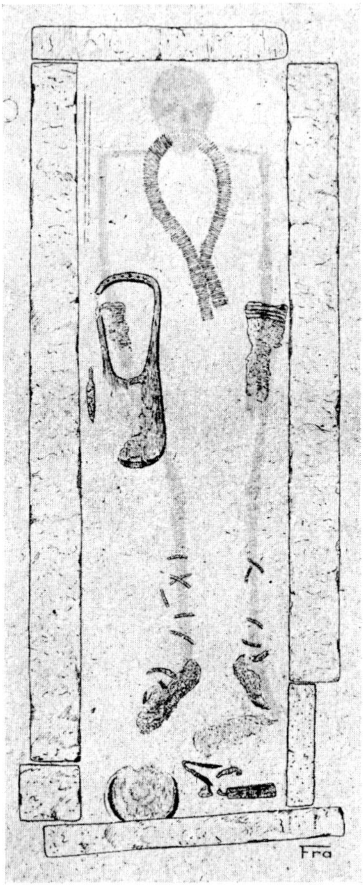


Abb. 17 Plan von Grab 100 („Grab des Sängers") bei St. Severin (nach F. Fremersdorf). Deutlich sind die Reste der Leier und die Goldbrokateinfassung der Kleidung zu erkennen. M = 1:20.

Ein monolithischer, trapezförmiger Kalksteinsarkophag wird als Plektrudisgrab angesprochen, ohne daß eine sichere Zuweisung des Steindenkmals in das frühe 8. Jh. gegeben wäre.
Für die späte Merowinger- und frühe Karolingerzeit gibt eine Gruppe von Altertümern nach Aufgabe der Beigabensitte noch

Abb. 18 Holzeimer mit Bronzebeschlägen aus einem Grab bei Köln-Godorf. Rhein. Landesmus. Bonn. Dm. 20 cm.

einige – wenn auch spärliche – Hinweise auf fränkische Gräber: die Grabsteine (Nr. 6, 39, 60). Meist in sekundärer Verwendung aufgefunden, entziehen sie sich weitgehend einer siedlungsgeschicht-

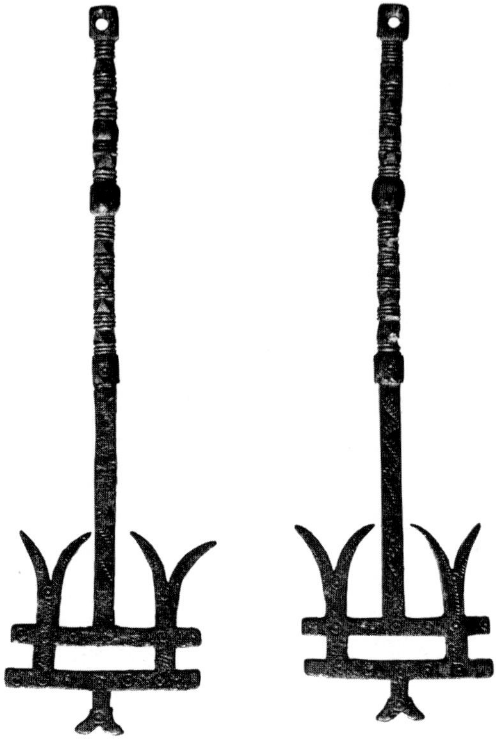

Abb. 19 Symbolische Schlüssel aus Grab 30 von Köln-Junkersdorf. Röm.-Germ.Mus. Köln. L. 14 cm.

lichen Auswertung. Eine größere Gruppe zeigt ein Vortrage- oder Steckkreuz auf der Steinplatte (Abb. 20). Ihre Datierung nach Funden aus anderen Gräberfeldern spannt sich vom späten 7. bis zum 9. Jh. Unter den Kölner Grabsteinen befinden sich darüber hinaus mit der verbleibenden romanischen Bevölkerungsgruppe in Verbindung gebrachte Inschriftensteine, die nach Epigraphik und Ornament in das 5./6. Jh. oder in spätere Zeit gehören. Ein Stein vom Gereonskloster (Nr. 6) weist Verzierungen auf, die in ähnli-

Abb. 20 Grabplatte mit Kreuz von St. Kolumba. Röm.-Germ.Mus. Köln. H. 38 cm.

cher Weise auf dem beinernen Reliquienschrein von Essen-Werden aus der Zeit um 700 vorkommen.

Siedlungen sind bisher kaum bekannt geworden. Reste eines Pfostenbaues und zweier Grubenhäuser haben sich bei den Ausgrabungen im römischen Kastell Deutz (Nr. 20) gefunden. Die Sied-

Abb. 21 Bronzene Scheibenfibel vom Gülichplatz in Köln. Röm.-Germ.Mus. Köln. Dm. 3,5 cm.

lungsspuren scheinen in spätfränkische oder karolingische Zeit zu gehören. Jenseits des Rheins konnten 1974 bei Grengel (Nr. 58) einige Grubenhäuser aus dem 7. Jh. entdeckt und ausgegraben werden.

Während günstige Erhaltungsbedingungen in der Klosterimmunität von St. Heribert und bei Porz-Grengel Siedlungsfunde überliefert haben, fehlen archäologische Hinweise auf eine Ansiedlung innerhalb des römischen und mittelalterlichen Stadtkerns weitgehend. Es könnten gerade hier die großräumigen Bodeneingriffe seit ottonischer Zeit die schwer faßbaren Spuren frühmittelalterlicher Holz- und Fachwerkkonstruktionen nachhaltig verwischt haben. Nur wenige Scherben fränkischer Gefäßkeramik wurden, so z.B. auf dem Domhof (Nr. 8) oder bei St. Caecilien (Nr. 27), in der Helenenstraße (Nr. 12) oder auf der Rheininsel (Nr. 19), gefunden. Von der Pipinstraße (Nr. 29) stammt ein Kamm, der in das 8. Jh. gehören könnte, vom Gülichplatz (Nr. 18) eine bronzene Scheibenfibel aus dem späten 7. Jh. (Abb. 21). Erst die frühe karolingische Keramik vom Badorfer Typ erscheint im Stadtgebiet zwischen Römermauer und Fluß und im Umkreis der alten Kirchen etwas häufiger und spricht für ständige Besiedlung.

Den spärlichen Bodenfunden steht die schriftliche Überlieferung gegenüber, die Köln wiederholt als Aufenthaltsort fränkischer

Könige erwähnt. Man muß also mit einer königlichen Pfalz als Residenz und Schatzhaus rechnen, die im ehemaligen römischen Praetorium (Nr. 16) vermutet wird. Der einzige Fund aber ist ein westgotischer Triens, während sichere Nachweise einer Bautätigkeit in merowingischer Zeit fehlen.

Köln war zu bestimmten Zeiten auch Münzstätte. Wahrscheinlich wurden die Silbermünzen aus dem Knabengrab unter dem Kölner Dom in Köln geprägt, auch Solidi Theudeberts I. (534–548) kommen aus Köln. Außerdem wurde in Junkersdorf Grab 170 (Nr. 49) ein Triens des Monetars Rauchomarus gefunden, der in Köln um 630 arbeitete (s. S. 190, Abb. 5). Zwei weitere Münzmeister, Sunno und Gaucemarus, sind für Köln nachgewiesen.

Verglichen mit den dinglichen Zeugnissen der römischen Zeit, sind die Jahrhunderte fränkischer Herrschaft archäologisch karg belegt. Nach Ausweis der Funde scheinen städtisches Leben und städtische Organisation im merowingischen Köln zu fehlen. Nach dem Untergang antiken städtischen Lebens und vor der Entstehung der mittelalterlichen Handelsstadt besteht – nach dem augenblicklichen Forschungsstand – ein der ländlichen Lebensform fränkischer Zeit entsprechendes Siedlungsbild mit Einzelhöfen und Weilern, die in lockerer Streuung den Sitz des Bischofs an der Stelle des heutigen Doms und das königliche Palatium im alten römischen Praetorium umgeben.

*Literatur:*

Allgemein: K. Böhner, Archäologische Beiträge zur Erforschung der Frankenzeit am Niederrhein. Rhein. Vierteljahrsbl. 15/16, 1950/51, 19–38. – O. Doppelfeld, in: Zwei Jahrtausende Kölner Wirtschaft 1. Die Merowingerzeit (1975) 71–82. – E. Zöllner, Geschichte der Franken bis zur Mitte des 6. Jh. (1970).

Frühe Germanengräber: H. W. Böhme, Germanische Grabfunde des 4. bis 5. Jahrhunderts zwischen Elbe und unterer Loire (1974) Text 276–278, Nr. 102. – F. Fremersdorf, Gräber der einheimischen Bevölkerung in römischer Zeit. Prähist. Zeitschr. 18, 1927, 255–293. – Ders., Zwei germanische Grabfunde des frühen 5. Jahrhunderts aus Köln. Germania 25, 1941, 180–188.

Fränkische Gräberfelder: F. Fremersdorf, Römische und fränkische Gräber bei der Severinskirche in Köln. Bonner Jahrb. 138, 1933, 22–80. – Ders., Zwei wichtige Frankengräber aus Köln. IPEK 15/16, 1941/42, 124–139. – Ders., Frankengräber des 7./8. Jahrhunderts in Köln-Poll und Untersuchungen im spätrömischen Kastell Deutz. Zeitschr. des Berg. Geschichtsvereins 73, 1954, 153–161. – Ders., Das fränkische Reihengräberfeld Köln-Müngersdorf (1955). – Ders., Ergebnisse der Forschungen bei der St. Severinskirche in Köln. In: Neue Ausgrabungen in Deutschland (1958) 329–339. – S. Gollub, Zur ältesten Besiedlung der Stadt Porz und ihrer näheren Umgebung. Unser Porz 8, 1966, 1–73. – P. La Baume, Das fränkische Gräberfeld von Junkersdorf bei Köln (1967). Germ. Denkm. Völkerwanderungszeit, Ser. B, 3 (1967). – Ders., Ein Frankengrab in Köln-Deutz. Kölner Jahrb. 5, 1960/61, 89–90. – J. Werner, Eine ostgotische Prunkschnalle von Köln-Severinstraße. Kölner Jahrb. 3, 1958, 55–61.

Fürstengräber: K. Böhner, Zur Zeitstellung der beiden fränkischen Gräber unter dem Kölner Dom. Kölner Jahrb. 9, 1967/68, 124–135. – O. Doppelfeld, Das fränkische Frauengrab unter dem Chor des Kölner Domes. Germania 38, 1960, 89–113. – Ders., Das fränkische Knabengrab unter dem Chor des Kölner Domes. Germania 42, 1964, 156–188. – Ders. u. R. Pirling, Fränkische Fürsten im Rheinland (1966). – H. Grahn-Hoek, Die fränkische Oberschicht im 6. Jh. Vorträge und Forschungen, Sonderband 21 (1976). – F. Stein, Adelsgräber des 8. Jahrhunderts in Deutschland. Germ. Denkm. Völkerwanderungszeit, Ser. A, 9 (1967) Text 313–315, Nr. 210.

Grabsteine: G. Binding, „Memoriensteine" am unteren Niederrhein. Kalender für das Klever Land auf das Jahr 1971, 49–62. – W. Binsfeld, Zu den frühchristlichen Grabinschriften Kölns. Germania 45, 1967, 105–109. – Ders., Frühchristliche Steininschriften. In: Frühchristliches Köln (Hrsg. Röm.-Germ. Mus. Köln; 1965) 59–64. – K. Böhner, Rheinische Grabdenkmäler der Merowingerzeit als Zeugnisse frühen fränkischen Christentums. In: Das erste Jahrtausend. Textband 2 (1964) 653–678. – F. Mühlberg, Memoriensteine und Tischaltar in Rodenkirchen. Kölner Jahrb. 9, 1967/68, 167–174.

Siedlungen: W. Janssen, Ausschnitte aus einer fränkischen Siedlung in Köln-Porz. Bonner Jahrb. 178, 1978, 427–478.

Bevölkerungszahlen: P. Donat u. H. Ulrich, Einwohnerzahlen und Siedlungsgröße der Merowingerzeit. Zeitschr. für Archäologie 5, 1971, 234–265.

*Elisabeth M. Spiegel · H. Steuer*

# KÖLN IN MITTELALTER UND NEUZEIT

## *Geschichte und Stadtbild*

Topographie und Baubestand Kölns wandeln sich nicht kontinuierlich, sondern wenige Epochen politischer und wirtschaftlicher Geschichte schaffen in oft lange auseinanderliegenden Blütezeiten das heutige Bild der Stadt Köln.

### *Die erste Phase – das 10. Jahrhundert*

In der mitteleuropäischen Phase der mittelalterlichen Stadtentstehung im 9. und 10. Jh. erlebt auch Köln die neue Bildung eines städtischen Zentrums, nachdem auf den Untergang der römischen Stadt samt ihrer Bürgerschaft und Verwaltung eine lange Zeit nichtstädtischer Pfalzenwirtschaft des Bischofs und später Erzbischofs von Köln folgt. Wie in anderen karolingisch-ottonischen Zentren des Bischofs und des Königs entstehen im Bereich des heutigen Domes um die alte Bischofskirche eine „Kirchenburg" und eine Vorburg der Handwerker und Händler zwischen dieser Burg und dem Rhein (Abb. 1).
Das Bild Kölns wird bestimmt durch Klöster und Stifte – Eigenkirchen des Bischofs mit zugehörigen Wirtschaftshöfen –, von denen jedes einzelne Anwesen für sich ummauert und damit leicht befestigt war. Noch in der Neuzeit sind diese Areale im Stadtbild zu erkennen, besonders bei St. Pantaleon und St. Gereon.
Die Besitzverhältnisse, die den Erzbischof als Herrn des Kölner Burgbanns sehen, haben es verhindert, daß frühe mittelalterliche Befestigungsanlagen vom Typ der Motte, des von einem Graben umgebenen kleinen Burghügels, entstehen konnten. Erst in größerer Distanz von der Stadt gibt es derartige Burghügel, so bei Stommeln, Worringen und Flittard im Norden, Bensberg und Rösrath im Osten und Hürth im Süden, die zum Teil schon außer-

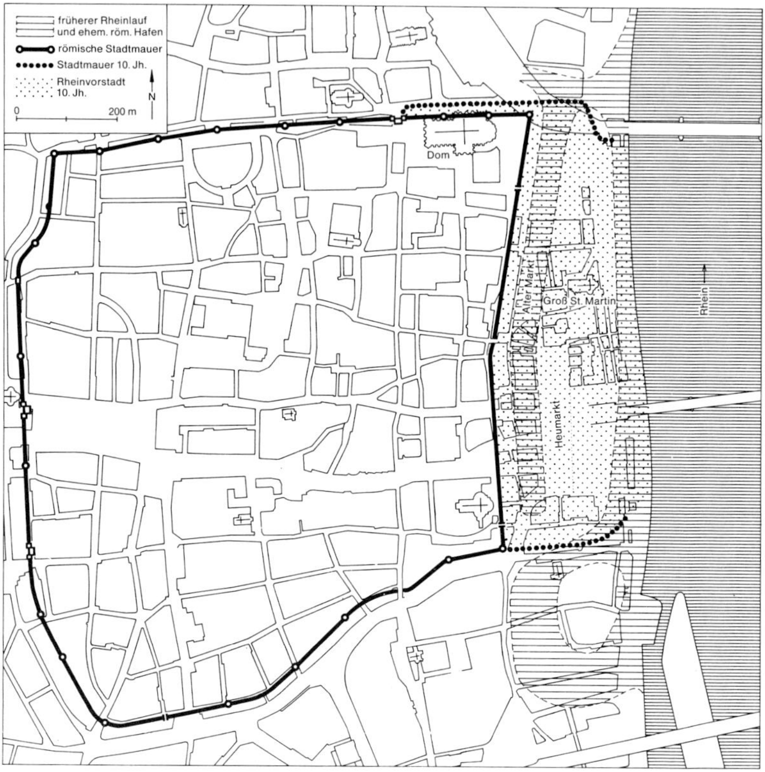


Abb. 1 Köln. Lage der Handwerker- und Händlerstadt des 10. Jhs. zwischen römischer Stadtmauer und Rhein (nach D. Ellmers, Frühmittelalterliche Handelsschiffahrt in Mittel- und Nordeuropa [1972] Abb. 146).

halb des erzbischöflichen Territoriums liegen. In gleichem Abstand umgeben auch Wasserburgen des frühen und späten Mittelalters die Stadt, die teilweise wohl ebenfalls auf frühmittelalterliche Motten zurückgehen.

Erzbischof Bruno (953–965) nimmt im 10. Jh. das Gebiet des Burgbannes, der städtischen Gerichtsbarkeit, aus dem Kölngau heraus. Damit entsteht erstmals wieder ein städtisches Territorium

Abb. 2 Denar Erzbischof Brunos (953–965).

mit eigenem Recht. Kurz vor der brunonischen Zeit werden zum ersten Mal seit der Antike neue Befestigungsanlagen – wohl in Form von Wall, Graben und Palisade – zur Sicherung der aus Handwerkern und vor allem Händlern bestehenden Bevölkerungsansammlung errichtet, Markt und Handel werden in den Schutz des Erzbischofs einbezogen (s. Beilage 9). Die antiken römischen Mauern wurden durch diese Befestigungslinien zum Rheinufer verlängert; Spuren sind noch vorhanden. Der Bau von St. Pantaleon mit seinem mächtigen Westwerk (um 980) symbolisiert die Blütezeit Kölns im 10. Jh.

*Die zweite Phase – das 12. und 13. Jahrhundert*

Gegen den Willen des Stadtherrn, des Erzbischofs, schaffen sich die Kölner Bürger 1106 und 1180 weitere, nach außen geschobene Befestigungslinien und vergrößern damit das städtische Areal beträchtlich (s. Beilage 9):

1. Während des Investiturstreites stellte sich die Kölner Bürgerschaft auf die Seite des alten Kaisers Heinrich IV., der Erzbischof und Stadtherr Friedrich I. (1100–1131) aber auf die Seite des Sohnes Heinrich V. Auf Anordnung Heinrichs IV. bauten die Bürger im Jahre 1106 eine Befestigung, die die aufblühenden

Vororte miteinbezog. Nur Straßennamen, keine Bauten, zeugen noch von diesem Befestigungsring. Das Stadtgebiet vergrößerte sich damals auf 200 Hektar.
2. Im Jahr 1180 mußte der Erzbischof Philipp von Heinsberg (1167–1181) die nächste Stadterweiterung samt Anlage der neuen Befestigung nachträglich genehmigen, nachdem die Bürger aus tatsächlicher oder vorgegebener Sorge vor kriegerischer Bedrohung im Streit zwischen Kaiser Barbarossa und Heinrich dem Löwen vollendete Tatsachen geschaffen hatten. Nun machte das Stadtgebiet 400 Hektar aus. Diese Erweiterung des 12. Jhs. reichte aus, um für 700 Jahre, bis 1881, städtisches und agrarisches Gebiet zu schützen. Die Einwohnerzahl Kölns betrug im 12. Jh. wohl 20 000; innerhalb des Mauerringes lebten im 19. Jh. bis zu 150 000 Menschen.
Das 12. und 13. Jh. bilden den zweiten Höhepunkt der Geschichte der Stadt. Die seit 1180 mächtig ausgebaute Stadtbefestigung – der größte je in Deutschland angelegte Mauerring – bestimmt bis heute die topographische Struktur der Stadt, wenn auch von der Stadtmauer und den zwölf gewaltigen Torburgen nur wenige Mauerstücke und drei der Torburgen stehengeblieben sind (Eigelstein-, Hahnen- und Severinstorburg; Ulrepforte).
Die eindrucksvollen romanischen Befestigungsbauten wurden um 1220 vollendet und zeugen von der Höhe stauferzeitlicher Baukunst. Im frühen 13. Jh. erlebt Köln neben dem Festungsbau eine rege Bautätigkeit, die das gegenwärtige Stadtbild nach Überwindung der Zerstörung des Zweiten Weltkrieges wieder eindrucksvoll kennzeichnet. Die meisten der großen Dreikonchen-Anlagen der Kölner Kirchen werden in diesen Jahrzehnten errichtet, der mächtige Vierungsturm von Groß St. Martin entsteht, und 1248 wird mit dem Bau des gotischen Domes begonnen. Aber auch repräsentative romanische Häuser der Patrizier entstehen, von denen heute noch das Overstolzenhaus zeugt (s. Bd. 38).
Im Jahr 1288 erkämpft die Bürgerschaft der Stadt durch die Schlacht bei Worringen ihre Unabhängigkeit vom Erzbischof, und

es wird damit der Abschluß in der Emanzipierung der städtischen Bürgerschaft vom Erzbischof erreicht, die mit dem Aufstand Kölner Kaufleute gegen Erzbischof Anno II. im Jahr 1074 sichtbar begonnen hatte. Die Zeit der Auseinandersetzung und der Kriege ist aber zugleich eine Zeit kultureller und wirtschaftlicher Blüte.
Die auf wirtschaftlicher Grundlage beruhende Emanzipierung der Bürgerschaft birgt zugleich den Kern für Rivalitäten untereinander in sich. Eigene Befestigungen der entstandenen städtischen Aristokratie innerhalb des Stadtgebietes wird es schon vor Anlage der beiden Mauerringe gegeben haben, nämlich starke befestigte Höfe und Wohntürme. So scheinen alte römische Mauertürme von städtischen Patriziern oder Stiftsherren, aber auch von „auswärtigen" Adelsfamilien zu diesem Zweck benutzt worden zu sein, indem sie die Türme in den Bezirk des eigenen Hauses bzw. Hofes einbezogen hatten. Aber auch neue Wohntürme wurden errichtet. H.-J. Mrusek nennt die in schriftlichen Quellen überlieferten Türme und weist darauf hin, daß die große Stadtansicht von Anton Woensam (1531) zahlreiche derartige Türme und feste Häuser erkennen läßt (vgl. S. 235, Abb. 1).
Die vom Kaiser dem Kölner Erzbischof überlassenen königlichen Hoheitsrechte über Gericht, Markt, Münze und Wehrverfassung verwandeln die Kölner in ein Modell städtischen Lebens, das vorbildlich für zahlreiche andere Orte geworden ist. Das Stadtrecht Kölns wird seit der Zeit um 1100 Vorbild für viele Städte von Westfalen bis zur Ostseeküste.
Schon seit dem 10. Jh. ist die Kölner Münzstätte eine der größten im Deutschen Reich, und Kölner Pfennige – bis zur Schlacht bei Worringen 1288 auch die Standardwährung im Deutschen Reich (Abb. 2) – überschwemmen ganz Mittel-, Nord- und Osteuropa. Die Kölner „Mark" als Maßeinheit der Silbergewichtswährung, zuerst erwähnt in der Mitte des 11. Jhs., wird Gewichtseinheit in vielen europäischen Städten und Ländern und auch Grundlage der Reichsmünzordnungen vom 16. bis zum 19. Jh. Köln ist die erste Stadt, die ein städtisches Siegel führt, im romanischen Stil seit dem

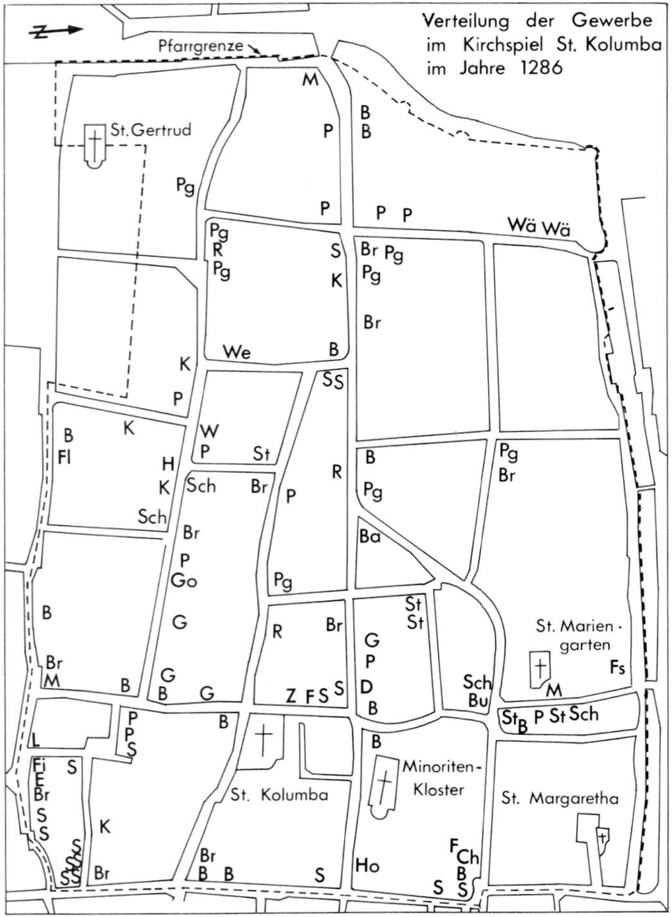


Abb. 3 (links) Verteilung der Gewerbe im Kirchspiel St. Kolumba im Jahre 1286 (nach W. Herborn, in: Zwei Jahrtausende Kölner Wirtschaft 1 [1975] 212 Karte 3).

| | | | | | |
|---|---|---|---|---|---|
| B: | Bäcker | Fl: | Fleischer | R: | Appretierer |
| Ba: | Barbier | Fs: | Fischer | S: | Schmied |
| Br: | Brauer | G: | Gürtelmacher | Sch: | Schuhmacher |
| Bu: | Buchbinder | Go: | Goldschmied | St: | Steinmetz |
| Ch: | Chirurg | H: | Helmmacher | W: | Weinschröder |
| D: | Drechsler | Ho: | Hostienbäckerin | Wä: | Wäscherin |
| E: | Essigmacher | K: | Kesselschläger | We: | Weber |
| F: | Faßbinder | L: | Lederzuschneider | Z: | Zimmermann |
| Fi: | Figurenmacher (Engel für die Kirche) | M: | Müller | | |
| | | P: | Pelzer | | |
| | | Pg: | Gerber | | |

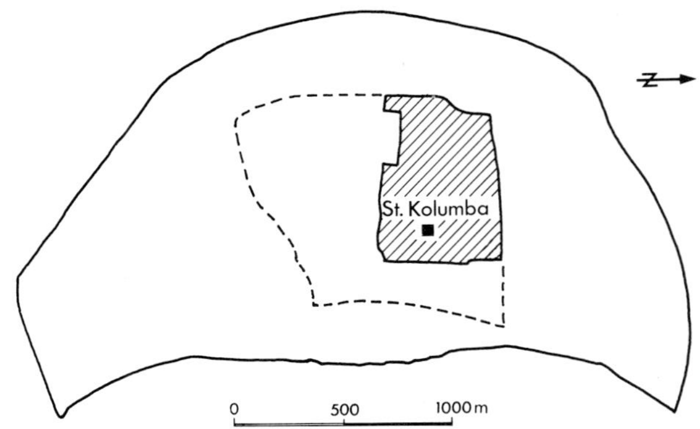


Abb. 4 Lage und Größe des Kirchspiels St. Kolumba im Mauerring von 1180.

zweiten Jahrzehnt des 12. Jhs., ersetzt im Jahr 1268/69 durch ein solches im gotischen Stil.
Schreinsbücher, Grundbücher, seit der Zeit um 1135 geführt, ordnen und überliefern die Grundbesitzverhältnisse in der Stadt. Auf die Privilegien Heinrichs II. von England 1157 für die Kölner Kaufleute in London folgt Kölns Rolle als Mitbegründer der Hanse und als Vorort – seit 1254 – des Rheinischen Städtebundes für den Niederrhein und Westfalen. Erzbischof Konrad von Hochstaden faßt im Jahr 1259 das Stapelrecht in eine Urkunde und sichert den Kölnern mit dem Vorkaufsrecht den Zugriff auf das gesamte Handelsgut, das die Stadt passiert, und damit eine Schlüsselposition im Rheinhandel.
Die innere Struktur der Stadt als Handels- und Handwerkszentrum wird bestimmt von den Kaianlagen am Rheinufer, von den Märkten Alter Markt und Heumarkt in der Rheinvorstadt, die beide auf den an den Strom gebundenen Handel ausgerichtet sind, und dem Neumarkt, der als Viehmarkt die ländlichen Produkte für die Versorgung der Stadt verteilt.
Die Lokalisierung der verschiedenen Gewerbebetriebe in einem der zahlreichen Kirchspiele der Stadt, im Kirchspiel St. Kolumba, ist für das Jahr 1286 bekannt (Abb. 3–4). Während die Kirchspiele nur wenige Spuren in der Gliederung der Stadt äußerlich erkennen lassen, heben sich die Gebiete der Klöster- und der Stiftsimmunitäten, die in die „vorstädtische" Zeit zurückreichen, deutlich im heutigen Stadtbild ab (Abb. 5–6).

## *Die dritte Phase – das späte 14. und frühe 15. Jahrhundert*

Nach der Ausschaltung der erzbischöflichen Herrschaft verlagert sich der Streit um die Macht der Stadt auf die Patrizier, aufgestiegen durch erfolgreiche Handelsaktivitäten, und das Handwerkertum. Mit dem Sieg der Handwerkerschaft, der Gaffeln, und der Kodifizierung einer neuen „demokratischen" Stadtverfassung im sog. Verbundbrief von 1396 – ergänzt 1513 durch den Transfix-

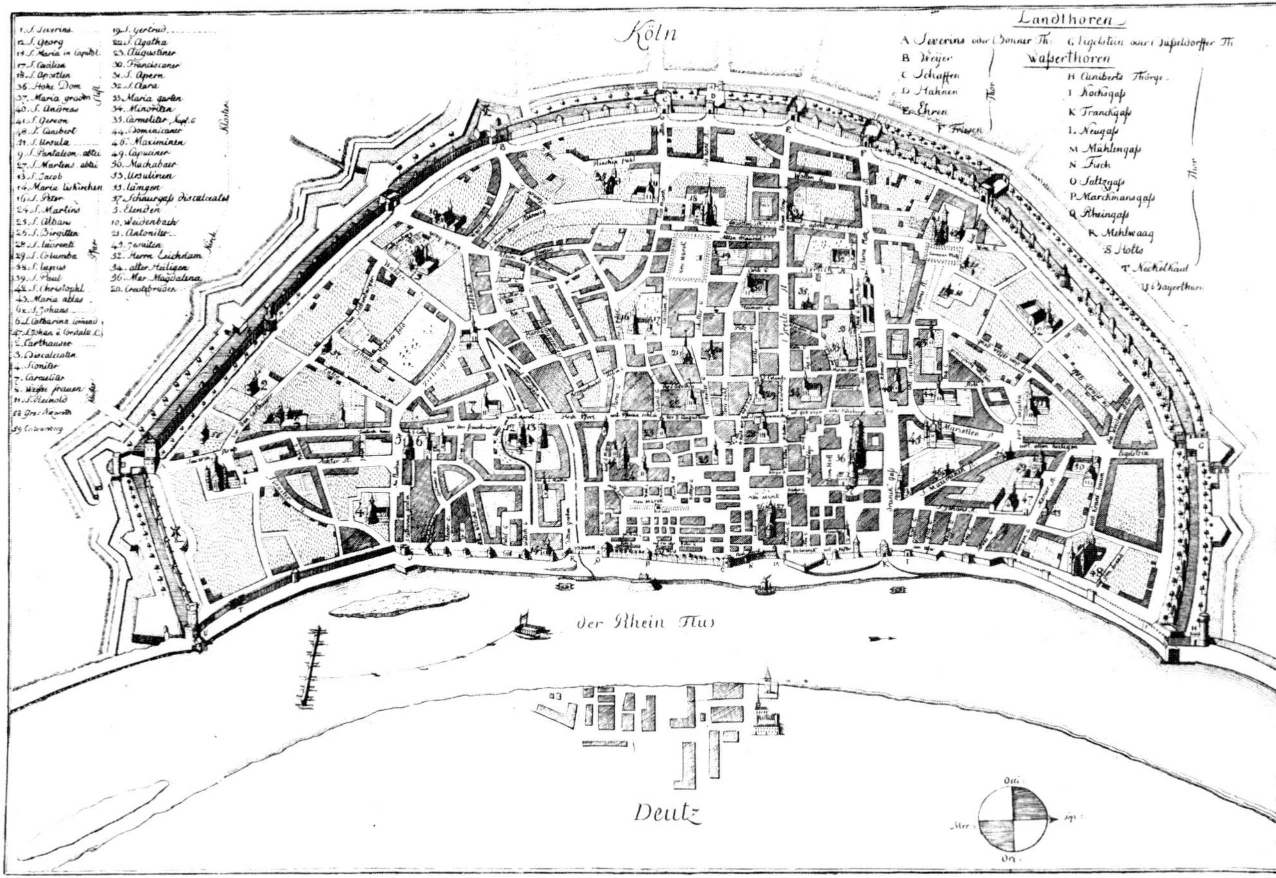

Abb. 5 Ansicht von Köln aus der Vogelschau (um 1680) Kupferstich. Die Immunitätsbereiche rund um die großen Stifte und Klöster, umgeben von unbebautem Gelände, heben sich deutlich heraus.

brief – folgt ein Jahrhundert neuen Bürgerstolzes, der sich in einer Phase repräsentativer Bautätigkeit offenbart. 1406 wird der Bau des mächtigen Rathausturmes beschlossen (Bauzeit 1407–1414), der Gürzenich wird 1437 errichtet. Aus den mittelalterlichen befestigten Höfen in der Stadt wird im 15. und 16. Jh. das repräsentative Patrizierhaus, das, wie beim Gürzenich, Wehrarchitektur mit Zinnen nur noch als Fassade zeigt. Die Leistungen der Buchdruckkunst und die Werke der Kölner Malerschule mit Stefan Lochner (†1451) sind Höhepunkte kulturellen Schaffens.
Die Erhebung Kölns zur Freien Reichsstadt 1475 durch Kaiser Friedrich III. als Dank für die Unterstützung der Stadt gegen Karl den Kühnen von Burgund ist Gipfelpunkt und Abschluß dieser Entwicklung.

*Die vierte Phase – von der zweiten Hälfte des 16. Jahrhunderts bis zum Ende des 18. Jahrhunderts*

Die zweite Hälfte des 16. Jhs. erlebt erneut eine bauliche Aktivität als Ausdruck städtischer Blüte. Die Organisation des Markthandels in großen Kaufhäusern seit dem 15. Jh. – die Errichtung des Fischkaufhauses und des Stapelhauses (1558/61) sei erwähnt – bringt neuen Reichtum. Die prächtige Rathauslaube (1567) im Stil der Renaissance und der Löwenhof entstehen sowie um die Jahrhundertwende (1596–1602) das städtische Zeughaus.
Die folgenden beiden Jahrhunderte sehen einen langsamen Niedergang der blühenden Handelsstadt, wenn auch der Dreißigjährige Krieg der Stadt große wirtschaftliche Gewinne bringt und es ihr gelingt, sich aus den kriegerischen Ereignissen herauszuhalten, indem sie alle Seiten mit Waffen und anderem Kriegsbedarf versorgt.
Der Einmarsch der französischen Revolutionstruppen 1794 und die Eingliederung der Stadt in den französischen Staat besiegeln nur eine lange dauernde Stagnation. Die Säkularisation läßt zahlreiche Kirchen aus dem Stadtbild verschwinden. Die moderne fran-

auf Veranlassung des preußischen Königs, Friedrich Wilhelm IV. einsetzen und erst 1880 mit dem großen Dombaufest ihren Abschluß finden, bestimmt das Wachsen der gewaltigen Kathedrale das innere Stadtbild. Dieses im Geist der Romantik durchgeführte Werk wird zum Symbol des geeinigten Deutschen Reiches.

Bauten des Klassizismus halten mit der preußischen Verwaltung Einzug in die Stadt. Errichtet werden das Gebäude der Regierung, von dem heute noch ein Flügel steht, ihm gegenüber die Alte Wache und das in den dreißiger Jahren abgerissene Casino.

Unter den mächtigen Impulsen der Industrialisierung dehnt sich die Stadt im 19. Jh. rasch aus. Die Bevölkerung verdreifacht sich von 1807 bis 1871 auf rund 130 000 Einwohner.

Bis auf Reste werden seit 1881 die Befestigungen des 12. Jhs. abgerissen, denn der Raum innerhalb der mittelalterlichen Stadtmauer ist – erst jetzt nach 700 Jahren – ausgefüllt bzw. überfüllt. Auf dem Festungsglacis entsteht die Neustadt mit den großen Ringstraßen (Abb. 7). Die Preußen befestigen die Stadt erneut. Eine innere Wallinie entsteht in Höhe der älteren Forts (Abb. 7, „innerer Rayon“), ein innerer Grüngürtel von 7 km Länge kann geschaffen werden, da das Gebiet zwischen den Vororten und diesem Wall nicht bebaut werden darf. Eine äußere Kette von Forts im Abstand von rund 8 km vom Dom wird begonnen (Abb. 7, „äußerer Rayon“), die im 20. Jh. unter Konrad Adenauer als Oberbürgermeister und Fritz Schumacher als Baudirektor zu einem 30 km langen äußeren Grüngürtel umgestaltet wird.

Ringstraßen und innerer Grüngürtel, Ring der Vororte und äußerer Grüngürtel umgeben halbkreisförmig den mittelalterlichen Stadtkern und erhalten so die ehemalige topographische Grundstruktur des städtischen Areals im heutigen Stadtbild, transponiert in die Größenordnung des 20. Jhs.

Abb. 7 Entwicklung der Stadt Köln von der römischen Zeit bis 1918. Der Plan zeigt die Festungsringe und späteren Grüngürtel. Im äußeren Grüngürtel sind die preußischen Forts eingetragen, von denen einige heute noch vorhanden sind (nach F. Schumacher, Köln. Entwicklungsfragen einer Großstadt [1923] 47 Abb. 10).

*Literatur:*
G. Binding u. B. Löhr, Kleine Kölner Baugeschichte (1976). – L. Ennen, Geschichte der Stadt Köln. 5 Bde. (1863–1880). – H. Keussen, Topographie der Stadt Köln im Mittelalter. 2 Bde. (1910). – H. J. Mrusek, Gestalt und Entwicklung der feudalen Eigenbefestigung im Mittelalter (1973) 39 ff. – M. Müller-Wille, Mittelalterliche Burghügel („Motten") im nördlichen Rheinland. Bonner Jahrb. Beih. 16 (1966). – Ders., Wehranlagen im nördlichen Rheinland. Führer z. vor- u. frühgeschichtl. Denkmälern 15 (1969) 40 ff. – H. Stehkämper, Köln. In: Handbuch hist. Stätten Deutschlands 3. Nordrhein-Westfalen (2. Aufl. 1970) 408 ff. – A. Stelzmann, Illustrierte Geschichte der Stadt Köln (7. Aufl. 1976). – H. Vogts, Das Kölner Wohnhaus bis zur Mitte des 19. Jhs. (2. Aufl. 1966). – Zwei Jahrtausende Kölner Wirtschaft. 2 Bde. (1975) – A. Wiedenau, Romanischer Wohnbau im Rheinland (1978) 37 ff.

*H. Steuer*

## *Die Kölner Stadtbefestigungen in Mittelalter und Neuzeit*

Ob die Colonia Agrippina friedlich oder gewaltsam von den Franken in der Mitte des 5. Jhs. eingenommen wurde, die römische Stadtmauer wird im Wechsel der Zeiten im wesentlichen unangefochten widerstanden haben. Da in der Folge kein äußerer Feind Köln bedrohte, war sie jedoch auf die Dauer der Vernachlässigung ausgesetzt. Erst unter dem Eindruck der Normanneneinfälle in das Karolingerreich schien ihre Instandsetzung geboten. Jedenfalls stellten die Einwohner nach der Stadteroberung die Mauern im Jahr 883 im alten Umfang „mit Toren, Riegeln und Balken" wieder her.

Nicht lange danach drängten die Kaufleute und Händler, nachdem der Rheinarm zwischen der Römerstadt und der vorgelagerten Insel mehr und mehr versumpft war, aus dem östlichen Stadtbereich heraus, um sich am offenen Strom niederzulassen. Diese neue Siedlung, den „vicus mercatorum" bei den einstigen Horrea, bezog der Erzbischof um die Mitte der 10. Jhs. in die „Colnaburg", wie Köln in ottonischer Zeit bezeichnenderweise hieß, als erste Erweiterung in die Stadt ein, indem er sie im Auftrag des Königs – des

Herrn über Stadt und Stadtbefestigung – durch eine neue Verteidigungslinie sichern ließ (vgl. Abb. S. 220, Abb. 1). Dabei wurden die südlichen und nördlichen Römermauern anscheinend nur mit Wall und Graben nach Osten fortgesetzt und ihre Endpunkte durch eine rheinseitige Befestigungslinie, vielleicht erst im 11. Jh. durch eine Mauer miteinander verbunden (Beilage 9). Außer dem südöstlichen Saphirsturm (und einem zu vermutenden Gegenstück im Nordosten) sind uns mehrere Tore des 10./11. Jhs. bekannt, so im Süden die Kornpforte und zum Rhein hin das ältere Rheingassentor direkt neben dem Saphirsturm, die alte Hasenportz und in der verlängerten Domachse ein Tor mit der Afrakapelle (der ältere Frankenturm?), durch das die Gebeine der Heiligen Drei Könige 1164 in die Stadt eingeholt worden sind.
Eine neuerliche Befestigung erfolgte 1106, als Heinrich IV. Köln das Privileg der Wehrhoheit verlieh mit dem Recht, die einzugemeindenden Vororte Oversburg mit Nothausen im Süden, Westrich um St. Aposteln und Niederich im Norden gegen den aufrührerischen Sohn des Kaisers und den mit ihm verbündeten Erzbischof zu schützen. Die fortifikatorische Linie scheint hauptsächlich aus Wall und Graben bestanden zu haben. Ihr Verlauf läßt sich noch heute an folgenden Straßenzügen erkennen: Katharinengraben und Perlengraben im Süden, Marsilstein und Benesisstraße im Westen sowie Kattenbug, Eintrachtstraße und Unter Krahnenbäumen im Norden. Durch die etwa zwölf neuen Torbauten verloren alle römischen Stadttore ihre Bedeutung als Außentore, ausgenommen vielleicht das Tor an der Bobstraße (abgesehen außerdem von der ottonenzeitlichen Griechenpforte an der Südwestecke der Römermauer). Es entstanden damals im Süden u. a. die Rheinpforte, die St. Johannis- oder Katharinenpforte an der alten Ausfallstraße nach Bonn und die Pantaleons- oder Bachpforte, im Westen die Eifel- und die Schafenpforte, die Hahnen- und die Ehrenpforte, im Norden schließlich die Würfelpforte und das ältere Eigelsteintor; der Lage nach nicht völlig gesichert sind die Löwen- und die Judenpforte. Aufgrund von alten Stadtansichten und bis ins vorige

Jahrhundert erhaltenen Bauteilen handelte es sich offensichtlich um zweigeschossige Turmtore, zuweilen mit doppelter Durchfahrt. Die neuen Eckpunkte am Rhein waren gesichert durch den südlichen Neckelskaulturm und vermutlich im Norden durch den Scharfenstein, beide durch Stromköpfe verstärkt. Außerdem ist mit weiteren Türmen zu rechnen, da die Befestigung auch einige Mauerstrecken aufwies.

Neuerliche Zwistigkeiten zwischen Bürgerschaft und Erzbischof, zuletzt um eine bereits fortgeschrittene Befestigungsanlage, entschied Kaiser Friedrich I. 1180 zugunsten der Stadt. Nach anfänglichem Widerstand setzte sich dann aber Erzbischof Philipp von Heinsberg so tatkräftig für die neue Stadtmauer ein, daß er in den Augen der Nachwelt als ihr eigentlicher Initiator galt (vgl. seine von Türmchen und Zinnenkranz bekrönte Grabtumba im Dom). Damit wurden jetzt auch die letzten Außenbereiche um die Stifte und Klöster St. Severin, St. Pantaleon, St. Mauritius und St. Gereon als dritte Stadterweiterung in das Stadtgebiet einbezogen. In Jahrzehnte währender Bautätigkeit bis um die Mitte des 13. Jhs. erhielt Köln nun einen nach einheitlichem Plan im Halbkreis weitausholenden Mauergürtel, der es zur flächengrößten und am stärksten befestigten Stadt im deutschen Kulturraum machte. Auf der Feldseite war die Mauer mit zwölf Toren und 52 Türmen bewehrt. Davor schuf man eine Graben-Wall-Anlage, bei der die innere Grabenseite geböscht, die Außenseite dagegen mit einer senkrechten Futtermauer verstärkt war; auf der Wallkrone eine Palisade. Die neue, ein wenig weiter vorgeschobene Rheinmauer zwischen den beiden Eckpunkten, Bayenturm im Süden und Kunibertsturm im Norden, mit ihren Stromköpfen zeigte sich wesentlich weniger einheitlich. Hier führten mindestens 19 Tore, meist Pforten zum Rhein, von denen einige mit Türmen überbaut waren (Abb. 1). Der Verlauf der feldseitigen Stadtmauer läßt sich am Zug der heutigen Wallstraße noch ununterbrochen verfolgen. Der spätromanische Mauerring war der wehrtechnisch modernste seiner Zeit und vorbildhaft für die Entwicklung der rheinischen Stadtbefestigungen.

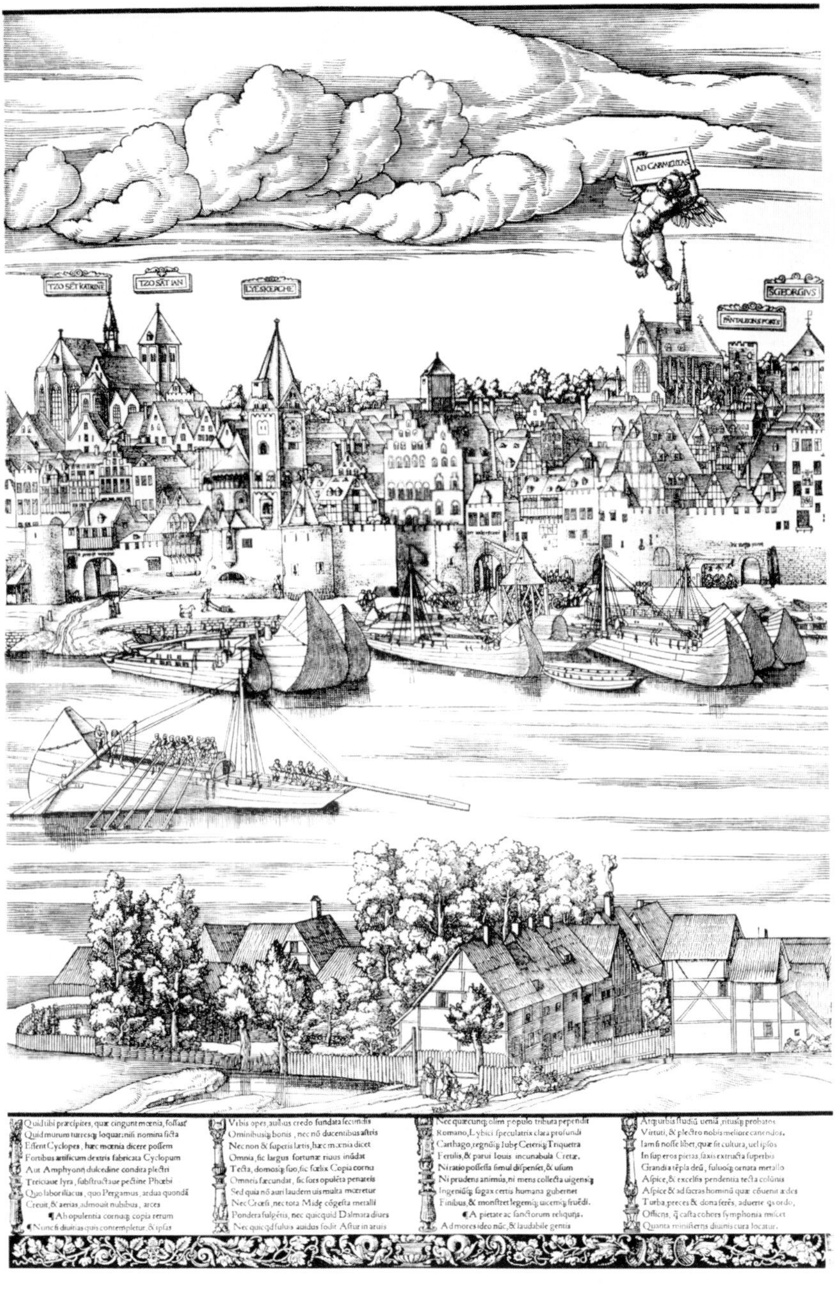


Abb. 1 Rheinmauer bei St. Maria Lyskirchen. Ausschnitt aus der Stadtansicht Anton Woensams, 1531. Von links nach rechts, d. h. von Süden nach Norden, sind folgende Tore zu erkennen: Großes Witschgassentor, Filzengrabentor, Rheingassentor (halb verdeckt durch den nördlich gelegenen Saphirsturm).

Die zwölf landseitigen Torbauten waren in der Weise angeordnet, daß die verkehrsreichen Ausfallstraßen durch Torburgen, neun an Zahl, gesichert waren. Verglichen mit ihnen, maß man den Ulre-, Gereons- und Kahlenhausener Pforten geringere Bedeutung zu, weshalb diese drei auch später zugemauert wurden. So kam es, daß die Tore in weiten Abständen von dem südlichen Severins- und dem nördlichen Eigelsteintor (s. Bd. 38 u. 39) lagen, dann aber im Westen dicht aufeinander folgten. Es waren dies (im Uhrzeigersinn) das Pantaleons-, das Bach-, das Weyer-, das Schafen-, das Hahnen-, das Ehren- und das Friesentor. Die Durchlässe durch die Vorwerke von Bayen- und Kunibertsturm dienten nur dem Uferweg vor der Rheinmauer, namentlich der Treidelschiffahrt. Die meisten Tore einschließlich der Ulre- und der Gereonspforte vertreten den Typ des Doppelturmtors, bei dem der Oberbau über der Durchfahrt von zwei nach der Feindseite hin halbrund vortretenden Türmen flankiert wird. Friesen- und Severinstor zählen zu den Turmtoren, während die Kahlenhausener Pforte lediglich ein Mauerdurchlaß war. Zu den Turmtoren gehörten auch das Filzengraben- und das Trankgassentor sowie der Frankenturm, der wie andere meist bescheidenere Rheinpforten früher oder später zugemauert wurde. Dazu hat man eine unbekannte Anzahl von nicht öffentlichen Mauerdurchschlupfen, wohl meist nachträglich und hauptsächlich in der Rheinmauer zugelassen, wie diese auch nachfolgend einigemale privat überbaut wurde, so von einem zum Hof Bremt gehörenden massiven Treppengiebel. Durch ein Loch in der Mauer am Sachsenring gelang 1268 den Anhängern des Erzbischofs Herzog Adolf von Limburg und Graf Dietrich von Cleve, ein Überfall auf die Stadt, den aber die Bürger sogleich wieder abwehren konnten.

Die Mauer gründet mit Pfeilern, die durch Segmentbögen untereinander verbunden sind, in einem aufgeschütteten Erdwall und ist an der Basis nur rund 1 m stark. Auf etwa 1,60 m breiten und dicken Pfeilervorlagen ruht dann aber an der Innenseite eine zweite Bogenfolge, diesmal aus ungefähr 3–4 m hohen Rundbögen, über die

der Wehrgang im Schutz eines Zinnenkranzes verläuft. Die durchschnittliche Höhe der Stadtmauer beträgt ca. 7,50 m. Ihr Baumaterial besteht – ebenso wie das der Tore – neben gelegentlich wiederverwendeten römischen Steinen von der ersten Befestigung aus einheimischem Säulenbasalt, Trachyt- und Tuffgestein.
In der zweiten Hälfte des 14. Jhs. errichtete man die beiden „Arken", in den Strom vorgeschobene Wachttürme, bei Bayen- und Kunibertsturm, führte bei jenem die Obergeschosse auf und hob vor dem Wall einen zweiten mit Palisade gesicherten Graben aus. Unter dem Eindruck des Burgundischen Kriegs wurden bis gegen Ende des 15. Jhs. vor den feldseitigen Toren große Zwingeranlagen geschaffen, die aus ummauerten Höfen mit vorgelagerten Außentoren bestanden.
Mit der entwickelteren Artillerie setzte noch in der ersten Hälfte des 16. Jhs. eine neue Verteidigungstechnik mit der Anlage von Bollwerken ein. Hierzu wurden Erdwerke mit Schutzwehren als Geschützstände aufgeworfen. Unter den vom Rat beauftragten Festungsbaumeistern war Alessandro Pasqualini d. Ä. der namhafteste. Bedeutsamer noch war die Tätigkeit seines Enkels Johann Pasqualini d. J., der 1604 nach italienischem Vorbild die Bollwerke an Severins- und Hahnentor verbesserte und die Rheinbastion, das „neue" oder „große Bollwerk", zwischen Mühlen- und Neugasse neu anlegte.
Kölns unbeugsamer Wille, im Dreißigjährigen Krieg Neutralität zu wahren, zwang es zum Ausbau seines Festungssystems. Aus Sparsamkeitsgründen wurden indessen nur fertiggestellt die Bastionen vor dem Bayenturm, vor dem Severinstor, vor der Ulrepforte (Caponnière), vor Pantaleons-, Bach- und Weyertor, vor dem Hasengassentor am Rhein sowie eine kleine Bastion vor Kahlenhausen, zuletzt mit steinernem Fundament das neue Bollwerk vor dem Eigelsteintor.
Bedroht durch Ludwigs XIV. Eroberungskrieg gegen die Niederlande (1667/68) schloß sich die Stadt zuletzt mitsamt den bestehenden Bollwerken bei Bayen- und Kunibertsturm in einen landseitig

ununterbrochenen Kranz von 25 Bastionen ein. Ihre Namen lauteten: St. Severin, Leopold (nach dem damaligen Kaiser), St. Bruno, St. Maria, St. Joseph, St. Pantaleon, St. Michael, Weyertor, St. Mauritius, Schafentor, Hahnentor, Ehrentor, Friesentor, St. Gereon, Nachtigall, St. Kaspar, St. Melchior, St. Balthasar, St. Ursula, Eigelsteintor, Kahlenhausen und Scharfenstein. Von den planenden Festungsingenieuren seien genannt: der Niederländer Georg Connocke, der städtische Werkmeister Arnold Gülich und der kurbrandenburgische Ingenieur Contzen.

Um die Wende des 17. Jhs. und während des Siebenjährigen Krieges stellten sich erneut notwendige Verbesserungen heraus. Als beteiligte Ingenieure verdienen der kurtrierische Architekt Philipp Honorius Ravensteyn und besonders der Kölner Artilleriehauptmann Johann Valentin Reinhardt genannt zu werden, der überdies auch den ersten maßstabsgetreuen Stadtplan von Köln entworfen hat (Beilage 10). Der verheerende Eisgang von 1784 erforderte zwar umfangreiche Ausbesserungen an den Befestigungsanlagen, der Rat scheint aber wenig tätig geworden zu sein. Denn Reiseberichte vom Ende der reichsstädtischen Zeit wissen in dieser Hinsicht nichts Rühmliches zu melden. Vielmehr hatte man schon längst zuvor damit angefangen, das Glacis in schattige Promenaden umzuwandeln, vor allem den Abschnitt zwischen Friesentor und Eigelstein, den sog. Nachtigallgraben.

Köln, das dank seiner starken Befestigung und seiner strikten Neutralitätspolitik seit dem Normannensturm, 881, nie wieder erobert worden ist, ergab sich 1794 kampflos den französischen Revolutionstruppen. In der Franzosenzeit scheint zunächst nichts an der Stadtbefestigung geschehen zu sein. Napoleons Kabinettsordre von 1811, die Köln zu einer Festung erster Ordnung vorsah, kam zu spät. Die beiden geplanten Zitadellen stromauf und stromabwärts gelangten nicht mehr zur Ausführung, sondern allein der Sicherheitshafen vor dem Mauerzug zwischen der Eigelsteintorburg und dem Kunibertsbollwerk, zu dem der Ingenieur Mossé den Plan entwarf.

Preußen dagegen wies Köln nach der Einverleibung sogleich höchsten Rang in seinem westlichen Verteidigungssystem zu. Der Kabinettsordre Friedrich Wilhelms III. vom 11. März 1815 folgte der Baubeginn auf dem Fuß, nur einen Monat danach. Verantwortlich für den Festungsbau war der Generalmajor v. Rauch, die örtliche Bauleitung lag in den Händen des Ingenieuroffiziers v. Vigny. Begonnen wurde 1817 mit der Umgestaltung der Erdwerke. Nach Instandsetzung der unteren Stadtmauer und ihrer Halbtürme, wurden die nachträglichen Überbauungen und die Turmdächer beseitigt, der Zinnenkranz auf der Stadtmauer in Schießscharten umgewandelt usw. Starke Veränderungen mußten sich die Torburgen zumal an den Obergeschossen gefallen lassen. Neu hinzu kamen eine Kasematte und Batterie vor dem Bayenturm sowie Pulvertürme an der Bonner Straße und am Hahnentor.

Von entscheidender Bedeutung für alle Bemühungen, Köln zu einer unüberwindlichen Festung auszubauen, war der Ring von sechs modernen, starken Forts im neuen Rayon, denen der König 1825 ihre Namen verlieh, beginnend im Süden mit Rheinschanze, weiterhin Großfürst Nikolaus (1816–25, an der Bonner Straße), Erbgroßherzog Paul von Mecklenburg (im heutigen Volksgarten), Prinz Friedrich der Niederlande (an der Aachener Straße), Prinz Wilhelm von Preußen (1819–25, am Neußer Wall), zuletzt Prinz Heinrich von Preußen. Hinzu kamen die drei Bollwerke am Rheinufer: St. Georg (vor dem Thurnmarkt), St. Martin (das ehemalige „neue Bollwerk") und St. Kunibert (der einstige Scharfenstein), etwas später dann noch die Riehlerschanze. Die Pläne zu alledem wurden von der Berliner Oberbaudeputation unter Karl Fr. Schinkels Vorsitz gutachtlich bearbeitet.

Wie schon früher geplant, reihten die Preußen 1840–43 in die Fortkette der ersten Stunde weitere fünf Forts, zuzüglich sieben Lünetten (Zwischenwerke), nach den Entwürfen des Oberbaurats Busse ein; und statt neuer Namen zählte man hinfort alle elf Forts mit arabischen Ziffern durch, mit der Rheinschanze anfangend (Abb. 2).

Nebenher liefen allerlei Korrekturen an den Tortürmen der alten Mauer. Vor allem bezog man nach der Verstärkung der Bastion St. Georg, 1848, die Rheinauinsel, das von den Kölnern so geliebte „Werthchen", in den Festungsring ein, wodurch die südliche Rheinmauer entbehrlich wurde. Ihren Abschluß fanden alle diese Baumaßnahmen um 1853 mit dem sog. Malakoffturm, zu dem der Ingenieur-Oberst Schnitzler die Pläne lieferte. – Zu ergänzen bleiben die drei rechtsrheinischen Forts vor dem damals noch nicht eingemeindeten Deutz, von denen das „Fort Rauch" (bei Poll) das größte war.

Durch die mittlerweile infolge ihrer gezogenen Rohre beträchtlich weiter reichenden, zugleich treffsichereren Geschütze verloren sowohl die mittelalterliche Stadtmauer als auch die ersten preußischen Festungswerke an fortifikatorischem Wert. Die Vorbereitungen zu einer neuen Fortbefestigung erfuhren jedoch zunächst einmal durch die deutschen Einigungskriege einen Aufschub. Erst 1873 nahm man die Arbeiten in Angriff und vollendete in acht Jahren einen geschlossenen Fortgürtel (vor der Militärringstraße) rings um die Stadt (s. S. 231, Abb. 7). Er bestand aus zwölf Forts in Lünettenform – gezählt mit lateinischen Ziffern und beginnend bei Niehl linksherum bis Stammheim auf dem rechten Rheinufer –, 23 Zwischenwerken und 24 Infanteriestützpunkten zuzüglich der beiden kleinen Sperrforts am Rhein von 1891 in Höhe Theodor-Heuss-Ring („Bastei") und Ubierring, Munitionsdepots usf. Daneben wurden aber auch die alten Forts weiterhin unterhalten und verbessert, z. B. durch verstärkte Betonschutzdecken (Abb. 2).

Unterdessen verlangte die Stadt immer dringlicher nach einer Erweiterung ihres Areals, um ihrer rasch angewachsenen Bevölkerung neue Wohngebiete erschließen zu können. Nach mühselig sich hinschleppenden Verhandlungen verkaufte der preußische Militärfiskus 1881 endlich der Stadt für fast 12 Millionen Goldmark ihre doch eigene Stadtmauer und einen etwa 600 m breiten Streifen des Rayons; dessen Rest wurde für eine neue, im Grund wertlose Wall-Graben-Anlage genutzt, 1910 dann ebenfalls an die Stadt verkauft. Sofort, im selben Jahr 1881, begann unter unendlichem Jubel der Bevölkerung der Abriß der inzwischen verhaßten alten Mauer, von dem nach dem Urteil des preußischen Generalkonservators Ferdinand von Quast und dank Josef Stübben, Planer und Erbauer der Kölner Neustadt, zum Heile Kölns wenigstens drei Stadttore, einige Türme und geringe Mauerreste verschont blieben, von den älteren Forts nur drei.

Nicht besser erging es der neuen Fortkette, als mit dem Ende des Ersten Weltkriegs Köln seine Rolle als preußische Festung zu spielen aufhörte und das äußere Fortgelände 1921 käuflich erwarb. Obgleich als äußerer Grüngürtel in Erholungsanlagen verwandelt, sollte das breite Schußfeld samt den verbliebenen Forts im Zweiten Weltkrieg noch ein letztes Mal gewisse militärische Funktionen übernehmen. Nach weiteren Verlusten in jüngster Zeit fristen die letzten Forts – auch sie militärtechnische Baudenkmale ihrer Zeit – ein höchstens gewerblich genutztes, kümmerliches Dasein. An den verbliebenen Zeugen reichsstädtischer Herrlichkeit aber richtete der Luftkrieg z. T. schwerste Schäden an, die gegenwärtig immer noch nicht restlos beseitigt sind.

Von der mittelalterlichen Stadtmauer sind erhalten (vgl. zum folgenden Exkursion X in Bd. 39. Dort sind die wichtigsten, noch sichtbaren Partien der mittelalterlichen Stadtmauer zusammengestellt, ebenso die Verweise auf die entsprechenden Artikel innerhalb der einzelnen Exkursionen): der Bayenturm (ohne die kriegszerstörten Achteckgeschosse), die Bottmühle, das Severinstor, die Ulrepforte mit Mühlenturm und Caponnière, die Mauer am Sachsenring mit zwei Halbtürmen und Graben, das Hahnentor, die Mauer am Hansaring mit einem Halbturm und dem Turm der Gereonsmühle, das Eigelsteintor, die sog. Weckschnapp am Konrad-Adenauer-Ufer, die Schlupfpforte am Thurnmarkt und Mauerreste am Leystapel.

Von der preußischen Befestigung sind erhalten (vgl. die entsprechenden Artikel innerhalb der einzelnen Exkursionen in Bd. 39): Fort 1 Rheinschanze, Fort 2 Erbgroßherzog Paul, Fort 5 (an der

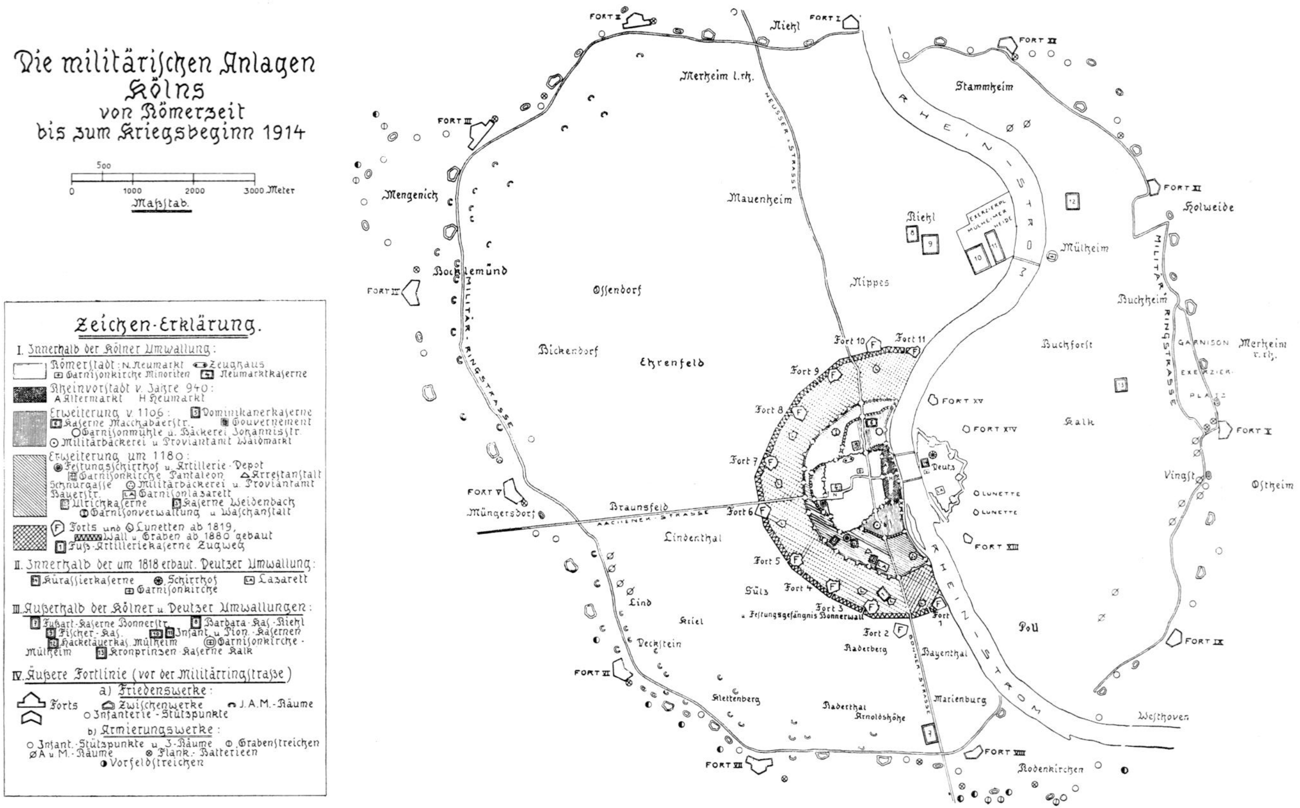


Abb. 2 Plan der Kölner Befestigungen (nach E. Zander).

Zülpicher Straße), Fort 10 Prinz Wilhelm von Preußen, die »Bastei«, der Malakoffturm, ferner die Forts IV, V, VI, VIII, XI.

*Literatur:*

H. Vogts, Stadtbefestigungen. Die Kunstdenkmäler der Stadt Köln 2,4 (1930) 27 ff. – E. Zander, Köln als befestigte Stadt und militärischer Standort. Jahrbuch des Kölnischen Geschichtsvereins 23, 1941, 1 ff. – U. Mainzer, Stadttore im Rheinland (1976).

*F. Mühlberg*